1
제자백가의 귀환

철학의 시대

철학의 시대
춘추전국시대와 제자백가

2011년 11월 7일 1판 1쇄
2018년 4월 20일 1판 7쇄

지은이	강신주
편집	조건형·진승우
디자인	백창훈
제작	박흥기
마케팅	이병규·양현범·이장열
출력	블루엔
인쇄	천일문화사
제책	정문바인텍
펴낸이	강맑실
펴낸곳	(주)사계절출판사
등록	제406-2003-034호
주소	(우)10881 경기도 파주시 회동길 252
전화	031) 955-8588, 8558
전송	마케팅부 031) 955-8595 편집부 031) 955-8596
홈페이지	www.sakyejul.co.kr 전자우편 skj@sakyejul.co.kr
블로그	skjmail.blog.me 페이스북 facebook.com/sakyejul
트위터	twitter.com/sakyejul

ⓒ 강신주 2011

값은 뒤표지에 적혀 있습니다.
잘못 만든 책은 구입하신 서점에서 바꾸어 드립니다.

사계절출판사는 성장의 의미를 생각합니다.
사계절출판사는 독자 여러분의 의견에 늘 귀 기울이고 있습니다.

이 책은 저작권법에 따라 보호받는 저작물이므로 무단전재와 무단복제를 금합니다.

ISBN 978-89-5828-580-9 04100
ISBN 978-89-5828-579-3 (세트)

이 도서의 국립중앙도서관 출판시도서목록(CIP)은
e-CIP 홈페이지(http://www.nl.go.kr/ecip)와
국가자료공동목록시스템(http://www.nl.go.kr/kolisnet)에서 이용하실 수 있습니다.
(CIP제어번호: CIP2011004470)

제자백가의
귀환

1

철학의 시대

춘추전국시대와 제자백가

강신주 지음

사계절

일러두기
1. 본문에 실린 원전의 인용문은 저자가 직접 번역하였다.
2. 본문에 나오는 인물의 생몰연대는 브리태니커 백과사전을 기준으로 정리하였다.

제자백가의 귀환

시리즈를 시작하며

I

내게 청년 시절은 미끄러운 빙판길을 걷는 것처럼 위험스러웠던 날들로 기억된다. 1980년대 중반 나는 떠밀리다시피 대학에 들어갔다. 고등학교를 졸업했다면 대학에 가야 했다. 주변의 모든 사람들에게 이것은 자명한 수순으로 보였다. 물론 그렇다고 해서 다른 삶의 가능성이 떠올랐던 것도 아니다. 그래서 나는 차를 바꿔 타듯 성급히 대학에 들어섰다. 대학 신입생으로 처음 맞게 된 그해 봄, 고풍스러운 교정의 풍경이 아직도 생생하다. 진달래와 목련은 어찌나 아름답고 향이 좋던지. 모든 행복과 기쁨을 가진 듯 싱그럽기만 한 여학생들의 수줍은 향내도 내 마음을 설레게 했다. 대학 건물들, 가로수들 사이로 비치는 하늘은 마음이 시리도록 파랬다.

하지만 불행히도 나의 젊은 낭만은 그리 오래가지 못했다. 5월의 대학은 1980년 광주의 아픈 기억을 여전히 반복하고 있었다. 메케한 최루탄 냄새, 전투경찰의 육중한 군홧발 소리, 연행되는 학생들의 두려운 신음소리가 5월 대학 교정의 주인공이었다. 스무 살이었지만 나는 당시 한갓 어린애에 불과했다. 그러나 대학은 벌써부터 나에게 어른과 같은 사유와 행동을 개진할 것을 강요했다. 역사, 민주주의, 정의, 지성, 사회, 가난한 사람들에 대해 마치 나보고 책임을 지라고 명령하는 것 같았다. 책임을 질 것인가, 아니면 회피하고 말 것인가? 전혀 준비가 안 된 내게 너무 가혹한 선택을 강요한다는 원망마저 들었다.

어느 날 사복 경찰에 쫓겨 구내식당으로 허겁지겁 도망쳐온 어느 여학생을 목격했다. 나는 겁에 질려 허둥대는 그 학생을 바라보며 숟가락을 놓지도 들지도 못한 채 한동안 멍하니 주저했다. 내 자신이 비루하게 느껴졌고 마음 한구석이 하염없이 괴로웠다. 일순간의 상황이었지만 이미 나의 20대는 부끄러움으로 시작되고 있었다. 나는 무엇이 그토록 괴롭고 힘들었던 것일까? 자신의 권력과 기득권을 지키기 위해서 우리의 이웃을 억압하는 인간들, 권력이 부여한 임무를 충실히 수행하고 그 대가로 가족의 안위와 행복을 지키는 사람들, 부당한 권력에 대해 침묵하는 대다수의 지식인과 소시민들, 그리고 무엇보다도 내 자신의 비겁함이 부끄러웠다.

이런 마음의 짐을 조금이라도 덜기 위해서였을까? 그때부터 나는 닥치는 대로 인문학 서적을 탐독하기 시작했다. 책 더미에 파묻혀 길을 헤맸고 갑갑한 시간들이 지루하게 흘러갔다. 그나마 다행스러웠던 것은 공부를 시작하면서 조금이나마 세계에 대한 나의 안목이, 인간·사회·역사·정치·철학에 대한 나의 이해가 조금씩 열리기 시작했다는 점이다. 이제야 나는 스무 살에 내가 느꼈던 부끄러움의 정체를 희미하게나마 이해할 수 있게 되었다. 그것은 바로 사랑을 필요로 했던 사람들을 사랑하지 못한 나약함 때문이었으며, 또한 사랑하지 못하면 결국 사랑받을 수도 없다는 불안감 때문이었다.

 40대 중반에 접어든 지금 나는 인간의 본성을 '벌너러빌러티vulnerability', 즉 '상처받기 쉬움'이라고 정의 내리고 싶다. 갓난아이를 생각해보자. 그들의 나약하고 부드러운 몸을 떠올려보라. 어린 생명은 아차 하는 한순간에도 쉽게 상처받을 수 있는 존재다. 어린아이는 매순간 부모의 보살핌과 사랑을 필요로 한다. 모든 인간에게 있어 사랑이 기쁨의 감정으로 기억되는 이유는, 그것이 우리가 상처받을 수 있는 가능성을 근본적으로 줄여주기 때문이다. 우리가 평생 자신을 사랑해주는 사람과 함께 살려고 하는 것도 이 때문이다. 그렇다면 여기서 한 가지 질문이 더 떠오른다. 우리는 상처받을 가능성을 줄여주는 사회에 살고 있는가? 아니면 상처받을 가능성을 증폭시키는 사회에 살고 있는가? 불행히도 답은 후자에 가까운 것으로 보인다.

2

B.C.260년, 중국 대륙의 작은 평원. 이곳에서 전쟁 포로 40만 명이 생매장당하는 충격적인 사건이 벌어진다. 장평長平 대학살 사건! 이것은 수백 년간 지속된 분열과 대립의 시대, 즉 춘추전국시대春秋戰國時代의 종언을 알리는 상징적 사건이었다. 또한 장평 사건은 반복되던 전쟁과 살육을 이성의 힘으로 막으려고 했던 당시 사상가들에게 하나의 절망을 의미하기도 했다. 혼란을 제거하는 방법은 결국 무자비한 폭력밖에 없단 말인가? 인간의 이기심과 권력에 대한 탐욕은 이성의 힘으로는 결코 제어될 수 없는 것인가? 바로 여기 춘추전국시대가 낳은 문제를 정면으로 돌파하려 했던 일군의 사상가들이 있다. 그들이 바로 오늘날 교과서나 대중 역사소설에 등장하는 제자백가諸子百家다.

 사실 제자백가는 어떤 면에서는 너무도 조숙했던 철학자들이었다. 국가주의statism에서부터 아나키즘anarchism까지, 우주의 광대한 비밀에서부터 인간의 깊숙한 내면까지, 실재론realism에서부터 유명론nominalism까지, 그리고 논리학logic에서부터 수사학rhetoric에 이르기까지, 그들이 밟지 않은 사유의 땅은 단 한 곳도 없었다. 아직도 우리의 골머리를 아프게 하는 거의 모든 주제들에 그들은 어떤 선입견도 없이 정면으로 맞섰던 것이다. 그러나 제자백가가 이런 다양한 주제들을 숙고했던 것은 사변적 관심에서가 아니라, 뿌리 깊은 삶의 상처를 근본적으로 치유하기 위해서였다. 상처의 뿌리가 깊다면, 그 해법도 근본에서부터 다시 물을 수밖에 없기 때문이다.

서로의 고통을 줄여주기는커녕 오히려 더 아프게 후벼 파는 시대에 그들은 전쟁과 두려움에서 벗어나 사랑과 평화를 찾을 수 있는 방법을 진지하게 모색하지 않을 수 없었다. 그들은 자신들의 방법을 길, 즉 도道라고 불렀다. 그들은 자신들이 제안한 길만이 인간이 상처받을 가능성을 근본적으로 줄여줄 수 있다고 믿었다. 이들이 제안했던 도는 그 깊이가 천차만별이었고 심지어는 이질적이기까지 했다. 그래서 당시의 지식인들을 일컬어 제자백가라고, 그들의 울부짖음을 백가쟁명百家爭鳴이라고 부르게 되었다. 하나의 길을 선택하면 결국 다른 길은 포기할 수밖에 없다. 어느 길로 가야 인간의 상처와 고통을 근본적으로 치유할 수 있을 것인가?

제자백가와 대화할 때마다, 내 뇌리에는 벤야민Walter Benjamin(1892~1940)의 역사철학적 통찰이 항상 떠오른다. "억압받는 자들의 전통은 우리가 경험하고 있는 '비상사태'가 상례常例임을 가르쳐준다." 수천 년 전 고대 중국의 모습은 분명 지금과는 확연히 달라 보인다. 하지만 끈덕지게 과거와 현재를 교차해보면 동일한 구조가 반복되고 있다는 사실에 새삼 놀라지 않을 수 없다. 거듭되는 내란과 전쟁 속에서 파리 목숨만도 못한 삶을 부지했던 수많은 사내들, 남편과 자식을 군대에 보내고 기약 없는 날들을 눈물로 지새웠던 여인들, 그리고 길거리에 버려져 추위와 굶주림에 시달렸던 어린 목숨들. 잔혹한 현실에 직면한 제자백가들의 속내를 살펴보면, 2000년 전 중국인들이 경험한 현실이 오늘날 21세기에도 여전히 현재 진행형이라는 것을 알 수 있다.

시궁창처럼 썩어가는 더러운 물에서 연꽃이 향기를 발하듯, 깊이 상처받을 때에 오히려 가장 소망스러운 치유법이 나올 수 있는 법이다. 골수에까지 미친 시련을 딛고 세상에 드러난 제자백가의 도가 우리에게 소중한 이유가 바로 여기에 있다. 그들의 울분과 분투를 통해, 우리는 인간이 얼마만큼 타인에게 상처를 줄 수 있고, 또 얼마만큼 타인에게 기쁨과 힘이 될 수도 있는지 잘 엿볼 수 있다. 그래서 우리는 제자백가가 제안한 다양한 길을 새롭게 숙고하려는 것이다. 우리 자신뿐 아니라 앞으로 태어날 미래의 후손들 역시 타인의 사랑과 배려를 필요로 한다. 그들에게 상처의 가능성이 줄어든 사회를 선사할 것인가, 아니면 우리 자신의 오류로 점철된 사회를 그대로 대물림할 것인가? 아마도 이것이야말로 우리 세대의 가장 긴요한 질문 가운데 하나가 아닐까 싶다.

철학의 시대 — 춘추전국시대와 제자백가
차례

- 시리즈를 시작하며 · 5
- 프롤로그 · 14

I. 중국 고대사의 낯선 풍경들

1. 잔혹한 신정국가, 상나라
- 갑골문의 우연한 발견 · 28
- 잔혹했던 상나라의 제사 · 32
- 왕의 무덤에 얽힌 사연 · 36

2. 천명과 예의 국가, 주나라
- 주족과 강족 사이의 감춰진 비밀 · 42
- 위민 정치의 숨겨진 속내 · 49
- 귀족들만의 예절, 주례 · 55
- 주나라 사람들이 살던 방식 · 61

3. 혼란과 새로움의 서막, 춘추전국시대
- 전쟁 양상의 근본적인 변화 · 68
- 지식인 계급의 대두, 혹은 제자백가의 탄생 · 78
- 편작의 의술, 혹은 동양적 몸의 발견 · 89
- 동양적 가부장제와 그에 대한 엇갈린 반응들 · 99

II. 고대 경전 들여다보기

4. 『주역』과 점의 숨겨진 논리
- 『주역』의 구성, 『역경』과 『역전』 · 116
- 『역경』은 언제, 누가 만들었을까? · 124

- 춘추시대의 『역경』 사용법 · 133
- 점의 숨겨진 논리 · 141

5. 『춘추』의 정치 세계, 신정정치로부터 세속 정치로의 전환
- 신적 세계로부터 거리 두기 · 154
- 전쟁에서 피 냄새를 제거하려는 진정한 속내 · 160
- 두 가지 정치체제, 화와 동 사이에서 · 167
- 공자가 성문법을 거부한 이유 · 175

6. 『시경』이 보여주는 고대 중국의 생활 세계
- 제사를 통해 본 귀족들의 삶과 무당의 역할 · 184
- 시에 비친 민중의 사계절 · 192
- 전쟁의 와중에도 피어오른 애달픈 부부애 · 198
- 청춘 남녀의 격정적 사랑 노래 · 204

III. 제자백가를 둘러싼 오해와 진실

7. 제자백가 분류의 계보학
- 제자백가를 바라보는 시선의 기원 · 218
- 사마천 부자의 은밀한 갈등 · 225
- 회남자의 제자백가 사상사 · 231
- 한 제국 지성계의 패러다임 변화 · 241

8. 제자백가가 바라본 제자백가
- 공자와 묵자의 눈에 비친 춘추시대 지성계의 풍경 · 250
- 전국시대 제나라 직하에서 바라본 사상의 파노라마 · 257
- 천하 통일 직전의 지성계 동향 · 265
- 춘추전국시대 사상사의 문법 · 272

■ 에필로그 · 278
■ 미주 · 283 ■ 참고문헌 · 309 ■ 찾아보기 · 313

지도로 보는 춘추전국시대

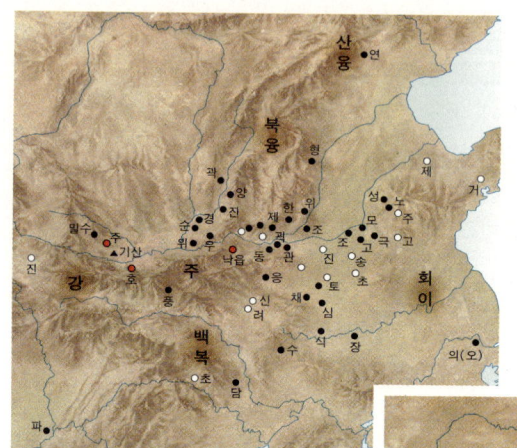

◀ 서주시대 제후국의 분포
- ● 도성
- ● 동성 제후국
- ○ 이성 제후국

춘추시대 패자의 등장 ▶
- ● 춘추오패
- ● 회맹 지역

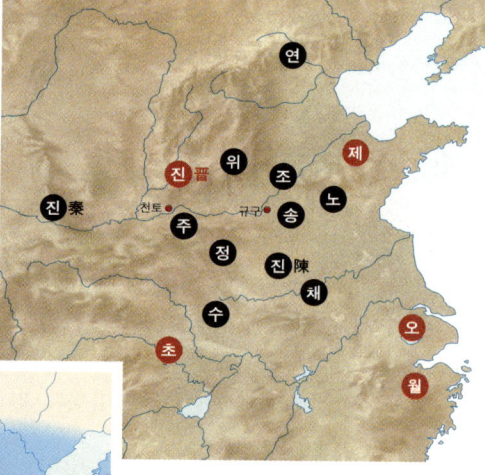

◀ 전국칠웅의 시대
- ⊙ 수도

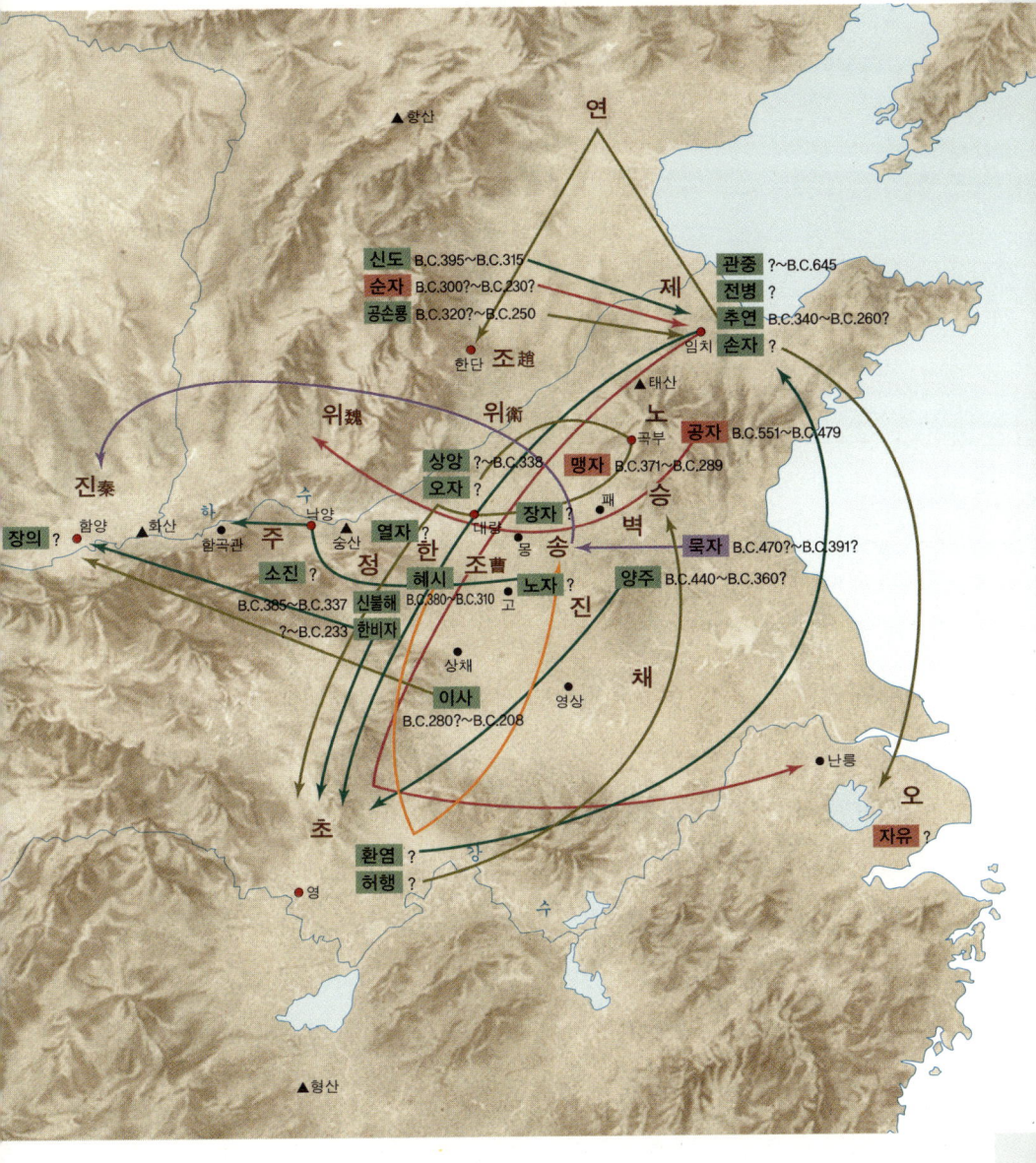

▲ 춘추전국시대와 제자백가

■ 유가
■ 묵가
● 문화 중심지

— 춘추전국시대의 제자백가 중 공자·맹자·순자·자유는 유가, 노자·열자·양주·장자·전병·환염은 도가, 묵자는 묵가, 추연은 음양가, 상앙·신불해·신도·한비자·이사는 법가, 혜시·공손룡은 명가, 장의·소진은 종횡가, 허행은 농가, 손자·오자는 병가 등으로 분류된다. 이 중 유가와 묵가만이 학파적 자의식을 가지고 있었고, 나머지 학파명은 춘추전국시대가 끝나고 한 제국 이후에 임의로 분류되고 명명된 것이다.

철학의 시대 — 춘추전국시대와 제자백가
프롤로그

I

나는 철학을, 좀 더 상세히 말하면 서양철학이 아닌 동양철학을 연구한 사람으로 분류된다. 나는 철학과 대학원에서 중국 한漢 제국에서 유학이 어떻게 사상적 패권을 차지했는지를 해명한 논문으로 석사학위를, 그리고 장자철학에서 소통疏通의 논리가 어떻게 전개되는지를 밝힌 논문으로 박사학위를 취득했기 때문이다. 하지만 대학원에 다닐 때 학문적으로 나를 흥분시켰던 것은 논문을 준비하는 과정만은 아니었다. 오히려 선후배들과 함께 매우 느린 속도로 동양철학 텍스트를 강독했던 경험이야말로 나에게는 무엇과도 바꿀 수 없는 소중한 자산이 되었다. 이 가운데 특히 기억에 남는 텍스트는 주희朱熹(1130~1200)의 『주자어류朱子語類』, 나가르주나Nagarjuna, 龍樹(150?~250?)의 『중론中論』, 그리고 여불위呂不韋(?~B.C.235)의 『여씨춘추呂氏春秋』였다.

『주자어류』가 공자孔子(B.C.551~B.C.479)로부터 주희에 이르는 유학 사상의 가능성과 한계를 보여주었다면, 『중론』은 모든 사물의 본질이 우리 자신이 부여한 것에 지나지 않는다고 역설함으로써 나에게 자유로운 비판정신이 무엇인지를 일깨워주었다. 마지막으로, 『여씨춘추』를 통해 춘추전국시대에 실제로 활동했던 제자백가의 거칠지만 진솔했던, 한마디로 살아 있는 역동적 사유를 경험할 수 있었다. 특히 『여씨춘추』가 내게 주었던 지적 자극은 지속적이면서도 강렬했다. 『여씨춘추』를 접하지 않았다면, 『노자老子』, 『논어論語』, 『한비자韓非子』, 『관자管子』, 『묵자墨子』, 『맹자孟子』, 『장자莊子』, 『순자荀子』, 『상군서商君書』, 『회남자淮南子』 등의 텍스트를 읽게 되었을까? 아마도 불가능했을 것이다.

　제자백가의 텍스트들을 읽기 시작한 지 어느새 20여 년이 흘렀다. 돌아보면 한편으로 울분을 터뜨리고, 한편으로 경탄하고, 한편으로 파안대소했던 모든 순간들이 주마등처럼 스쳐 지나간다. 그리고 언젠가 반드시 제자백가의 사상을 전체적으로 정리하리라 다짐했던 젊은 시절의 치기만만한 모습도 떠오른다. 그때 나는 제자백가의 사상이 인간이 사유할 수 있는 모든 가능성을 시도한 결과라는 인상을 강하게 받았다. 물론 지금도 이 생각에는 변함이 없다. 얼마 전 동양과 서양을 아우르는 철학사를 한 권 집필한 적이 있다. 플라톤Platon(B.C.428/427~B.C.348/347)에서부터 아감벤Giorgio Agamben(1942~)에 이르는 서양 철학자들, 그리고 공자에서부터 가라타니 고진柄谷行人(1941~)에 이르는 동양 철학자들을 총망라하면서, 나는 제자백가의 사유야말로 철학의 시작이자 미래일 수 있다는 확신을 더욱 강하게 갖게 되었다.

사실 그 사이에 나는 7년여 동안 제자백가를 포괄적으로 정리하겠다는 계획을 조금씩 진행해왔다. 마침내 2011년 그 첫 번째 결과물이 나오게 된 것이다. 지금 나는 흥분 반 걱정 반의 심정이다. 공부하면서 느꼈던 지적 희열, 삶을 비추는 생생한 통찰, 그리고 인간에 대한 한없는 애정이 글을 통해 독자들에게 전달될 수 있을까? 어쩌면 이것은 사실 내가 걱정할 수 있는 일이 아닌지도 모른다. 『독사관견讀史管見』이란 책에서 호인胡寅(1098~1156)이 했던 말이 떠오른다. '진인사대천명盡人事待天命!' 사람의 일을 모두 다 행하고 오직 천명을 기다린다는 의미다. 그렇다. 오직 최선을 다할 뿐이다. 제자백가에 대한 기나긴 이야기를 풀어가면서, 나에게 남은 과제는 공부의 즐거움을, 지적인 통찰의 생생함을, 그리고 인간에 대한 소망을 잊지 않으려 애쓰는 것뿐이다. 독자들이 나의 글에 조금이라도 공감하고 감동할 수 있기를 겸허하게 기다리면서.

2

〈제자백가의 귀환〉은 총 12권으로 기획되어 있는 방대한 작업이다. '춘추전국시대와 제자백가'라는 부제를 달고 있는 『철학의 시대』는 12권으로 기획된 전체 시리즈 중 첫 번째, 프롤로그에 해당한다. 제자백가의 속내를 직접 맛보기 전에 우리는 그들의 삶과 사유가 어떤 조건에서 시작되었는지 이해해둘 필요가 있기 때문이다. 그것은 대화의 원칙에도 부합한다. 대화란 무엇보다 먼저 상대방의 말을 진지하게 경청하는 것에서 출발해야 하지 않는가. 상대방의 말을 경청하려면, 그의 삶과 생각이 전개되는 문맥 혹은 배경을 먼저 이해할 필요가 있다. 그의 말을 잘못된 문맥에 놓고서 이해하면, 우리는 그와의 대화에서 무엇도 배우기 어려울 것이다. 제자백가와 진지한 대화를 나누기 위해 그들이 살았던 삶의 풍경과 그들이 전제한 사유 문법을 먼저 살펴보려는 것도 이 때문이다. 사실 어떤 위대한 사상도 결코 허공에서 떨어질 수는 없는 법이다. 우리는 상商나라로부터 춘추전국시대春秋戰國時代에 이르기까지, 고대 중국인들의 삶과 사유 세계를 엿보려고 한다. 낯설게 보이는 그들의 세계에 친숙해지는 순간, 제자백가와 대화할 준비도 저절로 갖춰질 것이다.

'중국 고대사의 낯선 풍경들'이라는 제목이 붙은 1부에서는, 제목 그대로 제자백가의 활동 배경이었던 고대 중국의 정치적·사회적 풍경을 살펴본다. 먼저 잔혹한 신정theocracy국가 상나라에 살았던 사람들과 그들의 내면세계를 들여다볼 예정이다. 갑골문자甲骨文字로 상징되는 것처럼 상나라는 신과 인간이 공존하는 사회를 영위했다고 볼 수 있다. 아니, 좀 더 정확히 말해 상나라는 인간의 운명이 철저히 신의 의지에 따라 좌우된다고 믿는 종교적 맹신의 세계였다. 상나라를 붕괴시키고 도래한 주周나라가 신보다는 인간의 가치를 중시했던 것은 어쩌면 당연한 일이었는지도 모른다. 상나라의 학정은 결국 신의 이름으로 자행되었기에 주나라는 신 대신 인간의 가치를 긍정할 필요가 있었다. 주나라의 정신은 후에 유학의 창시자 공자에게로 이어져 지금까지 동양 인문 정신의 원형으로 간주되고 있다. 상나라와 주나라가 펼쳐놓은 이질적인 삶의 풍경을 스쳐 지나오면, 이제 1부의 진정한 하이라이트인 춘추전국시대에 이른다. 춘추전국시대는 주나라의 정치력이 와해되면서 도래한 시대다. 이런 혼란의 시대에 새로운 삶의 규칙과 논리를 도모하는 것은 불가피한 현상일 것이다. 특히 전거戰車 중심 전투에서 기병 및 보병 중심 전투로의 혁명적인 변화, 그리고 사士 계층의 눈부신 정치적 약진에 주목할 필요가 있다.

한편 춘추전국시대에 활약한 제자백가와 그들의 텍스트를 직접 읽기에 앞서, 우리는 당시까지 고대 중국인들의 인문적 경험이 농축된 몇몇 텍스트를 2부에서 살펴볼 계획이다. 『주역周易』, 『춘추春秋』, 『시경詩經』 같은 전적들이 없었다면, 우리가 알고 있는 제자백가의 사유도 무척 달라졌을 것이다. 그들은 이러한 고대 경전들을 비판적으로 독해하면서 자신만의 고유한 사유를 일궈냈기 때문이다. 『주역』은 제목이 시사하는 것처럼 주나라 사람들의 점서라고 할 수 있다. 피 냄새가 나는 갑골 혹은 짐승의 뼈로 점을 쳤던 상나라 사람들과 달리, 주나라 사람들은 자신들이 표방하던 인문주의적 정신에 어울리게 시초라고 불리는 뻣뻣한 나무줄기를 이용한 시초점을 쳤다. 『주역』은 바로 이런 주나라 사람들의 종교적 행위를 집대성하고 있는 텍스트다. 이 책을 통해 우리는 주나라 사람들의 종교적 관념에 좀 더 가까이 다가갈 수 있다.

『춘추』는 춘추시대 지배층의 속내를 가장 잘 보여주는 텍스트라고 할 수 있다. 이 책에 등장하는 다양한 에피소드는 춘추시대의 정치적 패러다임의 변화, 즉 주나라까지 희미하나마 명맥을 유지하던 신정정치로부터 당시 새롭게 등장한 세속 정치로의 변화를 잘 보여준다. 마지막으로 살펴볼 『시경』은 춘추시대의 생활 세계를 생동감 있게 보여주는 텍스트다. 당시의 기록물 역시 모두 상당한 권력과 학식을 가진 사람들에 의해 만들어졌다. 이 점에서 보면 『시경』이야말로 매우 긴요한 텍스트라고 할 수 있다. 왜냐하면 이곳에는 지배층뿐만 아니라 피지배층의 생활양식과 내면세계를 알려주는 귀중한 자료가 풍성하게 수록되어 있기 때문이다.

첫 권의 대미를 장식하는 3부에서는 제자백가에 대한 통념과 오해를 바로잡고, 춘추전국시대에 활동했던 제자백가 본연의 모습과 사상사적 위상을 복원할 것이다. 특히 중요한 것은 제자백가를 분류할 때 사용하는 유가儒家, 도가道家, 묵가墨家, 명가名家, 법가法家 등의 용어 및 학파 분류법이 춘추전국시대는 물론 한 제국 초기까지도 사용된 적이 없다는 사실이다. 위와 같은 학파 이름은 모두 전한 시대에 완성된 『사기史記』와 후한 시대에 만들어진 『한서漢書』라는 역사서에서부터 유래한 것일 뿐이다. 다시 말해 우리가 익히 알고 있는 학파 이름은 춘추전국시대에 활약했던 제자백가를 분류하려던 후대 역사가들의 필요에 의해 만들어졌다. 3부에 '제자백가를 둘러싼 오해와 진실'이라는 제목이 붙은 것도 이런 이유에서다. 한 제국이 부여했던 제자백가의 이미지를 벗어던지지 않으면, 우리는 춘추전국시대를 온몸으로 부딪치며 돌파하려고 했던 그들의 진정한 면모에 직면하기 어려울 것이다. 특히 이 마지막 3부를 통해 한 제국 지성계가 애써 은폐하려고 시도했던 반국가주의적 사상가들, 특히 양주楊朱(B.C.440~B.C.360?)와 송견宋銒 같은 아나키스트적 사상가들의 중요성이 좀 더 분명하게 드러날 것이다.

I

중국 고대사의 낯선 풍경들

중국 역사의 기원은 언제일까? 중국 사람들은 흔히 자신들의 역사가 삼황오제三皇五帝로부터 시작된다고 생각하고 있다. 삼황이란 복희씨伏羲氏, 여와씨女媧氏, 신농씨神農氏 세 군주를 가리키고, 오제란 황제黃帝를 필두로 해서 전욱顓頊, 제곡帝嚳, 제요帝堯, 제순帝舜 다섯 군주를 가리킨다. 사마천司馬遷(B.C.145?~B.C.85?)은 『사기』에서 중국 역사의 시작을 삼황이 아니라 오제로부터 기술하고 있다. 물론 사마천은 중국 역사의 시작으로 황제를 이야기하면서도, 황제가 신농씨 시대 말기의 혼란을 종결하면서 역사에 등장했다고 기록하고 있다. 자신의 역사를 황제로부터 시작함으로써 사마천은 결국 자신이 오제 이전의 삼황 이야기를 사실로 믿고 있지 않다는 것을 드러내고 있는 것이다. 『사기』를 살펴보면 중국은 오제의 시기를 끝마치고 세습 왕조 시대로 들어간다. 바로 하夏나라, 은殷나라(B.C.1766?~B.C.1045?), 그리고 주나라(B.C.1045?~B.C.256)로 이어지는 왕조들이다.

　주나라 시대는 다시 두 시기로 나뉜다. 주나라는 은나라와의 싸움에서 승리한 후 위수渭水 부근에 수도를 정하고 나서는 호鎬 또는 종주宗周라고 불렀다. 그러나 B.C.770년 왕권 쟁탈전과 맞물려 이민족인 견융犬戎이 침입하자 주나라는 종주의 동쪽으로 수도를 옮기게 되는데, 이곳이 바로 낙수洛水 부근에 있던 낙읍洛邑이다. 역사가들은 B.C.770년 이전의 주나라를 서주西周라고 부르고, 수도를 동쪽으로 옮긴 이후 B.C.221년 진秦나라에 멸망될 때까지의 주나라 왕조를 동주東周라고 부른다. 사실 동주 왕국은 말이 왕국이었을 뿐이지 이미 정치적인 힘을 거의 상실해버린 약소국에 지나지 않았다. 바로 이 동주 시기가 춘추전국시대라고 불리던 시기였다. 이 시기 동안 중국은 역사상 유례가 없었던 정치적·사회적 혼란과 갈등을 겪게 되고, 이 상태를 종결할

지적 모색이 다양한 사상가들에 의해 역동적으로 전개된다.

흔히 춘추전국시대를 혼란의 시대라고 말한다. 그렇다면 이 시점에서 우리가 무엇보다도 먼저 살펴보아야 할 것이 있다. 그것은 도대체 혼란이 오기 이전 상태, 즉 질서가 유지된 상태란 어떠했느냐는 것이다. 대혼란이 오기 이전 중국인들은 과연 어떤 사회에서 어떤 삶을 영위했으며, 또 자신들의 삶을 어떻게 사유하고 반성했을까? 우리는 이런 궁금증을 해소하기 위해 『사기』를 포함한 중국 고대 문헌들을 넘기게 된다. 그렇지만 아쉽게도 중국 고대 문헌은 대부분 왕조 중심으로 기술되어 있다. 왕조 중심 역사관은 역사를 편찬할 수 있었던 관료·지식인들의 견해를 반영하여 기술될 수밖에 없다. 노골적으로 말해서 이런 역사관은 관료·지식인들의 사회적 중요성과 책무를 강조하고, 나아가 능력 있는 자신들을 등용하지 않는 군주의 잘못을 훈계하는 방식으로 역사를 기술한다. 따라서 왕조 중심 역사관은 소수 지배층의 특정한 행위와 사유 방식을 반영하고 있을 뿐, 다수의 피지배층 혹은 여성들의 삶과 사유에 대해서는 거의 침묵으로 일관하고 있다.

바로 이런 점 때문에 우리는 왕조 중심 역사관에서 벗어나 있는 자료에 주의를 돌릴 필요가 있다. 그런 자료 가운데 주목해야 할 것으로는 20세기에 들어 다량으로 출토된 고고학적 자료를 들 수 있다. 고고학적 자료 중 중요한 것은 점을 칠 때 사용했던 거북의 뱃가죽 껍질이나 소의 어깨뼈에 새겨져 있는 갑골문자, 그리고 제사에 사용했던 청동 그릇에 새겨져 있는 금문金文이다. 이런 자료는 당시의 종교적 관습, 즉 국가나 가문의 중대사와 관련된 행위를 할 때 신에게 점을 쳤던 고대 중국인의 풍습과 관련이 있다. 당시 점은 국가나 가문의 중대사와 항상 밀접하게 관련되어 있었다. 결국 점과 점의 결과에 대한 기록으로서 갑골문자와 금문은 종교적인 성격뿐만 아니라 아울러 역사적인 성격도 띠고 있었던 셈이다. 우리가 갑골문자와 금문에 주목해야 하는 것도 이런 이유에서다. 이 두 자료는 우리가 생각했던 것 이상으로 주나라의 정치, 사회, 문화뿐만 아니라 이전 왕조였던 은나라의 사회상을 여실히 보여주기 때문이다.

혼란의 시대였던 춘추전국시대를 이해하려면 먼저 전쟁에서부터 시작해야 한다. 전쟁 방법과 기술이 비약적으로 발전함으로써 춘추전국시대는 과거와는 전혀 다른 새로운 국면으로 진입하게 된다. 우선 전쟁에 승리하기 위해 모든 국가들이 부국강병을 지상의 이념으로 설정하게 되며, 그와 동시에 이 이념을 지속적이고 효과적으로 추진할 새로운 종류의 지식인을 요구하게 된다. 사士 계급의 대두와 제자백가의 탄생은 바로 이런 정치적 분위기에서 가능했던 것이다. 또 우리는 춘추전국시대가 동양적 가부장제가 정립된 시기라는 것도 잊어서는 안 된다. 아마 이것은 경쟁과 전쟁을 통해 남성적 강인함의 가치가 그만큼 강화되었던 것과 관련되어 있는 현상일 것이다. 또 하나 춘추전국시대는 동양의학의 전통이 시작된 시대이기도 하다. 동양의 과학적 전통 중 유일하게 현재까지도 생존해 있다는 점에서, 동양의학의 내적 논리에 대해 살펴보는 것은 여러모로 요긴한 일이다.

직접 제자백가의 사상에 들어가지 않고 이렇게 긴 우회로를 선택한 것을 독자들은 의아해할 수도 있다. 그러나 제자백가가 활약했던 춘추전국시대의 정치적·사회적 분위기나 지적 분위기에 익숙해지지 않고서는 그들의 사상을 정당하게 평가할 수 없다. 지금 우리 사회에는 제자백가의 사상을 그들의 문맥을 망각한 채 임의적으로 해석하려는 경향이 팽배해 있다. 이런 오류를 바로잡기 위해서라도 현재의 우회로는 불가피하다. 물론 중국 고대사의 낯선 풍경들에 익숙해진다고 바로 제자백가 이야기의 첫 테이프를 끊는 관중管仲(?

~B.C.645)과 공자孔子의 말을 들을 수 있는 것은 아니다. 우리는 한 가지 우회로를 더 거칠 예정이다. 그다음 장에서 우리는 고전 텍스트, 즉 『주역周易』과 『춘추』, 『시경』을 직접 맛볼 것이다. 중국 고대사의 낯선 풍경과 관중과 공자의 사상을 매개하기 위해 이것은 불가피한 작업이라고 하겠다.

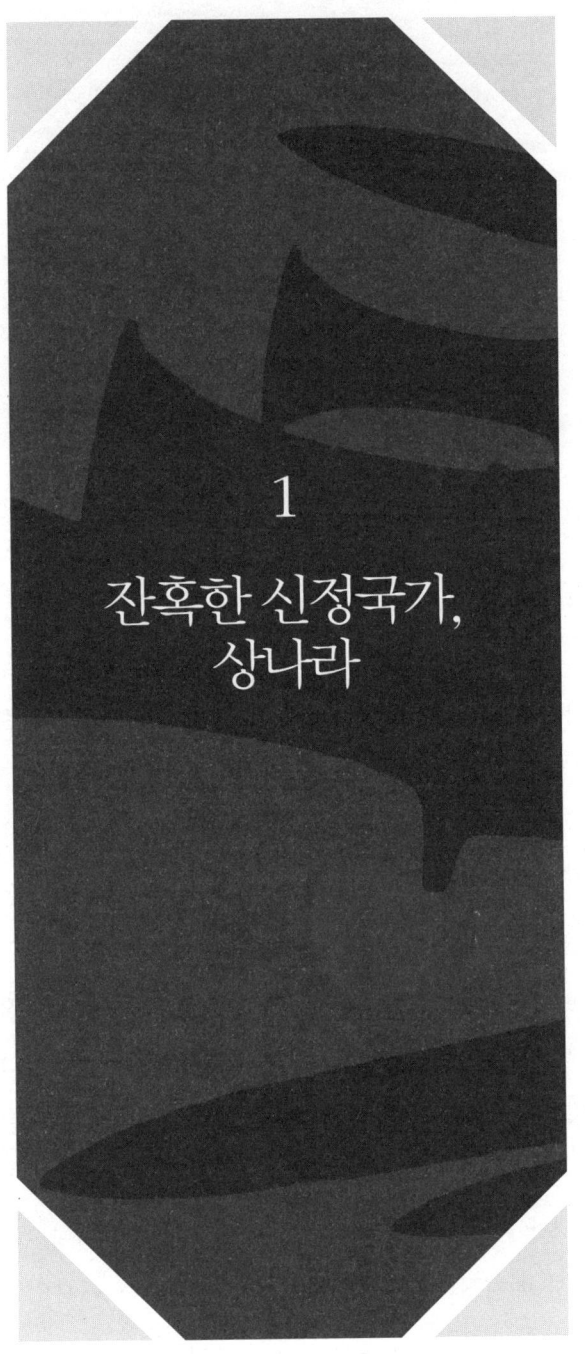

1
잔혹한 신정국가, 상나라

갑골문의 우연한 발견

20세기 초 갑골문의 발견은 『사기』[1]에만 의존하던 중국 역사를 근본적으로 다시 생각해볼 수 있도록 만들었다. 모든 발견이 그렇듯이 갑골문이 역사에 다시 대두한 것은 매우 우연한 사건 때문이었다. 1899년, 중국 베이징은 말라리아라는 전염병에 휩싸여 있었다. 당시 이 전염병에 대한 치료약으로 알려진 것은 용의 뼈, 즉 용골龍骨이 전부였다. 물론 이것은 아무런 의학적 근거도 없는 미신에 지나지 않았다. 그러나 생사의 기로에 서 있던 당시의 베이징 사람들은 용골을 구하기 위해 동분서주할 수밖에 없었다. 그런데 문제는 용이란 동물이 전설상의 동물이라는 데 있었다. 용골을 찾아야 했지만 사실 용의 뼈는 고사하고 용이란 동물조차 존재하지 않았다는 말이다.

그래서 당시 베이징의 약국에서는 소의 어깨뼈나 거북의 껍질을 용골이라고 속여서 팔았고, 엄청난 폭리를 챙겼다. 수요가 공급을 창출한다는 경제 상식처럼, 소뼈나 거북의 껍질을 구해서 약국에 팔려는 사람들도 엄청나게 늘어났다. 이렇게 전국 각지에서 수집된 소뼈나 거북의 껍질 가운데 이상한 흠집이 있는 것들이 발견되었다. 마침내 일부 연구자들은 이 흠집들이 바로 초기 청동기에 새겨진 글자의 서체와 똑같다는 것을 알게 되었다. 이런 우연한 과정을 통해서 지금은 갑골문자[2]라고 알려진 고대 중국의 문자가 발견된 것이다. 이제 남은 문제는 이런 소뼈나 거북의 껍질이 도대체 어디에서 출토되었는지를 밝히는 것이었다. 수소문 끝에 출토 지점이 황하 중류의 작은 도시인 안양安陽임이 밝혀졌다. 이 사건을 계기로 3000여 년을 잠자고 있던 은나라의 문명이 화려하게 부활하게 된다. 은나라는 보통 상商나라라고 불리기도 한다. 상商은 은나라의 수도 이름이고 당시에는 수도 이름으로 나라 이름을 부르는 관례가 있었기 때문이다.

소뼈나 거북의 뱃가죽 껍질에 새겨진 흠집들, 즉 갑골문자는 기본적으로 점치는 행위와 관련된 것이었다. 최고 통치자이자 동시에 최고 제사장이기도 했던 상나라 왕은 점복과 관련된 업무를 담당했던 관료, 즉 정인貞人[3]에게 명령해서 자신의 관심사에 대해 미리 점을 치도록 했다. 그러면 정인은 소뼈나 거북의 껍질에 구멍을 뚫고, 그 안에 불을 붙인 쑥대를 끼워넣는다. 얼마 지나지 않아 소뼈나 거북의 껍질에는 열기에 의해 다양한 균열이 생기게 되는데, 정인은 이 균열의 모양을 보고 상나라의 최고신인 상제上帝나 조상신의 숨겨진 뜻을 해석하였다.

당시의 정인은 점을 치는 데 사용했던 소뼈나 거북의 뱃가죽 껍질에 다음과 같은 사항들을 기록하였다. 왕이 관심을 가지고 점을 친 사항은 무엇인가? 그리고 상제는 어떻게 대답을 했는가? 마지막으로 왕이 궁금하게 여겼던 일들은 현실에서는 어떻게 진행되었는가? 바로 이런 과정을 거쳐 갑골문자가 기록되고 보존된 것이다.

발굴된 갑골문은 현대의 중국학자들에 의해 『은허서계殷墟書契』나 『복사통찬卜辭通纂』 같은 책으로 정리되어 출판되었다. 이런 자료를 살펴보면 상나라 왕이 관심을 가졌던 일들을 어렵지 않게 추정해볼 수 있다. 그 대표적인 것으로는 다음과 같은 것들이 있었다. "내가 지금 군대를 파견해도 괜찮을까?", "내가 새로운 정착지를 개척해도 좋은가?", "내가 지금 사냥을 가도 좋은가?", "날씨는 과연 좋을 것인가?", "나는 계속 건강할 것인가?", "왕비는 언제 출산할 것이며, 아들을 낳을 것인가?", "치통을 없애려면 어떻게 해야 하는가?"

갑골문을 통해서도 확인할 수 있듯이 상나라는 한마디로 신정국가였다. 상나라 사람들은 상제를 최고 정점으로 하는 신들의 위계질서를 믿고 있었다. 상제 외의 다른 중요 신들로는 황하와 산을 관장하는 신들, 즉 자연신들이 있었다.[4] 그리고 상제와 이런 자연신들 밑에는 상나라 왕실의 조상신들이 있었다. 그러니까 신들의 세계에서 최고의 권좌는 상제가 점유하고 있고, 그다음 권좌는 자연신들, 그리고 마지막 권좌는 조상신들이 차지하고 있었던 셈이다. 여기서 상나라 왕이 직접 상제와 접촉할 수 없었다는 사실이 중요하다. 상나라 왕은 최근에 죽어서 조상신이 된 신들하고만 교감할 수 있었기 때문이다. 이것은 당시 상제의 권위가 상나라 왕이 직접 제사를 지낼 수 없을 정도로 높았다는 것을 반증해준다.

상나라 왕의 제사는 일종의 거래와도 같은 형식을 갖고 있었다. 상나라 왕은 전쟁과 같은 중요한 통치 행위에 대해 조언해주거나 자신의 치통과 같은 사적인 문제를 해결해줄 것을 조상신에게 빌었고, 그 대가로 많은 제물을 바쳤기 때문이다. 이런 제물로 상나라 왕은 양이나 소 같은 동물을 수백 마리나 바쳤을 뿐 아니라 수천 명의 사람 목숨도 바쳤다.

최근에 죽어 신이 된 조상신들 역시 상나라 왕이 바치는 이런 제물들을 꼭 필요로 했는데, 그것은 조상신들도 신의 세계에서 여러 가지 제물들을 가지고 있어야만 했기 때문이다. 상나라 왕으로부터 제물을 받은 조상신이 훨씬 이전에 죽은 조상신들에게 신의 세계 속에서 다시 제사를 지낸다고 생각했던 것이다. 결국 상나라 왕이 막대한 제물을 제사에 바친 것은, 바로 이 제물을 통해 신들의 위계질서를 따라서 마지막 상제에게까지 이를 수 있다고 믿었다는 점을 보여준다.

잔혹했던 상나라의 제사

우리가 살펴본 것처럼 갑골문이 담고 있는 내용은 국가의 중대사에 서부터 군주의 개인적인 치통에 이르기까지 매우 다양하다. 정인은 대개의 경우 군주의 소망을 이루기 위해서는 특정한 제사를 조상신이나 상제에게 올려야만 한다고 왕에게 권고했다. 예를 들면 어떤 갑골문에는 "치통을 멈추게 하려면 정㸚 제사[5]를 지내는 것이 좋을 것 같습니다"라는 권고 사항이 기록되어 있다. 물론 점을 친 뒤 정인이 군주에게 조언했던 정 제사가 과연 어떤 방식으로 이루어졌는지 자세히 알 수는 없다. 그런데, 상나라의 제사는 인간적인 냄새가 물씬 풍기는 일종의 교환 행위였다. 보통 초월적인 종교에서 기도나 제사는 신의 뜻대로 하라는 의미로 수행된다. 다시 말해 기도를 올린다고 해서 신이 반드시 그 기도에 반응할 필요가 없다는 것이다. 그렇지만 상나라에서 지내는 제사는 이와는 다르다. 특정한 무엇인가를 얻기 위해 신에게 그에 상응하는 것을 바치고 있기 때문이다. 어떤 규모로 제사를 지낼까? 이것을 결정하는 것은 결국 얻고자 하는 것과 제물로 바치는 것을 저울질하는 경제적 판단인 것이다.

이런 제사들 중 벌伐[6]이라고 불리던 제사는 매우 중요하다. 이 제사는 사람들의 목을 잘라서 제물로 쓰는 매우 잔혹한 제사였다. 벌 제사 때 목이 잘린 사람들은 대개가 전쟁에서 포로로 잡혀온 노예였다. 갑골문을 보면 '부인伐人'이나 '획강獲羌'이란 표현이 자주 등장하는데, 여기서 '부인'은 '포로俘로 잡힌 인人족 사람들'을 말하고 '획강'은 '포로로 잡힌獲 강羌족 사람들'을 말한다.

상나라 사람들이 한 번 벌 제사를 지낼 때 죽인 '부인'이나 '획강'의 수는 다섯 명에서부터 100명에 이르기까지 다양했던 것으로 확인된다. 갑골문을 보면 가장 많은 사람을 희생물로 쓴 단일 벌 제사는 자그마치 2556명의 목숨을 앗아갔다고 기록되어 있다. 그렇다면 도대체 무슨 이유로 상나라 사람들은 사람을 제물로 바치는 잔인한 제사, 즉 인제人祭를 빈번히 지내게 되었던 것일까? 단순히 상나라 사람들이 극단적인 종교적 심성을 가지고 있었거나 아니면 매우 야만적이었기 때문이라고 쉽게 결론 내려도 괜찮을까?

여기서 우리는 상나라가 지금과 같은 영토 국가領土國家가 아니라 읍제 국가邑制國家였다는 사실을 기억해둘 필요가 있다. 다시 말해 상나라의 통치권이 미치던 영역에는 수많은 읍邑이 마치 무질서한 점처럼 산재해 있었다. 사실 상나라가 상나라로 불리는 이유도 단순히 그들이 상읍商邑이라는 읍에 살고 있었기 때문이다. 상읍을 제외한 모든 읍은 비록 상나라에 일시적으로 복종하고는 있었지만, 나름대로 상대적인 자율성을 가진 공동체로 유지되고 있었던 것 같다.

갑골문을 보면 상나라 왕은 자주 순수巡狩를 떠난 것으로 기록되어 있다. 순수는 왕이 사냥을 하면서 자신의 지배하에 있는 읍들을 순찰하던 행사를 말한다. 갑골문을 면밀히 살펴보면 상나라 왕이 순수했던 경로를 추정하는 것이 가능하다. 상나라 왕은 보통 상읍을 중심으로 직경 400킬로미터 원 안의 지방을 순수했지만, 멀리 순수할 때는 서북방과 동남방으로 대략 650킬로미터까지 움직였던 것으로 보인다. 이 과정에서 상나라 왕은 군대를 이끌고 사냥을 하면서 각 읍의 수장을 직접 만났던 것으로 추정된다.

그런데 이런 행사는 오히려 상나라 통치자들의 조바심을 반영하고 있다. 넓게 퍼져 있는 각 읍들을 직접 통치할 수 없었기 때문에, 상나라는 대단위 군대를 동원해서 각 지역을 돌면서 사냥을 했고 이를 통해 일종의 무력시위를 감행했던 것이다. 다시 말해 각 읍의 수장들이나 읍민들에게 상나라 왕의 순수는, 계속 복종하지 않으면 자신들이 상나라 왕의 사냥감이 될 것이라는 협박과 마찬가지로 보였다.

그런데 이것은 거꾸로 볼 때, 상읍을 제외한 모든 읍이 항상 상읍, 즉 상나라에 반기를 들 수도 있었다는 것을 말해준다. 바로 여기에 벌 제사라는 잔혹한 인제가 수행한 역할과 기능이 있었다. 상나라에 복종을 맹세하지 않았던 다른 부족들을 공격하고 이때 잡은 포로들을 무자비하게 제물로 바치는 의식을 거행함으로써, 상나라 왕은 자신의 영역 안의 읍들에 거주하던 부족들에게 저항의 대가를 분명하게 각인시킨 것이다. "우리에게 반기를 들면, 그것은 곧 죽음을 의미한다!" 결국 벌 제사를 포함한 상나라의 모든 제사는 기본적으로 내부의 권력 질서를 안정화하기 위한 조치로 이해할 수 있다. 그러나 상나라 사람들은 자신들의 잔혹한 정치를, 상제와 온갖 신들을 위한 불가피한 제사라는 명목으로 정당화했다.

당시 중국 대륙의 부족들은 크게 두 종류로 나뉘어 있었다. 하나는 상나라에 복종해서 읍들에 모여 살았던 부족들이고, 다른 하나는 그 바깥에서 상나라에 복종을 거부했던 부족들이었다. 갑골문을 보면 이렇게 상나라에 복종을 거부하던 부족들이 살고 있던, 상나라 바깥의 지역을 방方이라고 불렀다.[7] 우리가 지금도 쓰고 있는 단어인 '사방四方'이란 말도 바로 여기서 유래한 것이다. 이런 방 지역에 살았던 다양한 부족들 중 갑골문에 빈번히 등장하는 중요한 부족으로는, 토방土方에 살던 토족土族, 귀방鬼方에 살던 귀족鬼族, 공방邛方에 살던 공족邛族, 강방羌方에 살던 강족羌族, 인방人方에 살던 인족人族, 우방盂方에 살던 우족盂族, 주周 지역 즉 주방周方에 살던 주족周族 등 30여 부족이 있었다.

사방에 속해 있던 부족들 중 대부분은 상나라와 계속 갈등 관계에 있었지만, 언제부터인가 주족은 상나라의 권위에 복종하게 된다. 상나라와 너무 가까운 지역에 있었던 탓에, 주족은 항상 상나라의 약탈 대상이 되었던 것이다. 당연히 주족은 무모한 저항보다는 복종의 제스처를 취하는 정책을 취했다. 절치부심切齒腐心이라고나 할까. 이런 굴욕을 감내한 끝에 주족은 상나라를 정복하여 주나라를 세움으로써 중국 대륙의 패권을 차지할 수 있었다. 물론 주나라는 상나라와 마찬가지로 사방의 부족들과 항상 긴장 관계를 유지할 수밖에 없었다.

왕의 무덤에 얽힌 사연

상나라 사회는 상나라 왕을 대표로 하는 귀족들, 평민들, 그리고 노예들로 구성되어 있었다. 당시는 귀족들만 성姓을 가질 수 있었기 때문에 당시의 귀족들을 '백성百姓'8)이라고 부르기도 하였다. 오늘날 우리가 알고 있는 상식적인 백성의 의미와는 사뭇 다르다. 상나라 시대 평민들은 농업 같은 직접 생산에 참여한 계층이었는데, 문헌을 보면 보통 '소인小人'9)이라고 불렸던 사람들이다. 이들은 백성이라는 귀족들로부터 분화되어 나온 계층이었기 때문에 나름대로 정치적 영향력도 가지고 있었던 것으로 보이지만, 기본적으로 귀족층의 지배 대상이었다고 보아야 할 것이다. 비록 일정한 규모의 토지를 점유하고 스스로 그 토지를 경작할 수 있었지만, 그 대가로 소인들은 국가에 일정한 공물을 납부해야만 했고 아울러 병역이나 요역의 의무를 지고 있었기 때문이다.

그런데 우리가 기억해두어야 할 것은 공자孔子(B.C.551~B.C.479)의 삶과 사유를 기록하고 있는 『논어』[10]를 읽을 때 등장하는 '소인小人'이란 개념의 유래가 바로 여기에 있다는 사실이다. 공자에게서 소인은 군자君子나 대인大人과 대비되어 '윤리적으로 열등한 사람'을 의미한다. 그러나 사실 소인이란 계층이 윤리적으로 열등해 보이는 것은 특권 귀족층의 관점에서만 그럴 뿐이라고 할 수 있다. 오히려 소인 계층의 처지에서 귀족층의 윤리적 행위란 일종의 허례허식과 허영으로 가득 차 있는 것으로 보였을 것이다. 그들의 고상한 행위란 소인 계층에 대한 착취로부터 가능한 것이었기 때문이다.

마지막으로 상나라의 최하층을 구성하던 계급은 바로 노예였다. 앞에서 잠시 언급했듯이 이들은 대개가 전쟁 포로로 잡혀온 사람들이다. 이 노예들은 소나 양 같은 동물처럼 일종의 재산으로 취급되었고, 그들의 생사여탈권마저 주인에게 귀속되어 있었다. 그뿐 아니라 노예들은 제사에 희생으로 바쳐지기도 하였으며, 주인이 사망할 때에는 머리나 손발이 잘린 채 강제로 순장殉葬되기까지 했다.

갑골문의 발견과 아울러 안양에서는 939기의 무덤이 발굴되었다. 앞에서 살펴보았던 것처럼 상나라는 기본적으로 신정국가였다. 그래서인지 왕이 사망할 때 많은 사람들이 동시에 순장되었다. 상나라 사람들은 왕이 죽었을 때에도 왕을 위해서 일했던 사람들이 영원히 왕을 위해 봉사할 필요가 있다고 생각했던 것 같다. 발굴된 무덤 가운데 상나라 왕이 묻힌 한 무덤을 살펴보면, 우리는 상나라가 과연 어떤 모습을 가진 사회였는지 짐작해볼 수 있다.

왕을 측근에서 모시던 귀족들과 무덤 호위병의 명목으로 순장된 사람들의 시신이 왕의 시신 근처에서 상당수 발견된다. 이 시신들에는 어떠한 신체의 상해나 저항의 흔적도 남아 있지 않다. 이와는 달리 무덤 안에 머리와 손과 발이 잘린 시신도 많이 발견되었다. 앞서 살펴본 대로 이들은 벌 제사에도 희생물로 바쳐졌던 바로 그 전쟁 포로들이었다. 통계에 따르면 이들은 순장된 사람들보다 20배가 더 많았다고 한다. 그러니까 우리는 상나라 왕의 무덤 안에서 두 종류의 사람들을 발견하게 되는 셈이다. 하나는 상나라가 통치를 공고히 하기 위해서 만든 종교적 신념을 그대로 묵수한 채 자발적으로 왕을 따라 순장된 상나라 사람들이고, 다른 하나는 강제로 목과 손발이 잘린 채 살해되어 묻힌 상족 이외의 사람들이다.

서로 다른 생각을 가지고 있던 두 종류의 사람들이 상나라 왕의 무덤에서 동시에 발견된다는 것은 우리에게 많은 것을 시사해준다. 우선 통치를 공고히 하기 위해 강요되고 묵수되었던 신의 세계를 그대로 믿고 따랐던 상나라 사람들이 있다. 이것은 당시 상제를 정점으로 하는 신의 세계가 통치의 수단으로 이해되기보다, 오히려 실제로 존재하는 대상으로 표상되고 있었다는 것을 의미한다. 그래서 상나라 사람들은 아무런 저항 없이 지상에서의 임무를 그대로 수행하기 위해 왕을 따라 무덤으로 자발적으로 걸어 들어갔다.

반면 상나라에 강제로 잡혀온 전쟁 포로들의 생각은 이들과 전혀 달랐던 것으로 보인다. 살아 있을 때 전쟁 포로들은 상나라 사회의 최하층민이 되었다. 그들은 살아서는 소나 말처럼 강제 노역을 수행해야 했고, 상나라 왕족이나 귀족들의 제사에서는 희생물로 살육되었으며, 왕족이나 귀족이 사망할 때는 살해당해 무덤에 묻힐 수밖에 없었기 때문이다.

당시 전쟁 포로들은 죽은 상나라 지배층 사람과 함께 무덤에 묻힐 때, 그러니까 순장될 때, 반드시 머리와 손발이 잘렸다. 이로부터 우리는 순장의 아이러니를 읽어낼 수 있다. 전쟁 포로들을 묻는 이유는 기본적으로 이들이 죽어서도 노예 역할을 수행해야 한다는 상나라 사람들의 종교적 신념 때문이었다. 그런데 만약 머리와 손발을 자른다면, 이들이 어떻게 신의 세계에서 노예 임무를 계속 수행할 수 있단 말인가? 머리가 없기 때문에, 이들은 자신들의 주인이 누구인지 확인할 수도 없고 명령을 들을 수도 없다. 손과 발이 잘렸기 때문에, 이들은 신의 세계에서 노역에 종사할 수도 없을 것이다. 그렇다면 상나라 사람들이 오히려 전쟁 포로들에 대해 무엇인가를 두려워했던 것은 아닐까?

만약 머리와 손발을 그대로 둔 채 그들을 사망한 자신들의 왕과 같이 묻는다면, 신의 세계에서 전쟁 포로들이 오히려 왕이나 그를 따라 순장된 상나라 사람들을 공격할 수도 있을 것이다. 역설적이게도 상나라 사람들은 전쟁 포로들을 잔혹하게 죽이면 죽일수록, 자신들도 언젠가 역으로 그들에게 잔혹하게 죽임을 당할 수 있다는 불길한 예감을 무의식적으로 가지고 있었던 것 같다. 이 때문에 상나라 사람들의 전쟁 포로들에 대한 잔혹함은 더욱 커져갔을 것이다. 전쟁 포로들이 지금은 비록 상나라 사람들의 노예지만, 과거 자신들의 부족사회에서는 용맹한 전사들이었기 때문이다. 이들은 상나라 사람들이 믿었던 신들의 세계를 조금도 인정하지 않았던 상나라 바깥의 타자들이었던 셈이다.

상나라로부터 가장 많은 피해를 입은 부족 가운데 강족이라는 부족이 있었다. 강족은 상나라 서쪽에 있었던 부족인데, 상나라 사람들의 언어와는 완전히 다른 티베트-버마 어군에 속하는 언어를 사용하고 있었다. 지금까지 발견된 전체 갑골문을 검토해보면, 상나라 사람들이 인제人祭를 바칠 때 주로 제물로 바친 사람들이 바로 강족이었다는 사실을 알 수 있다. 확인된 바로는 제물로 바쳐진 강족의 수가 자그마치 7000여 명이나 되었다고 하는데, 이것은 결국 상나라와 가장 격렬하게 전쟁을 수행한 부족이 바로 강족이었다는 것을 분명히 보여준다.

B.C.11세기에 상나라 변방에 살았던 상족 이외의 부족 가운데 하나였던 주족을 중심으로 상나라에 저항하는 조직적인 동맹군이 구성되는데, 이때 상나라를 공격하는 동맹군의 선봉에 섰던 이들이 바로 강족이었다. 결국 상나라 사람들의 불길한 예감이 얼마 지나지 않아서 현실이 된 것이다. 역설적이게도 강족은 주족과 함께 상나라를 붕괴시키는 데 성공하지만, 결국에는 주족으로부터 버림받게 된다. 그러나 그 후 고대 중국 사회에서 강족의 영향력은 결코 시든 적이 없다. 춘추전국시대를 통틀어 정치적·문화적으로 가장 강대했던 제齊나라가 바로 강족의 나라였기 때문이다.

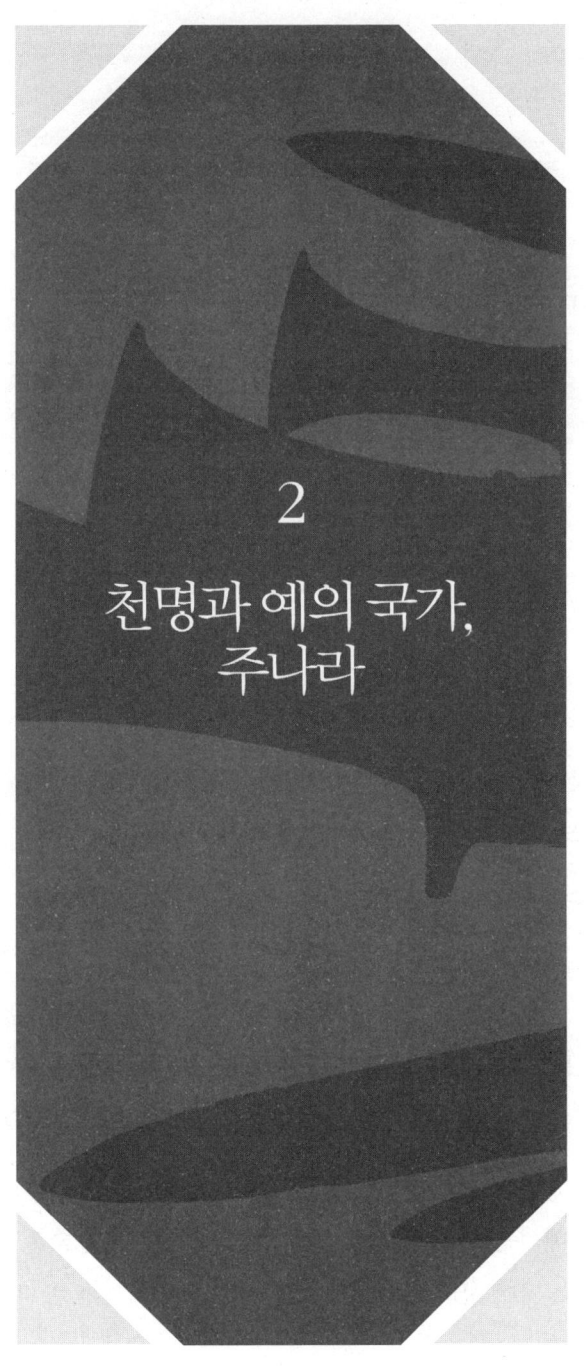

2
천명과 예의 국가, 주나라

주족과 강족 사이의 감춰진 비밀

상나라 말기에 오면 인제가 급격하게 줄어든다. 흔히 폭군의 대명사로 알려진 상나라의 마지막 왕 주紂왕 때에는 이런 현상이 더욱 두드러졌다. 많은 학자들, 특히 마르크스주의에 영향을 받은 현대 중국 학자들은 이와 같은 현상을 경제사적 관심에서 해석해왔다. 그들은 다음과 같이 설명한다. 생산력이 발달하지 않았던 상나라 초기나 중기 단계에는 노예들이 생산노동에서 크게 중시되지 않았기 때문에 오히려 희생물로 많이 사용되었다. 그러나 상나라 후기에 들어서서 생산력이 급격히 발달함에 따라 노예들의 생산노동이 매우 중시되었고, 그만큼 인제 관습이 줄어들 수밖에 없었다는 것이다.

　물론 이런 해석은 충분히 설득력이 있다. 그러나 현대 중국 학자들이 주장하는 것처럼 상나라 후기에 생산력이 비약적으로 발전했음을 보여주는 증거는 그다지 많지 않다. 더구나 이 학자들은 상나라 노예들이 기본적으로 전쟁에서 포로로 잡은 비상족非商族 계열의 외부 부족들로 충당되었다는 사실을 간과하고 있는 것으로 보인다. 이 점을 염두에 둔다면 오히려 인제가 줄어든 것은 상나라가 이제 전쟁을 통해서 포로를 많이 획득할 수 없게 되었다는 사실을 보여주는 것이 아닐까? 결국 상나라 말기에는 이미 상나라의 힘이 외부 부족들을 압도할 만큼 강하지 않았다고 말할 수 있다.

이제 상나라의 잔혹한 신정정치는 심각한 도전에 직면하게 된다. 상나라에 도전했던 비상족 부족 중 가장 중요한 부족은 바로 주족[11])과 강족[12])이었다. 주족과 강족은 연합하고 얼마 지나지 않아 상족의 신정정치를 붕괴시킨다. 이때 강족의 수장이었던 인물이 바로 그 유명한 강태공姜太公, 즉 강상姜尙이다. 강족의 강羌이라는 글자는 강태공姜太公이라고 할 때의 강姜자로도 표기된다. 반면 주나라 문왕文王의 이름은 희창姬昌이었던 것으로 볼 때 주족의 수장은 희姬를 성으로 썼다는 것을 알 수 있다.

사실 주족과 강족은 그전부터 상나라의 잔혹한 공격에 공동 대응하기 위해 서로 혈연관계를 맺고 밀착되어 있었다. 이를테면 주족의 시조라고 일컬어지는 후직后稷의 어머니도 강족 출신의 강원姜嫄이었으며, 상나라에 저항하는 동맹 부족들의 수장이었던 주족 무왕武王의 부인도 왕강王姜이라고 불리는 강족 여인이었다. 당시 강족의 수장이었던 강상은 주나라 무왕의 아버지 문왕과 협력했을 뿐만 아니라, 그의 아들인 무왕과도 긴밀히 협력해서 상나라를 붕괴시키는 데 결정적인 공헌을 한다.

주족과 강족을 대표로 하는 부족 동맹군이 상나라를 붕괴시킨 후, 정치적 투쟁 끝에 주족이 부족 동맹군의 실권을 장악하게 된다. 그런데 이제 실권을 장악한 주족에게 가장 위험한 부족은 다름 아닌 강족이었다. 상나라 내내 상나라를 위협할 정도로 많은 전쟁을 수행했던 부족이자 동시에 가장 탁월한 전투 능력을 가졌기에 상나라를 공격하는 동맹군의 선봉을 맡았던 부족이 바로 강족이었다. 외부의 강력한 적이었던 상족을 붕괴시킨 주족은 이제 자신들의 패권에 도전할 수 있는 유일한 부족으로 강족에 주목할 수밖에 없었다.

그래서 그들은 강상을 대표로 하는 강족들로 하여금 그들이 원래 살았던 중국 서쪽을 떠나서 중국 동쪽, 즉 황해黃海를 바라보는 지금의 산둥 성山東省 쪽으로 옮겨가게 했다. 비록 말로는 강상을 제齊나라의 군주로 봉한다는 명분이었지만, 이것은 정치투쟁에서 실각한 강족을 자신들 주족의 생활 터전에서 거의 축출해버린 것이나 다름없었다. 강족에 대한 잠재적인 두려움 때문에 주족은 강족이 새롭게 정착하게 된 제나라와 자신들의 주나라 사이에 노魯나라와 위衛나라를 겹겹이 만들고 그 군주의 자리에 자신들의 동족을 부임시켰을 정도였다.[13]

비록 겉으로는 제나라의 군주로 봉해졌지만 강상과 그의 부족들은 아직도 중국 질서에 편입되지 않은 동쪽의 토착 부족들, 특히 내이萊夷족과 치열한 전투를 다시 벌일 수밖에 없었다. 아마 이것도 주나라가 미리 의도했던 사태였을 것이다. 중국 서쪽에서 강력한 전투 능력을 자랑했던 강족이 동쪽으로 옮겨가면, 토착 부족들과 영역 다툼을 벌일 것이라는 점은 불을 보듯 자명한 일이었기 때문이다.

상족의 문화와 전통, 특히 갑골문으로 대표되는 언어 체계로부터 영향을 받았고 이를 적극적으로 수용했기 때문에, 주족은 상족과 문화적으로 연속성을 가지고 있었다. 그러나 이와는 달리 강족은 티베트-버마 어군에 속하는, 따라서 독자적인 문화 전통을 가지고 있는 부족이었다. 초기에는 대등하게 출발한 주족과 강족의 동맹 관계는 상나라를 붕괴시킨 후 발생한 정치투쟁의 결과 강족의 패배로 끝난다. 그런데 이 사실과 관련해 잊지 말아야 할 것이 하나 있다. 그것은 사마천이 주족과 강족의 동맹을 처음부터 대등한 동맹 관계가 아니라 마치 주종 관계였던 것처럼 왜곡하여 기록하고 있다는 점이다.

　　태공망太公望 여상呂尙은 동해東海 근처 사람으로, 그의 선조들은 요와 순 시대에 여呂 또는 신申 땅에 봉해졌으며 성은 강씨姜氏였다. (…) 상은 본래의 성은 강씨였지만 그 봉지를 성으로 하여 여상이라고 부른 것이다. 여상은 곤궁하고 연로하였던 듯한데, 낚시질로 주周 서백西伯(역주: 문왕文王인 희창姬昌을 말한대)에게 접근하려고 하였다. 서백이 사냥을 나가려고 하다가 점을 쳤는데, 점괘가 나오기를 '잡을 것은 용도 이무기도 아니고, 호랑이도 곰도 아니다. 잡을 것은 패왕을 보필할 사람이다'라고 하였다. 이리하여 서백이 사냥을 나갔다가 위수渭水 북쪽에서 여상을 만났는데, 그와 이야기를 나누고는 크게 기뻐하며 다음과 같이 그에게 말했다.
　　"돌아가신 태공(역주: 문왕의 아버지를 말한대) 때부터 말하기를 '장차 성인이 주나라에 올 것이며, 주나라는 그로 하여 일어날 것이다'라고 하였습니다. 선생님이 진정 그분이 아닙니까? 우리 태공께서 선생님을 기다린지 오래되었습니다."

그래서 서백은 그를 '태공망'이라고 부르며 수레를 함께 타고 돌아와서 국사[師]가 되게 하였다.[14]

— 『사기』 「제태공세가」

앞에서 살펴본 것처럼 강상은 문왕과 대등하게 동맹을 구성했던 강족의 수장이었으며, 상나라와의 전투에서 자신의 부족을 이끌고 선봉에 섰던 사람이다. 이런 사람을 사마천은 강가에 낚싯대나 드리운 채 문왕을 기다리고 있던 무기력한 정치가, 문왕이 없었다면 결코 중국 역사에 기록될 수도 없었던 인물로 기록하고 있다. 비록 주나라를 일으켜 세울 또 한 명의 성인인 것처럼 강상을 묘사하고 있으나, 이것은 사실 성인을 발탁할 줄 아는 주나라 서백의 뛰어난 안목을 염두에 둔 것일 뿐이다.

더구나 사마천은 아예 강상이 동해東海 지역 사람이었다고 기술함으로써, 마치 그가 제나라 지역에 이전부터 살고 있었던 사람인 것처럼 묘사하고 있다. 결국 이것은 사마천이 상나라로부터 주나라로 이어지는 동일한 언어·문화 공동체에 살고 있었기 때문에 가능했던 자연스러운 왜곡이었을 것이다.

우리는 강족이라는 부족의 파란만장한 역사가 보여주는 상징성 때문에 강족과 강족이 발전시킨 제나라에 관심을 기울일 필요가 있다. 강족은 상나라 사람들에게 잔혹하게 살육을 당했으며, 또한 주나라 사람들에 의해 또다시 중국 동쪽으로 밀려날 수밖에 없었던 부족이다. 한마디로 한족漢族, 그러니까 상족商族과 주족을 중심으로 하는 중국 주류 문명권으로부터 항상 억압과 배신을 당해온 부족이었던 셈이다. 불행 중 다행으로 동쪽의 토착 부족들과 생명을 건 사투를 벌인 끝에 강족은 다시 화려하게 재기한다.

춘추전국시대를 통틀어 경제적·군사적·문화적으로 가장 번성했던 국가가 바로 다름 아닌 제나라였다. 춘추시대에 최초의 패자覇者가 된 환공桓公(재위 기간 B.C.685~B.C.643)을 낳은 것도 바로 제나라며, 전국시대에 이르러 제자백가로 통칭되는 수많은 사상가들에게 인큐베이터를 제공했던 나라도 바로 제나라였다. 만약 제나라가 없었다면 중국의 역사나 사상은 지금 우리가 접하는 것과는 무척 달라졌을 것이다.

사마천을 필두로 중국인들은 은나라[=상나라], 주나라, 진秦나라, 한漢나라로 이어지는 주류 한족 문화를 강조해왔다. 따라서 그들은 의식적으로든 무의식적으로든 강족의 정치적·문화적 영향력을 축소·왜곡하려는 경향을 보이기 마련이다. 그렇지만 사실상 중국 문화와 사상의 중핵에는 은나라의 상족이나 주나라의 주족과는 상이한 언어와 문화를 가졌던 강족의 정신이 강렬하게 살아 숨 쉬고 있었던 셈이다.

그런데 오늘날 눈여겨볼 필요가 있는 사실은 티베트-버마 어군에 속하는 강족들이 과거에 한족들로부터 수모와 배신을 당했던 것처럼, 강족과 동일한 어군에 속하는 지금의 티베트 역시 오랜 시간이 경과했는데도 동일한 역사적 과정을 겪고 있다는 점이다. 이것은 우리에게 중국의 중심 권력과 그들이 몰아내려고 한 다른 종족들 간의 은밀한 갈등을 그대로 보여준다. 그러나 이런 어두웠던 역사적 기억에도 불구하고 한족과 대립했던 종족들은 서서히 한족에게 동화되어 갔다. 한족이 가지고 있던 정치적·경제적 우위와 세련된 문화는 그만큼 무서운 힘을 가지고 있었던 셈이다.

위민 정치의 숨겨진 속내

앞에서 은나라, 다시 말해 상나라는 신정국가였다고 말했다. 상족은 상제上帝[15)]를 정점으로 하는 신들의 세계를 믿었으며 그것을 다른 부족에게 강요했다. 처음에 상제라는 최고신은 상족만의 부족 신이었다. 모든 공동체가 그렇듯이 상족도 특정한 종교적 신념을 공유하면서 부족으로서의 통일성을 유지했을 것이다. 그런데 현실의 권력 세계에서 상족이 패권을 차지하게 되자 이제 상제가 다른 부족들이 모시던 다양한 부족 신들을 지배하는 신들의 신, 즉 최고신으로 등극하게 된 것이다.

그렇다면 상나라의 현실적인 몰락과 더불어 이 상제라는 신은 어떻게 이해되었을까? 그리고 가장 강력한 신, 신들의 세계에서 제왕이라고 할 수 있는 상제의 후원을 받는 상나라가 어떻게 몰락할 수 있단 말인가? 당시 대부분의 부족들은 상나라에 대한 공격을 주저했다. 혹시 자신의 신이 상나라의 상제로부터 핍박을 당할까 두려웠던 것이다.

상족의 지배가 오래되자, 그들이 각인시킨 종교적 체계가 어느 사이엔가 다른 부족들의 뇌리에 깊숙하게 각인되었던 것이다. 이런 상황에서 당시 사람들로서는 상나라를 공격한다는 것 자체가 상상하기 힘든 일이었을 것이다. 상나라를 공격한다는 것은 신들의 세계를 공격하는 것과 마찬가지 일로 받아들여졌기 때문이다. 혹시 상나라를 공격한다면 신들의 저주가 내리지나 않을까? 상나라를 대신하여 중원의 패권을 넘보고 있었던 주족만이 상족의 종교 이데올로기로부터 자유로울 수 있었다. 당연한 일 아닌가? 만약 주족이 다른 부족처럼 상족의 종교 세계를 맹신하고 있었다면, 그들이 상나라를 공격하겠다는 마음을 먹는 일조차 불가능했을 것이다. 어쨌든 그렇게 강력하다던 상제의 분노를 어떻게 감당할 수 있을까? 다른 부족들이 바로 이런 두려움을 느끼는 것을 눈치채자 주족은 발 빠르게 움직인다. 주나라 무왕의 동생인 주공周公은 바로 이 문제를 해소하기 위해 앞장섰던 인물이다. 그는 주나라의 통치 제도와 아울러 통치 이데올로기를 완성했던 주인공이다. 그의 이야기를 잠시 직접 들어보도록 하자.

주공은 말했다.

"신은 삼가 머리를 조아려 왕 전하와 소공에게 진언하고자 합니다. 또한 여러 상나라 분들과 주나라의 관리들에게도 말씀드리고자 합니다. 아아! 저 하늘의 위대한 상제께서는 그의 큰아들이신 상나라 주왕으로부터 위대한 상나라의 천명을 거두어 가셨습니다. 그리고 지금 왕께 천명을 내리신 것입니다. 이것은 무궁무진한 행복이며 또한 무궁무진한 걱정거리라고 할 수 있습니다. 아아! 어찌 삼가고 근신하지 않을 수 있겠습니까! 하늘은 일단 저 위대한 상나라의 천명을 거두어 갔습니다. 이전에 돌아가신 상나라 왕들의 영혼은 천상에 있었으며, 그들의 후손들인 후대의 상나라 왕들이나 민중은 그들의 명령에 복종했습니다. 마지막 끝[역주: 상나라의 주왕] 대에 이르러 현자들은 숨어버리고 올바르지 못한 자들만 관직에 남아 있게 되었습니다. 민중은 부녀와 아이들을 등에 업고 팔로 껴안고 손으로 잡아끌고 상나라로부터 도망가면서 애통하게 하느님[天]께 호소하였습니다. 그들의 도망은 저지당했고, 도망자는 체포당했습니다.

아아! 하느님은 또한 이들 사방의 민중을 가련하게 생각하오니, 왕께서는 천명을 돌아보시고 덕을 베푸는 일에 힘쓰셔야만 합니다! 옛날 선대의 하나라를 살펴보면, 하늘은 그들을 사랑하고 도와주었습니다. 그러나 천의 뜻을 어기자 하나라 사람들은 천명을 잃어버리게 되었습니다. 지금 상나라를 살펴보면 하늘의 신령이 내리어 그들을 도왔습니다. 그러나 하늘의 뜻을 어기자 상나라 사람들은 천명을 잃어버리게 된 것입니다. 지금 왕께서는 젊은 나이에 대권을 이어받으셨으니 나이 많은 노인의 말을 흘려버리시면 안 됩니다. (…)

우리는 하나라를 거울삼아 보지 않을 수 없으며 또한 상나라를 거울삼아 보지 않을 수 없습니다. (…)

그들은 자신들의 덕을 삼가 받들어 행하지 못하였기 때문에 일찍이 천명을 잃을 수밖에 없었던 것입니다. (…) 지금 왕께서는 천명을 이어받으셨습니다. 우리 주나라 사람들은 이제 이 두 선대 왕조를 통해서 천명이 어떻게 주어지며 거두어 들여지는지를 깊이 생각해야만 그 위업을 이룰 수 있을 것입니다."16)

─『상서』「주서·소고」

나이 든 주공은 자신의 조카인 성왕成王과 자신의 동생인 소공召公에게 정치에 대해 훈계하고 있다. 그의 이야기를 통해 우리는 당시의 최고신이 상제라는 이름으로 불리기도 하고 아울러 천天이라는 이름으로 불리기도 하는 혼란을 확인할 수 있다. 상제가 상족들이 믿고 있던 최고신이었다면, 천天 즉 '하늘신'은 주족들이 믿고 있던 최고신의 이름이었기 때문이다.

상나라 서쪽, 건조한 지역에 있었던 주족들이 '하늘'을 신으로 섬긴 이유는 산악이나 고원 혹은 사막의 유목민들이 하늘을 숭배한 이유와 마찬가지였을 것이다. 이런 척박한 지역에서는 비와 관련된 날씨 변화가 인간의 생존에 결정적인 중요성을 가질 수밖에 없다. 사막 지역을 지나본 사람들은 느껴보았겠지만, 낮이나 밤 어느 때든 이곳에서 보이는 것은 온통 하늘뿐이다.

상제가 천으로 대체되었을 뿐, 주나라는 상나라의 종교 체계를 거의 그대로 채용한다. 그렇지만 다른 한편으로 자신들의 혁명을 정당화하기 위해서 이들은 천명天命17)이라는 새로운 이데올로기를 채용할 수밖에 없었다. 다시 말해 최고신은 인간들이 어떻게 하느냐에 따라서 천명을 주기도 하고 천명을 다시 회수하기도 한다는 것이다. 사실 천명 이데올로기라는 것은 정권 찬탈에 대한 사후 정당화에 지나지 않는다. 누군가 권력을 잡고 나면 천명이 그에게 있었다는 식으로 그의 권력을 정당화하는 논리이기 때문이다.

주나라, 특히 주나라의 주공이라는 탁월한 이데올로그가 구성해낸 천명 이데올로기는 사실상 동아시아 역사에서 지금까지도 강력한 영향력을 행사하고 있다. 그 대표적인 경우가 바로 1989년의 중국 천안문 사태다. 당시 많은 지식인들이 이 사태를 중국 공산당이 천명을 잃은 징조라고 주장했다.

천명 논리에서 재미있는 점은 최고신이 민중을 불쌍하게 여긴다는 주장이다. 주공의 훈계를 살펴보면, 상나라 민중이 토지를 버리고 도망간 사건은 바로 천명이 상나라 왕으로부터 떠났음을 보여주는 증거로 간주되었다. 그러나 역설적인 것은 이런 식으로 자신들의 집권을 정당화하고 나자, 이제 주나라 집권층은 어쩔 수 없이 상나라가 저질렀던 많은 잔혹한 정치들을 지양하고 민중을 위한 정치적 행보를 해나갈 수밖에 없었다는 점이다. 바로 천명 이데올로기가 지닌 이런 논리적 귀결 때문에 주나라는 예악禮樂으로 구성된 문화적 통치 형식을 만들어내기에 이른다.

주나라의 문화적 통치 형식은 상나라의 잔혹한 통치 형식과 상당한 차이점을 가지고 있었다. 그 가운데 하나가 바로 점치는 방법과 관련된 것이다. 주나라 왕이나 귀족들도 상나라와 마찬가지로 여전히 소뼈나 거북의 뱃가죽 껍질로 점을 쳤던 것 같지만, 아울러 시초蓍草라고 불리는 뻣뻣한 나무줄기 여섯 개를 이용해서 점을 치는 기법도 개발했다. 이것들이 모두 신들로부터 조언과 도움을 얻으려는 노력이라는 것은 말할 것도 없다. 그런데 시초로 치는 점법은 신의 뜻을 알고자 하는 방식이 합리화되었다는 것을 잘 보여준다. 상나라 때의 점치는 방법은 소와 거북을 죽여서 소로부터 어깨뼈를, 그리고 거북으로부터 부드러운 배 껍질을 얻어야만 했다. 당연히 상나라 때는 점칠 때마다 소나 거북이 도살되었고, 점치는 장소는 붉은 핏빛과 피비린내로 가득했을 것이다. 그렇지만 주나라가 들어서면서 동일한 나무줄기 여섯 개가 점칠 때마다 반복적으로 사용되었다. 이제 동물이 아닌 나무줄기를 이용함으로써, 피비린내가 진동하던 점의 방식이 서서히 정신적이고 관념적인 방식으로 변하게 되었던 것이다. 이 시기에 즈음해 탄생한 것이 바로 『역경』, 즉 『주역』[18]이라는 점서였다.

귀족들만의 예절, 주례

주족은 상나라가 민중을 학대했기 때문에 천명을 잃고 멸망했다고 선전했다. 그것은 주나라가 민중을 보호하는 정치, 잔혹하지 않은 문화적 통치를 하겠다는 선언이나 다름없었다. 그러나 사실 그들이 내건 민중[民]이란 것은 하나의 명분으로 제시된 것일 뿐이다. 사실 그들이 보호하려는 민중이란 상나라를 공격하는 데 동참했던 주족과 기타 부족의 유공자들에 지나지 않았다. 결국 주나라가 보호했던 것은 전체 민중이 아니라 자신들과 연합했던 각 종족들의 지배층이었던 셈이다.

여기서 한 가지 주의해야 할 것이 있다. 그것은 민民[19]이라는 개념, 그리고 백성百姓이란 개념과 관련된 혼동이다. 갑골문이나 금문의 연구자들에 따르면 민이란 글자는 한쪽 눈을 찔러 상해를 입힌 노예들을 가리키는 말이었다. 그 후 민이란 개념은 직접 생산에 종사하는 농민들, 즉 피지배층을 가리키는 말로 변화했다. 반면 백성百姓이란 표현은 성씨姓氏를 가진 사람들로, 조상신에게 제사를 지내는 것과 같은 행위로 씨족 질서를 유지할 수 있는 귀족들, 즉 지배층 일반을 가리키는 용어였다. 현재의 용례에 따르면 민이 백성을 가리켜서 혼동을 주고 있지만, 고대 중국에서는 전자가 직접 생산을 담당하던 민중을 가리켰고, 후자는 이 민중을 거느리고 수탈하던 지배계급을 의미했다.

아울러 이 백성이란 개념은 동주 시대, 즉 춘추전국시대에 이르면 인人이라는 개념과 같은 의미로 쓰인다는 점도 기억해둘 필요가 있다. 전체 중국 국민들을 가리킬 때 현재 중국인들은 '인민人民'이란 표현을 쓰고 있다. 그래서 우리는 '인'과 '민'이 같은 용어라는 잘못된 추론을 내리기 쉽다. 그러나 고대 중국에서는 인人과 민民은 상이한 계층을 가리키는 서로 다른 개념이었다. 전자가 지배층으로서 정치나 예식 등의 정신노동에 종사하는 부류였다면, 후자는 농업 등의 육체노동을 담당했던 피지배층을 가리켰기 때문이다.

따라서 고대 중국의 문헌을 읽을 때 우리가 '백성'이나 '인'이란 개념을 '민'이라는 개념으로부터 엄격하게 구별하지 못한다면, 많은 오해와 혼란이 생길 수밖에 없다. 더구나 우리의 오해를 가중하는 것은 귀족들이 빈번히 스스로 '민民'을 위해서 정치를 해야 한다고 주장했다는 점이다. 그러나 이 '민'이란 표현을 통해 그들이 의도했던 것은 항상 자신들, 즉 '인'의 기득권을 옹호할 수 있는 정치였다. 다시 말해 위민爲民, 즉 '백성을 위한다'는 정치는 귀족들이 자신들의 기득권을 지속적으로 옹호하는 데 이용한 수사학rhetoric에 불과했던 것이다. 이 점을 망각하고 주나라가 모든 피지배층을 고려하는 민본 정치를 했다는 식으로 중국 고대 문헌을 독해하면, 고대 중국의 정치·사회·사상 등을 정확히 이해하는 데 많은 어려움을 겪게 된다.

고대 중국에서 '인'과 '민', 혹은 '백성'과 '민'이 각각 상이한 계급을 나타내는 용어라는 것에 주목하면, 우리는 주나라의 통치가 왜 예禮와 형刑이란 두 가지 수단으로 이루어졌는지를 어렵지 않게 이해할 수 있다. 예禮가 통치 계급, 즉 동성同姓의 귀족들이나 이성異姓의 귀족들을 포함한 지배층 내부에 통용되는 행위규범이었다면, 형刑 즉 형벌은 직접 생산에 참여하던 민중, 즉 민民에게 적용되던 가혹한 형법이었다. 따라서 우리의 기대와는 달리 주나라는 '예'라는 행위규범만으로 조화로운 사회를 이룩했던 이상적이고 훌륭한 사회가 결코 아니었다. 『예기禮記』[20]라는 책을 보면 우리의 이런 의문에 응답해줄 흥미로운 구절이 나타난다.

> 예禮는 서민들에게까지 적용되지 않고, 형刑은 귀족들에게는 적용되지 않는다.[21]
>
> ─『예기』「곡례·상」

우리는 주나라 때 단순히 예만이 사회질서를 유지하는 원리로 사용된 것이 아니라 형벌도 마찬가지 원리로 사용되었다는 점을 잊지 말아야 한다. 기본적으로 예가 지배 귀족 사이의 위계질서를 유지하고 통치 계급 내부의 분열을 막기 위해 적용된 것이라면, 형벌은 평민을 비롯한 피지배층을 통치하는 수단으로 사용되었던 것이다. 그렇다면 형벌이 어떤 식으로 사용되었는지 한번 살펴보도록 하자.

피지배층이 사회질서를 어지럽혔을 때 지배층은 그들에게 매우 잔혹한 육체적 형벌을 가했다. 그 육체적 형벌에는 죄의 경중에 따라 얼굴에 문신을 새기는 것, 코를 자르는 것, 생식기를 잘라내는 것, 발뒤꿈치를 잘라내는 것, 사지를 찢어 죽이는 것 등 수많은 방식이 포함되어 있다. 『예기』에 따르면 피지배층이 가혹한 육체적 형벌을 받는 조항은 3000가지가 넘었다고 한다. 그렇다면 공자에게는 문화와 문명의 상징으로 보였던 주나라의 문명이 의외로 반문화적이고 반문명적이었다는 것을 알 수 있다.[22]

반면 예는 이런 잔혹한 육체적 형벌과는 전혀 달랐다. 지배 귀족 내부에는 군주와 신하·부모와 자식·형과 동생 간의 위계와 서열이 있었고, 이에 따라 의복·음식·거주·상례·결혼 등에 적용되는 '예'라는 행위규범이 다양하게 실행되었다. 어떤 귀족이 이 '예'를 어겼을 때 그에 대한 처벌은 단지 정신적 형벌에 지나지 않았다. 그러나 정신적 형벌은 말이 형벌이지 실제로는 동료 귀족들이 자신에게 가하는 나쁜 평판에 의한 수치심 정도에 불과했다. 물론 몇몇 귀족들에게는 나쁜 평판과 수치심이 육체적 형벌보다 더 가혹한 처벌로 느껴질 수도 있었을 것이다. 그렇지만 정신적 형벌은 결코 육체적 형벌보다 무겁다고 할 수는 없다. 육체적 형벌의 흔적은 죽을 때까지 몸에 각인되지만, 정신적 수치심은 어느 때든지 새로운 평판으로 지워질 가능성이 있기 때문이다.

한마디로 '예'를 어기는 경우 귀족에게는 처벌이랄 것도 없는 조치가 취해졌던 셈이다. 그런데 여기서 한 가지 의문이 든다. 귀족이 '예'를 어길 경우 주나라는 왜 그 귀족에게 육체적 형벌을 가하지 않고, 훈계나 수치심이라는 정신적 처벌만을 시행했던 것일까? 이것은 바로 당시의 지배층 자체가 하나의 '거대 가족'이었기 때문에 가능했던 일이다. 바로 여기에서 우리는 '종법宗法 사회'[23]라는 주나라 사회의 중요한 특징을 접할 수 있다.

종법 사회란 국가 질서가 기본적으로 가족 질서나 그로부터 유래하는 가족 이데올로기에 의해 유지되는 사회, '대종大宗'과 '소종小宗'이라는 복잡한 구조로 이루어진 사회를 말한다. 주나라는 천자天子에서부터 사士에 이르기까지, 한 단계씩 아래로 분봉하는 방식으로 지배층이 구성되었던 사회다. 천자의 자리는 그의 맏아들이 계승하여 조상들에게 지내는 제사를 책임지는데, 이 맏아들을 '대종'이라고 부른다. 반면 이 맏아들의 동생이나 계모의 형제들은 '제후諸侯'로 봉해졌는데, 이들이 바로 '소종'이다. 한 단계 밑으로 가면 제후 자리는 다시 그의 맏아들이 계승하는데, 이번에는 이 맏아들이 바로 '대종'이 된다. 반면 제후 맏아들의 동생이나 계모의 형제들은 '경대부卿大夫'로 봉해졌는데, 이번에는 이들이 바로 '소종'이 된다. 다시 한 단계 밑으로 가면, 경대부의 지위는 그의 맏아들이 계승하는데, 이들이 이번에는 '대종'이 된다. 반면 경대부의 맏아들의 동생이나 계모의 형제들은 '사士'로 봉해졌는데, 이번에는 이들이 '소종'이 되는 것이다.

결국 주나라의 지배층 즉 천자, 제후, 경대부, 사로 이어지는 피라미드 조직은 사실상 하나의 거대한 가족이었던 셈이다. 바로 이 거대 가족 사이의 행위규범이 '예'였다고 말할 수 있다. 따라서 같은 가족이기 때문에 지배층 내부에서는 '예'를 어겨도 가혹한 육체적 형벌을 가할 수 없었다. 주나라의 국가 질서가 그 근본을 가족 질서에 두고 있었다는 점에서 우리는 '예'의 실제 적용 한도를 이해할 수 있다.

주나라 사람들이 살던 방식

이제 주나라 왕에 의해 분봉된 제후국들로 시선을 넓혀서 당시의 사회조직을 좀 더 상세히 살펴보도록 하자. 도대체 당시 사람들은 어떤 정치적·사회적 환경에서 살았을까? 이 의문은 우리가 그들의 사유를 이해하는 첩경이 될 수 있다.

앞에서 살펴본 것처럼 상나라는 기본적으로 읍제 국가 형태로 유지된 왕조였다. 주나라도 읍제 국가라는 형식을 근본적으로 벗어나지는 못한다. 단지 차이가 나는 것은 읍들 중 군사적으로나 정치적으로 중요한 읍에 직접 제후를 파견하여 다스리게 했다는 점이다. 주나라 왕은 희씨 성을 가진 자신의 동족들이나 아니면 주나라에 공이 많았던 다른 성씨의 부족 수장들을 제후로 분봉하였다. 이렇게 하여 주나라의 읍 제도는 과거에 비해 더욱더 복잡해졌다.

당시의 읍은 크게 세 종류로 나뉜다. 우선 국國으로 불리는 읍, 그리고 도都로 불리는 읍, 마지막으로 비鄙로 불리는 읍이 있었다. 국이란 분봉된 제후가 파견되어 머물렀던 읍인데, 한자에서도 알 수 있듯이 성곽으로 둘러싸인 정치적·군사적 요충지였다. 그리고 이렇게 파견된 제후가 다시 자신의 씨족들을 파견해서 다스리게 한 읍이 바로 도라는 읍이다. 종법제에서 확인했듯이 도를 관장하던 사람은 바로 '대부'가 된다. 만약 대부가 자신의 제후인 공의 요청으로 국에 들어가 중요 요직을 담당하게 되면, 이런 경우 대부를 '경'이라고 불렀다. 그래서 보통 이들은 '경대부卿大夫'로 함께 불리게 된 것이다.

여기서 중요한 것은 비라는 읍이다. 중요한 읍들이 국이나 도로 불리게 되면서, 비라는 읍을 단순하게 '읍邑'이라고 부르기도 했다. 사실상 비는 국이나 도와는 달리 주나라의 정치·문화 질서로부터 직접적인 영향을 받지 않는 곳이었기 때문에, 국이나 도에 살고 있는 사람들로부터 야인野人이라는 조롱을 받았다. 비라는 읍에는 국과는 달리 성곽도 없었으며, 그들만의 자생적인 문화를 가진 색다른 씨족 질서가 유지되고 있었다. 사실 주나라 전체 읍 중 거의 대부분이 바로 이 비읍鄙邑이었다. 역사학자들에 따르면 당시 비읍은 평균적으로 30~40호로 추정되는 가구로 구성되어 있었다고 하는데, 아무리 가구 수가 많아도 100호를 넘지 않았다고 한다.

물론 국이나 도에 살고 있던 주나라 귀족들은 이런 비읍들을 간접적으로만 장악할 수밖에 없었다. 압도적으로 수가 많은 비읍들을 직접 통치한다는 것은 사실상 불가능한 일이었기 때문이다. 따라서 주나라 귀족들은 비읍들의 자생적 씨족 질서와 토착적인 문화 전통을 존중할 수밖에 없었던 것이다. 그러나 비읍을 간접적으로 통치하는 방식은 전국시대에 들어서면서 직접 통치 방식으로 근본적으로 바뀌게 된다.

앞에서 말했던 것처럼 전국시대 이전에 국이나 도의 지배층이 비읍을 지배하는 방식은, 국이나 도의 지배층이 하나의 비읍을 단위로 비읍의 공동체적 질서를 그대로 인정한 채 일정량의 특산물을 세금으로 걷는다거나 아니면 자신들이 요구하는 공동 노동에 비읍의 거주민들을 동원할 때 비읍의 우두머리를 매개로 해서 착취하는 방식이었다.

그런데 전국시대처럼 비읍을 직접 통치하면 비읍의 우두머리뿐만 아니라 비읍민들 전체, 그리고 그들의 고유한 공동체적 질서가 와해될 수밖에 없었다. 비읍에 대한 이런 통치 방식은 각 제후국들 내부에 상이한 문화적 갈등을 초래했다. 그것은 주나라로부터 내려오는 주류 문화와 각 비읍들에서 유지되어온 토착적이고 자생적인 문화 사이의 충돌로도 표출되었는데, 이런 문화 충돌 현상은 춘추시대부터 시작되어 전국시대에 가장 노골적으로 일어나게 된다.

서주 시대 초기부터 주나라 왕실은 각 제후국들에게 주나라의 정령政令이 시행되도록 강제하였다. 제후국들은 예禮, 악樂, 형벌, 정벌과 관련된 명령 등에 이르기까지 주나라 왕실의 규정을 지켜야 할 의무를 지니고 있었다. 『국어國語』[24] 「주어周語·상」 편을 보면, 만약 제후국이 이런 의무를 어길 경우 주나라 왕실은 그 제후국을 정벌하기까지 했다. 그러나 비읍을 제후국이 직접 통치하지 않는 이상, 주나라의 문화는 결코 모든 영토에 실행될 수 없었다. 전국시대에 와서 각 제후국이 비읍을 직접 통치하게 된 것은, 주나라 왕실의 문화를 전파하기 위해서가 아니라, 개별 제후국 자체가 부국강병富國强兵을 목표로 했기 때문이었다.

종법제에 의해 복잡하게 중층화된 구조를 가지고 있었지만 주나라의 사회 구성도 기본적으로는 상나라와 거의 유사했다. 상나라의 '백성百姓'에 해당하는 귀족들을 주나라에서는 '인人'이라고 불렸고, '소인小人'에 해당하는 민중은 '민民'이라고 불렸다. '인'은 주나라 봉건제도에 의해 상나라 시기부터 존재했던 읍들에 새롭게 이주해온 사람들이다. 새롭게 이주해온 지배층은 공·경대부·사로 구분되었는데, 이 중 최하위 계급이 바로 사였다. 앞에서 살펴보았던 것처럼 제후, 즉 공이 머물게 된 읍이 바로 국이고, 경대부들이 머물게 된 읍이 도였다.

이때 국의 국인國人들이나 혹은 도의 도인都人들은 제후나 대부의 분족分族들이라고 할 수 있는 사士들로 구성되어 있었다. 종법제에 따르면 사의 맏아들은 사라는 계급을 유지하지만, 동생이나 서자들은 어쩔 수 없이 모두 민이 되어야만 했다. 그러나 실상 민 중에서 사 계급에서 분족해 나온 사람들은 극소수였다. 대다수의 민은 이미 주나라 지배층이 이주해오기 이전에, 앞으로 국이나 도가 될 읍에 예전부터 살고 있었던 토착 읍민들이었기 때문이다.

그런데 우리는 이 점을 결코 가볍게 보아 넘겨서는 안 된다. 사마천을 포함한 한대의 역사가들은 주족 내부의 신분 질서에 지나지 않았던 종법제를 부당하게 확장해서, 중국 안에 살고 있던 모든 인간들을 마치 하나의 혈통인 것처럼 과장해서 표현했기 때문이다. 이와 같은 허구적이고 과장된 서술 방식을 통해 그들은 주족과는 이질적인 여러 부족들, 다양한 읍들에서 자생적이고 토착적인 삶을 영위하고 있던 부족들의 고유성을 완전히 은폐해버리고 말았다.

주나라 시대의 민중이라고 하면 국읍이나 도읍에서 직접 생산에 종사했던 국민國民이나 도민都民, 그리고 나름대로 자율적인 향촌 질서를 유지하면서 비읍에 살고 있던 읍민邑民들이 모두 포함된다는 것을 기억해두자. 물론 주나라도 상나라와 마찬가지로 사회의 최하위 계층인 노예를 거느리고 있었다. 주나라의 노예들도 대부분 상나라와 마찬가지로 전쟁 포로로 구성되었는데, 이 노예들 중 가정을 이루고 있던 노예를 신臣이라고 불렀다. 지금은 보통 신이라는 글자가 신하라는 뜻으로 이해되지만, 이것은 당시 경대부라는 고급 관료들이나 사 계층의 하급 관료들이 제후 앞에서 스스로를 노예라고 겸양한 데서 유래한 것이다.

어쨌든 당시 실제 노예들의 신분은 신분이라고 할 것까지도 없이 매우 비천하고 낮았다. 비록 상나라에서처럼 제사의 희생물이나 순장의 제물로 바쳐지는 사례는 줄어들었으나, 여전히 소나 양 같은 짐승의 대우를 받았기 때문이다. 이들의 신분이 어느 정도 낮았는지를 잘 보여주는 청동기 명문銘文이 하나 있는데, 그것은 '요정曶鼎'이라는 청동기에 새겨져 있다. 이에 따르면 다섯 명의 노예가 말 한 필에 실한 타래를 합한 것과 동등하게 거래되었다고 한다. 노예들은 여전히 주인이 소유할 수 있는 물건으로 간주되었던 셈이다.

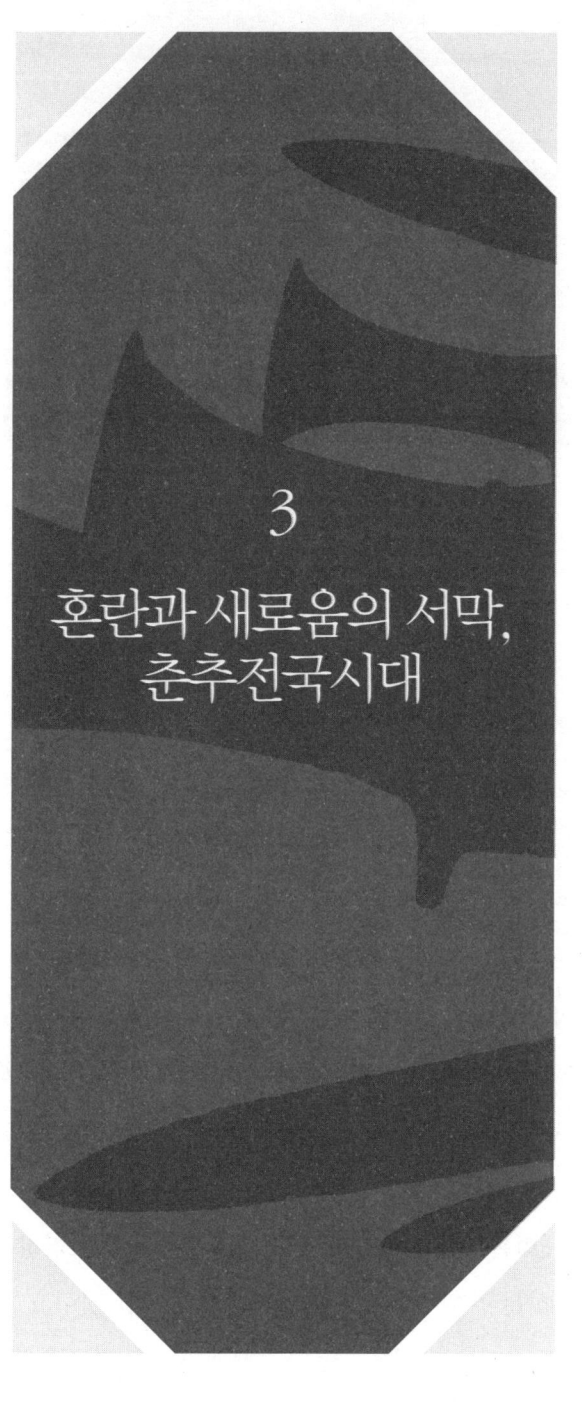

3
혼란과 새로움의 서막, 춘추전국시대

전쟁 양상의 근본적인 변화

B.C.770년 주나라 13대 왕이었던 평왕平王(재위 기간 B.C.770~B.C.720) 은 수도를 호鎬로부터 동쪽으로 옮겨 낙읍洛邑에 새 수도를 정한다. 그러나 이것은 평화로운 수도 이전과는 거리가 멀었다. 이미 이전의 수도 호는 주나라 왕실의 내분을 틈타 견융犬戎이란 서북방 부족이 침입하여 복구가 불가능할 정도로 파괴되었기 때문이다. 역사가들은 B.C.770년 이전의 시기를 서주西周 시대로, 그리고 그 이후의 시기를 동주東周 시대로 구분한다. 동주 시대는 B.C.221년 진秦나라에 의해 천하가 통일될 때까지의 시기로서 춘추전국시대라고 불리기도 한다. 보통 동주 시대는 B.C.481년을 분기점으로 해서 춘추시대라는 전반 기와 전국시대라는 후반기로 양분된다.[25] 춘추시대라는 명칭은 공자 가 지었다고 하는 『춘추』[26]라는 역사서에서 유래한 것이고, 전국시

대라는 명칭은 『전국책戰國策』이라는 역사서에서 유래한 것이다. 『춘추』는 노魯나라 은공隱公 원년(B.C.722년)으로부터 노나라 애공哀公 14년(B.C.481년)까지의 역사를 연대기순으로 기록한 책이다. 결국 춘추시대가 B.C.770년에서부터 B.C.481년까지라면, 전국시대는 B.C.481년에서부터 진시황秦始皇(B.C.259~B.C.210/209)이 천하를 통일한 B.C.221년까지의 시기인 셈이다.

춘추시대가 170여 개의 제후국이 본격적으로 패권을 다툰 시대였다면, 전국시대는 수많은 제후국이 경쟁에서 도태한 뒤 일곱 개의 거대 제후국만이 생존하여 최종 승자의 자리를 다투고 있던 시대라고 할 수 있다. 결국 춘추전국시대는 천하의 패권을 놓고 경쟁하던 전쟁의 시대였던 셈이다. 당시 춘추전국시대를 피로 물들였던 전쟁의 성격은 어떠했으며, 당시 중국인의 삶과 사유에는 어떤 영향을 미쳤을까? 우리의 궁금증을 분명하게 해소해주는 드라마틱한 에피소드가 두 가지 있다. 첫 번째 에피소드가 '양공襄公의 인仁'이란 고사로도 유명한 사례라면, 두 번째 에피소드는 '무령왕武靈王의 호복胡服'이라고 알려진 사례다. 먼저 송宋나라의 군주 양공과 관련된 첫 번째 에피소드를 음미해보도록 하자.

> 그해(즉 B.C.638년) 겨울 11월에 송나라 양공은 초楚나라 성왕成王과 홍수泓水에서 전투를 치렀다. 초나라 군사들이 미처 강을 건너지 못하고 있자, 그것을 본 목이目夷는 양공에게 말했다.
> "초나라 군사들의 수는 많고 우리는 적습니다. 그들이 강을 미처 건너지 못할 때 우리가 먼저 공격하는 것이 좋을 것 같습니다."

양공은 목이의 말을 듣지 않았다. 초나라 군사들이 이미 강을 건넜지만 아직 전열을 갖추지 못하고 있자, 목이는 "공격하는 것이 좋을 것 같습니다"라고 다시 양공에게 말했다.

그러자 양공은 말했다.

"그들이 전열을 갖출 때까지 기다리자."

초나라 군사들이 전열을 가다듬었을 때, 송나라 군사들은 그들을 공격했다. 결국 송나라 군대가 크게 패하였고 양공마저 다리에 상처를 입게 되자, 송나라의 국인들은 모두 양공을 원망하였다.

그러자 양공은 말했다.

"군자君子는 다른 사람이 어려울 때 그를 핍박하지 않으며, 다른 사람이 전열을 갖추지 않았을 때 공격하지 않는 법이다."

이야기를 듣고 자어子魚는 양공에게 말했다.

"전쟁[兵]은 승리를 목적으로 삼는 것인데, 어찌 말만을 숭상하십니까? 만약 군주의 말대로 한다면 노예로서 다른 사람을 섬기면 될 뿐이지, 전투를 할 필요가 있겠습니까?" [27]

— 『사기』 「송미자세가」

송나라는 주나라의 제후국 중 나름대로 국력을 떨치고 있던 국가였다. 그렇지만 양공이 제후가 되면서부터 송나라의 국력은 회복할 수 없을 정도로 약화되고 만다. 그 결정적인 계기가 바로 '홍수의 전투'였다. 홍수에서 초나라와 전쟁을 할 때 양공은 주위의 만류에도 불구하고 초나라가 진열을 다 갖춘 다음에 전투를 개시하려고 한다. 물론 이때의 전투는 기본적으로 전거戰車를 이용한 전면전이었다. 양공 본인이 다리에 상처를 입었을 정도로, 송나라는 초나라와의 전쟁에서 처참하게 패하고 만다. 당연히 송나라의 귀족계급, 즉 송나라의 국인들은 양공을 원망할 수밖에 없었다. 본인이나 아니면 친척들이 양공의 판단 착오로 홍수의 전투에서 도륙되었기 때문이다. 그렇다면 왜 양공은 목이의 현명한 간언에도 불구하고 전열을 정비하지 못한 초나라 군대를 공격하지 않았던 것일까? 양공이 후대 사람들이 평가하는 것처럼 어리석은 군주였기 때문이었을까?

  우리의 의문을 해소할 실마리는 국인들의 분노에 대해 양공이 자신의 속내를 피력하는 부분에 있다. "군자는 다른 사람이 어려울 때 그를 핍박하지 않으며, 다른 사람이 전열을 갖추지 않았을 때 공격하지 않는 법이다." 양공은 결코 어리석거나 우유부단한 군주가 아니었다. 양공이 패전하게 되었던 진정한 원인을 찾는다면, 우리는 그가 이상주의자였다는 사실에서 그 원인을 찾아야 할 것이다. 군자, 즉 진정한 귀족이라면 등 뒤에서 상대방을 찔러서는 안 된다고 양공은 확신하고 있었다. 결국 양공은 서주 시대로부터 내려오는 귀족으로서의 품위를 지키려고 했던 것이다. 반면 양공의 생각을 비판하는 자어라는 신하는 확고한 현실주의자였다. 그에게 있어 "전쟁은 승리를 목적으로 삼는 것"이었기 때문이다. 자어의 관점에서는 전쟁에서 승리하려면 사용할 수 있는 모든 수단을 동원해야만 한다. 비록 적이 등을 돌리고 있을지라도, 승리를 목적으로 하는 사람은 그것을 손쉽게 적을 제압할 수 있는 기회라고 생각해야 한다는 것이다.

  동시대에 같은 공기를 마시고 살고 있었지만 양공과 자어는 전혀 다른 세계에 살고 있었던 것이다. 양공이 주나라 시대의 이념을 가슴에 품고 살고 있었다면, 목이나 자어는 춘추전국시대에 전개될 치열한 생존경쟁의 논리를 머리에 아로새기고 있었다. 그러나 과연 치열한 생존경쟁에서 승리만을 지상의 가치로 여기는 목이나 자어의 생각은 정당한 것이었을까? 이미 목이나 자어의 생각에 동의하고 있는 대부분의 현대인들은 목이나 자어의 편을 들 것이다. 중요한 것은 거듭되는 전쟁을 통해서 양공 같은 이상주의자들은 사라지고, 목이나 자어 같은 정신을 가진 현실주의자들이 점점 더 중국 대륙을 장악하게 되었다는 점이다. 물론 양공의 이상주의는 얼마 지나지 않아 공자라는 걸출한 사상가에 의해서 다시 각광을 받지만 말이다.

양공의 에피소드는 이상주의자, 정확히 말해서 전통주의자였던 군주와 현실주의자였던 지식인[士] 사이의 대립을 보여주고 있다. 다음으로 살펴볼 무령왕의 에피소드는 정반대 상황을 보여주고 있다. 무령왕 에피소드는 현실주의로 무장한 군주와 지식인이 전통주의자였던 귀족 계층과 대립한다는 내용으로 전개되고 있기 때문이다.

조趙나라 무령왕은 누완樓緩을 불러 정책을 논의하며 말했다.

"(…) 지금 중산국中山國은 우리 나라의 중심부에 있고, 북쪽으로는 연나라, 동쪽으로 호나라, 서쪽으로는 임호·누번·진나라·한나라와 국경을 접하고 있어서 강병이 없다면 사직이 망할 수밖에 없으니, 어찌해야 좋겠소? 무릇 세상을 뛰어넘을 명성이 있으려면, 반드시 세속의 풍습을 버렸다는 험담을 감당해야만 할 것이오. 나는 호복을 입을 것이오."

누완은 "좋습니다"라고 찬성했지만, 여러 신하들은 무령왕의 정책을 원하지 않았다.

무령왕은 옆에 있던 비의肥義에게 말했다.

"(…) 호복을 입으려는 것은 적을 약하게 만들기 위한 것이니 힘은 적게 쓰고 공은 많게 되는 방법이오. 나아가 이것은 백성들의 노고를 소진하지 않고도 과거 선왕들의 업적을 계승하는 방법이기도 하오. 무릇 세상을 뛰어넘을 공적을 가진 자는 세속의 풍습을 버렸다는 험담을 짊어져야만 하고, 탁월한 지혜를 가진 자는 민중을 놀라게 했다는 원망을 감당해야만 할 것이오. 지금 나는 호복을 입고 말을 타고 활 쏘는 법을 백성에게 가르치려고 하지만, 세상 사람들은 과인에 대해 의논이 분분할 텐데, 이를 어쩌면 좋겠소?"

비의가 대답했다.

"저는 일을 하려다 의심이 들면 공을 이룰 수가 없고 행동하려다 의심이 들면 명성을 얻을 수 없다고 들었습니다. 왕께서는 이미 세속의 풍습을 버렸다는 험담을 짊어지기로 결심하셨으니, 세상의 논의를 생각할 필요도 없으십니다. (…) 어리석은 자는 이루어진 일에도 어둡지만 지혜로운 자는 일이 이루어지기도 전에 전모를 파악한다고 하니, 왕께서는 무엇을 의심하고 계십니까?"

그러자 무령왕이 말했다.

"나는 호복을 입어야 한다는 것을 의심하는 것이 아니라 세상이 나를 비웃을까봐 두려웠던 것이오. (…) 세상에 나를 따르는 자도 호복의 효용을 다 알지 못할 것이오. 비록 온 세상 사람들이 나를 비웃는다고 해도, 호胡와 중산中山의 땅은 내 차지가 될 것이오."

마침내 왕은 호복을 입게 되었다.[28]

—『사기』「조세가」

B.C.307년 조나라 무령왕은 충격적인 조치를 내리면서 나라를 발칵 뒤집어놓는다. 그 조치에는 지금까지 거의 짐승처럼 비하했던 이민족의 복장, 즉 호복을 입어야 한다는 내용이 담겨 있었다. 그렇지만 국가를 보위하려는 무령왕에게는 다른 선택의 여지가 없었다. 조나라는 북방 이민족들과 직면하고 있었기 때문이다. 심지어 북방 이민족들 중 적족狄族이 세운 중산국은 무령왕의 말처럼 거의 "조나라의 중심부에 위치하고" 그 위세를 떨치고 있었을 정도였다. 당연히 중산국과 조나라 사이에는 전쟁이 빈번하게 벌어질 수밖에 없었다.
　하지만 보병步兵과 기병騎兵을 중심으로 신속하고 효과적인 전투를 수행하는 중산국과 맞서 싸우는 것은 만만한 일이 아니었다. 그것은 당시 조나라가 다른 중원의 제후국들과 마찬가지로 거병전車兵戰을 주축 전략으로 삼고 있었기 때문이다. 무령왕에게 이런 상황을 타개할 방법은 하나밖에 없었다. 그것은 다름 아니라 중산국을 비롯한 북방 이민족들과 마찬가지로 보병과 기병을 주축 병력으로 양성하는 것이었다. 물론 그렇게 하기 위해서는 보병과 기병에게 편리한 호복을 입힐 수밖에 없었다. 호복은 말을 타면서 전투하는 데 특화된 복장이었던 것이다.
　호복을 입겠다는 무령왕의 결단은 전거를 중심으로 구성되었던 조나라 군대를 기병과 보병을 주축으로 하는 군대로 재편하겠다는 속내로부터 나왔던 것이다.[29] 무령왕의 조치는 조나라의 귀족계급으로부터 강한 반발을 산 것으로 보인다. 어쩌면 이것은 당연한 반응이었는지도 모른다. 군대 조직을 새롭게 개편한다면 조나라의 귀족계급들이 설 자리가 그만큼 좁아들 수밖에 없기 때문이다. 이 대목에서 눈에 띄는 것은 누완과 비의라는 지식인[士]의 역할이다. 그들은 기득권 세력의 강한 저항으로 군대 재편을 주저하고 있는 무령왕을 격려하여 마침내 조나라 군대를 기병과 보병 중심으로 재편하도록 만들고 있기 때문이다. 만약 누완이나 비의 같은 지식인이 측근에 없었다면, 무령왕은 군제 개혁을 시도할 수 있었을까? 아마 힘들었을 것이다. 대부분의 귀족세력들이 합심하여 여론을 호도함으로써 무령왕의 개혁 정책을 좌절시키는 것은 그리 어려운 일이 아니었기 때문이다. 그렇지만 이런 여론에도 불구하고 무령왕이 개혁 정책을 실시할 수 있었던 이유는 그가 바로 누완과 비의 같은 탁월한 지식인, 즉 현사賢士들을 데리고 있었기 때문이다.

양공 에피소드는 춘추시대의 전쟁 양상을, 그리고 무령왕 에피소드는 전국시대의 전쟁 양상을 상징적으로 보여주는 이야기였다고 할 수 있다. 춘추시대부터 전쟁의 지상 목적은 승리에 있다는 현실주의가 강하게 대두한다. 그렇지만 동시에 사람들 사이에는 여전히 전쟁은 명예롭게 치러져야 한다는 이상주의도 남아 있었다. 전국시대는 춘추시대에 남아 있던 이상주의를 척결하고 현실주의라는 한 가지 방향으로 매진하던 시대였다. 무령왕의 사례에서도 분명하게 드러나는 것처럼 전국시대의 군주들은 더 이상 양공의 귀족주의, 혹은 전통주의를 따르지 않았다. 승리를 얻을 수만 있다면, 그들은 호복을 입을 뿐 아니라 벌거벗을 각오도 했을 것이다.

춘추시대의 전쟁 양상은 많은 부분 서주 시대의 전쟁 양상을 계승했다. 구체적으로 말해 이 시대의 국가들은 주로 전거를 중심으로 전쟁을 수행했다. 반면 춘추시대 말기부터 전국시대까지는 전쟁에서 전거를 통한 전투 수행이 승리를 보장하기는커녕 오히려 패배를 자초한다는 점을 통찰하고 있었다. 그래서 전국시대 전쟁에서 주력부대의 자리는 거병車兵이 아니라 보병과 기병이 차지하게 된 것이다.

춘추시대에 전투에 이용되었던 전거의 수는 보통 승乘이라는 단위로 헤아렸다. 한 대의 전거, 즉 일승一乘의 전거는 보통 말 네 필이 끌었으며, 승차 인원은 세 명이었다. 전투가 시작되면 전거 가운데에서 운전병이 전거를 다루고 전거 왼쪽에서는 지휘관이 활을 쏘았으며, 전거 오른쪽의 전사는 지휘관을 방패로 보호했다고 한다. 보통 전거 한 대당 30명에서 100명 정도의 보병이 배속되었다고 한다.

전거의 구조상 춘추시대의 전투는 주로 평원에서 벌어질 수밖에 없었다. 험준한 지형이나 습한 지형에서는 전거가 전투에 도움이 되기는커녕 오히려 적의 표적이 되는 짐에 불과했기 때문이다. 전거의 한계가 명확해지자 제후국들은 앞다투어 지형의 영향을 받지 않는 보병전과 기병전으로 전쟁 방법을 바꾼다. 이것은 국가를 보존하기 위한 불가피한 선택이었다고 할 수 있다. 춘추시대와 전국시대의 전쟁 양상은 다음 쪽의 표로 간략하게 정리할 수 있다.

춘추시대로부터 전국시대에 이르는 전쟁 양상의 변화에서 가장 눈에 띄는 대목은 과거의 전쟁이 귀족 계층, 즉 인人에 의해 독점되었던 것에 비해 춘추시대 말기부터 민民이 빼어놓을 수 없는 주력군으로 대두했다는 점이다. 한편으로 이것은 소나 말처럼 직접 생산에만 종사하던 민중이 신분 상승의 기회를 잡았다는 사실을 말해준다. 물론 기존의 귀족 세력들은 이제 민중과 생존을 위한 치열한 세력 다툼에 휘말리게 된 것이다. 또 한편으로 민중이 전쟁에 참여했다는 사실은

춘추시대와 전국시대의 전쟁 양상 비교

	춘추시대	전국시대
전쟁 목적	국가의 명예와 치욕	국가의 존망
참여 병력	100~1만 명	10만~100만 명
병력 성원	사를 중심으로 한 국인	사와 민
전투 수단	전거	보병과 기병
전투 전략	평원에서의 전면전	다양한 지형에서의 다양한 전략
전쟁 기간	시 단위에서 일 단위	월 단위에서 최장 10년까지

이제 당시에 살았던 거의 모든 사람들이 귀족층이 주도하던 전쟁의 소용돌이에 휘말려 들어가게 되었다는 비극적인 상황을 이야기해주는 것이기도 하다. 이로부터 민중은 원하든 원치 않든 국가 논리로 훈육되어 다른 국가에 속해 있던 민중과 적대적인 관계에 처하게 된 것이다.

잊지 말아야 할 것은 민중[民]을 전쟁에 참여시키기 위해 제후들은 자신의 권력을 국을 넘어서 도나 읍까지 확장할 필요가 있었다는 점이다. 전쟁 양상이 갈수록 치열해져 국운을 걸 정도로 확대되자, 각 제후국은 생존을 위해서라도 국민, 도민, 읍민에 대한 직접적 통제를 강화할 수밖에 없었던 것이다. 전국시대에 들어서면서 일곱 개로 정리된 제후국이 현대 국가와 마찬가지로 영토 국가 형식을 완전히 갖추게 된 것은 역설적이게도 나날이 확전 양상을 띠었던 당시의 전쟁 양상과 불가분의 관계에 있었다. 이로부터 국가권력에 의해 시도된 포괄적 지배의 관철은 심화된 전쟁 양상과 내적인 논리로 묶여 있다는 것을 확인하게 된다.

지식인 계급의 대두, 혹은 제자백가의 탄생

사인士人은 사士라는 종법적 위계를 가진 지배층들을 가리키는 말이다. 서주 시대의 지배층은 주나라 왕을 의미하는 왕, 제후들을 의미하는 공, 제후국의 고급 관료들을 의미하는 경대부, 그리고 최하단 지배층이자 지배층의 대다수를 형성했던 사로 구성되어 있었다. 경대부 아래에서 약간의 토지를 가지고 있던 사인들은 평상시 '육예六藝'라고 불리는 여섯 가지 전문 기술을 익혔는데, 그것이 바로 예禮·악樂·사射·어御·서書·수數다. 여기서 예는 귀족계급의 예의범절을, 악은 행사에 사용되는 음악을, 사는 활 쏘는 기술을, 어는 전거를 모는 기술을, 서는 글을 읽고 쓰는 기술을, 그리고 마지막으로 수는 점을 치고 해석하는 기술을 가리킨다. 육예에서 눈길을 끄는 것은 사射와 어라는 분과라고 할 수 있다. 그것은 사士가 기본적으로 문무를 겸비한 계층이었다는 것을 명확히 보여주고 있기 때문이다.

서주 시대나 춘추시대까지 전쟁 방식이 주로 전거를 타고 활을 쏘는 형식이었기 때문에, 사인들은 비록 경대부보다 열등한 지위를 가지고 있다고 할지라도 각 제후국들이 보유하고 있던 군사력의 주요한 기반으로서 무시할 수 없는 입지를 가지고 있었다. 춘추시대에 들어서면 사인들의 입지는 더 강화된다. 그것은 제후들과 경대부들의 세력 다툼에서 사인들의 지지가 결정적인 역할을 했기 때문이다. 제나라 환공과 함께 춘추시대의 패자를 상징했던 진晉나라 문공文公, 즉 중이重耳(재위 기간 B.C.636~B.C.628)의 이야기를 보면 당시 사인들의 역할이 얼마나 중요했는지 미루어 짐작할 수 있다.

중이는 아버지 헌공獻公과 융족戎族 출신 어머니 사이에서 태어났다. 헌공에게는 중이의 어머니 이외에 부인이 셋 더 있었다. 한 명은 한족 출신이었고 나머지 두 명은 중이의 어머니와 같은 융족 출신이었다. 당연히 네 부인 사이에는 자신의 아들을 후계로 세우기 위한 치열한 암투가 전개되었다. 불행히도 중이의 어머니는 헌공의 총애를 잃은 지 오래였다. 그래서 치열한 후계 다툼의 와중에서 중이는 B.C.636년 왕위에 오르기 전까지 무려 19년이란 망명 생활을 감내해야만 했다. 다음 에피소드는 『춘추좌전』에 실려 있는 이야기인데, 중이가 망명 생활을 할 때 겪었던 고초와 패자가 될 잠재성을 잘 보여주는 사례라고 하겠다.

중이가 조曹나라에 이르자 조나라 공공共公은 그의 갈비뼈가 통뼈로 되어 있다는 말을 듣고 벗은 몸을 보고 싶어했다. 중이가 목욕을 하자 공공은 그것을 몰래 엿보았다.

이 소식을 들은 대부 희부기僖負羈의 처가 남편에게 말했다.

"제가 진나라 공자 중이를 따르는 무리들을 보니 모두 재상이 되기에 부족함이 없는 인물들이었습니다. 만약 이들의 도움을 받는다면 중이는 자신의 나라로 돌아갈 수 있을 겁니다. 자신의 나라로 돌아가 왕위에 오르게 되면 중이는 제후들의 지지를 얻은 패자가 될 것입니다. 제후의 지지를 얻은 패자가 되었을 때 중이는 자신에게 무례하게 굴었던 나라들을 공격할 것이고 아마도 조나라가 제일 처음일 겁니다. 당신은 어찌하여 자신이 다른 사람과는 다르다는 사실을 중이에게 보이지 않는 겁니까?"

그러자 희부기는 쟁반에 담은 저녁밥을, 그 안에 진귀한 구슬을 넣어 중이에게 보냈다. 중이는 저녁밥만 받고 구슬을 희부기에게 돌려주었다. (…) 중이가 정鄭나라에 이르렀는데, 정나라 문공文公도 그를 예우하지 않았다.

그러자 숙첨叔詹이 정나라 문공에게 간하며 말했다.

"저는 '하늘이 돕는 사람은 사람이 따라갈 수가 없다'고 들었습니다. 중이는 하늘이 돕는다는 세 가지 징후를 가지고 있으니, 군주께서는 그를 예우하셔야 합니다. 남녀가 같은 성姓을 가지고 있으면 그들이 낳은 자식들은 번성하지 못하는 법이지만, 중이는 부모가 모두 희姬씨 성을 가지고 있지만 지금까지 살아 있으니 그 첫 번째 징후입니다. 중이가 외국을 떠돌아다니는 환란에 걸려 있는데 하늘이 진나라를 평안하게 내버려두지 않고 중이를 돕고 있으니 그 두 번째 징후입니다. 중이에게는 다른 사람들보다 월등히 탁월한 세 명의 사士가 따르고 있으니 그 세 번째 징후입니다."[30]

—『춘추좌전』「희공23」

　　B.C.637년 피곤한 망명 생활의 와중에 중이는 조나라에 이르게 된다. 그곳에서 중이는 눈요깃감으로 전락하는 치욕을 겪는다. 조나라의 군주 공공이 중이의 갈비뼈가 통뼈라는 소문을 듣고 목욕하고 있는 중이를 몰래 엿보았을 정도다. 그렇지만 어느 대부의 아내는 중이가 나중에 패자가 될 것을 직감하고 남편에게 중이와 교제할 것을 권고한다. 그렇다면 대부의 아내는 무슨 근거로 중이가 패자가 될 것이라고 단정했을까? 그녀가 그런 판단을 내린 근거는 중이를 따르는 무리들, 즉 사인들의 역량이었다. "제가 진나라 공자 중이를 따르는 무리들을 보니 모두 재상이 되기에 부족함이 없는 인물들이었습니다." 비록 내일을 기약할 수 없는 망명 생활을 하고 있었지만, 중이 곁에는 그가 언젠가 패자가 될 것이라고 확신하는 탁월한 사인들이 있었던 것이다.

　　남다른 식견을 가진 이름 모를 어느 여인의 판단은 정나라의 사인이었던 숙첨叔詹의 간언에서도 그대로 반복된다. 중이가 정나라에 이르렀을 때, 정나라 군주 문공도 조나라 군주 공공과 마찬가지로 중이를 무례하게 대했다. 그러자 숙첨은 자신의 군주 문공에게 언젠가 중이가 패자가 될 것이라고 경고하면서 그를 후대해야 한다고 간언한다. 중이가 패자가 될 거라는 근거로 숙첨이 제시한 세 가지 증거 중 우리 눈에 들어오는 것은 세 번째 증거다. "중이에게는 다른 사람들보다 월등히 탁월한 세 명의 사가 따르고 있으니 그 세 번째 징후입니다." 결국 숙첨도 희부기라는 대부의 아내와 마찬가지로 중이가 탁월한 사인들의 지지와 후원을 받고 있다는 사실을 알고 있었던 셈이다.

조나라 무령왕이 병제를 개혁할 수 있었던 것도 누완과 비의라는 사인이 보좌했기 때문에 가능했던 것처럼, 후에 중원의 패자가 되는 중이에게도 적어도 세 명의 탁월한 사인이 미래를 기약하며 미래의 패자와 더불어 망명 생활의 고통을 감내하고 있었다. 더 나아가 중이에 앞서 춘추시대 최초의 패자가 되었던 제나라 환공도 관중이란 걸출한 사인이 없었다면 결코 패업을 완수하지 못했을 것이다. 실제로 진秦나라, 제齊나라, 초楚나라, 연燕나라, 한韓나라, 조趙나라, 위魏나라가 전국시대의 유력했던 일곱 국가, 즉 전국칠웅戰國七雄이 되었던 것도 탁월한 사인들이 마련한 개혁 정책을 실시했기 때문이다.

춘추전국시대는 각 제후국들이 부국강병을 도모하던 시기였다. 그래서 부국강병을 효과적으로 지휘할 수 있는 사인의 역할과 위상이 점점 더 부각될 수밖에 없었던 시대라고 할 수 있다. 바로 이런 시대적 요구에 발맞추어 등장한 특이한 사인들의 무리가 있었다. 바로 제

춘추전국시대 유력 국가와 사인

제후국	부국강병에 공을 세운 사인
진나라	상앙
제나라	관중, 추기, 순우곤
초나라	오기
한나라	신불해
조나라	누완, 비의, 공중련
위나라	자공, 이회, 서문표

자백가라고 불리던 사인 무리였다. 많은 선생[諸子]과 많은 학파[百家]라는 이름에 걸맞게 제자백가는 이념을 공유한 스승과 제자로 구성된 다양한 개성을 지닌 사상 학파들이라고 할 수 있다. 『관자』「제자직弟子職」편을 보면 제자백가라고 불리던 당시의 학파들이 어떤 식으로 유지되고 있었는지를 짐작하게 하는 흥미로운 기록이 등장한다. 「제자직」편에 따르면 각 학파는 스승을 중심으로 제자들이 모여서 공동생활을 영위하면서 유지되었던 것으로 보인다. 각 학파의 일과에는 교육뿐만 아니라 청소, 취침, 식사, 세면 등의 일상사도 포함되어 있다.

다양한 지역에서 제자들이 특정 스승을 찾아 모여들었던 이유는 무엇일까? 그것은 춘추전국시대가 탁월한 사인, 즉 현사賢士를 목 놓아 고대하던 시대였기 때문이다. 당시는 스승에게 통치와 관련된 지혜를 배워서 현사가 된다면 누구든지 입신양명할 수 있는 시절이었다. 아니면 스승이 어느 제후국의 객경客卿[31]이라도 된다면, 제자들은 스승을 따라 고급 관료로서 입신양명을 기대할 수도 있었을 것이다. 『사기』가 전하는 바에 따르면 공자의 휘하에 3000명의 제자가 있었으며, 그들 중 대부분은 항상 공자를 따라다녔던 것으로 보인다. 이것은 공자의 제자들이 자신의 스승이 언젠가 제후에게 발탁되어 객경이 될 것이라고 확신했음을 말해주는 것이다. 그렇지만 공자가 정치적 이념을 펼 수 있는 자리에 오를 것이라는 희망이 끝내 좌절되면서 제자들은 하나둘 그의 곁을 떠났다. 제자들 대부분이 공자의 가르침을 목적으로 삼았던 순수한 학자가 아니라 입신양명의 수단으로 공자를 선택한 이들이라는 것을 보여주는 좋은 사례라고 할 수 있다.

여기서 우리는 왜 제자백가가 춘추전국시대에만 유독 번성하게 되었는지 미루어 짐작할 수 있다. 현사를 요구하던 당시의 시대적 요구에 부응해 사인들을 효과적으로 길러낼 수 있는 국가적 장치가 각 제후국 내부에 준비되어 있지 않았다. 제자백가라는 일종의 사학私學 집단이 발생하고 번성하게 된 이유가 바로 여기에 있다. 사학 집단이 발생하자마자 전통적인 귀족계급이 아닌 일반 평민들도 훌륭한 스승을 찾아 신분 상승을 도모하게 되었다. 그 대표적인 인물로 공자의 많은 제자들 중 수제자급에 해당하는 자로子路와 자장子張을 들 수 있다. 두 사람 모두 야인野人 출신 평민들이었다. 춘추전국시대에는 각 제후국에 수도 노릇을 했던 읍邑, 즉 국읍國邑이 있었고, 그 밖에 각 제후국에서 직접 관할하는 중요한 읍, 즉 도읍都邑이 있었다. 국읍과 도읍을 제외한 수많은 읍들을 보통 들판을 의미하는 '야野'라고 불렀다. 지금도 도시 출신이 아니라 시골 출신 사람을 폄하하는 경향이 있는 것처럼, 당시도 국읍과 도읍 출신이 아닌 사람들을 '야인野人'이라 부르며 경시했다. 공자가 "가르침에는 차별을 두지 않는다"[32)]고 선언했던 것은 자신을 따르던 제자들 중 상당수가 출세를 노리는 야인 출신이었기 때문이다. 만약 도시 출신만 가르친다고 하면, 제자들 대부분은 공자를 떠났을 것이다. 따르던 제자들의 수로 그 명망을 평가받던 시절 공자가 야인 출신의 평민들을 존중했던 것도 다 이유가 있었던 셈이다.

그렇다면 공자를 따르던 사학 집단을 포함한 다양한 제자백가들은 어떻게 분류될 수 있을까? 여기서 『사기』에 수록되어 있는 제자백가 분류의 도식을 살펴보는 것이 좋을 것 같다. 현재 우리가 상식적으로 알고 있는 제자백가 분류법은 모두 『사기』에서 유래한 것이기 때문이다.

> 『역전易傳』에는 "천하는 하나로 귀결되지만 백 가지 사려가 있으니, 그 귀결은 같지만 도달하는 길이 다를 뿐이다"라는 말이 있다. 무릇 음양가陰陽家, 유가儒家, 묵가墨家, 명가名家, 법가法家 그리고 도가[道德家]는 모두 '안정적인 질서[治]'를 이념으로 생각하고 있었다. 다만 그들 학파는 말하는 근거가 서로 달랐기 때문에, 자세히 파악한 것도 있었고 그럴 수 없었던 것도 있었을 뿐이다.[33]
>
> ─『사기』「태사공자서」

『사기』는 제자백가를 음양가, 유가, 묵가, 명가, 법가, 도가라는 여섯 학파로 분류한다. 이 분류 도식은 사마천이 아니라 그의 아버지 사마담司馬談(?~B.C.110)이 만든 것이다. 사마담은 제자백가의 이념이 모두 안정적인 질서, 즉 치治를 추구했다고 진단한다. 제자백가의 사유가 정치적인 관심에서 출발했다는 사마담의 진단은 당시의 정치적인 상황에 비추어 보면 매우 탁월했다고 할 수 있다. 그렇지만 여기서 눈에 띄는 것이 하나 있다. 사마담이 분류한 제자백가에는 결코 배제할 수 없는 사인 집단 하나가 슬그머니 누락되어 있다. 당시에는 부국강병이라는 시대적 요구에 가장 직접적으로 대응했던 사인들이 있었다. 그들은 바로 후대에 병가兵家라고 불리던 일군의 지식인이었다. 『사기』를 넘겨보아도 전쟁과 전투의 원리와 기술에 능통했던 사인들이 네 사람[34]이나 비중 있게 다루어지고 있음에도, 제자백가 분류에서 병가를 배제한 사마담, 나아가 사마천의 의중이 궁금해진다.

『사기』의 제자백가 분류법의 특징, 즉 병가를 제자백가에서 배제하는 관례는 반고班固(32?~92)의 『한서漢書』「예문지藝文志」에서도 그대로 반복된다. 반고는 『사기』의 분류법을 확정하여 제자백가를 아홉 학파 즉 유가, 도가, 음양가, 법가, 명가, 묵가, 종횡가縱橫家, 잡가雜家, 농가農家로 분류하고 있지만, 여기서도 병가가 제자백가로 분류되지 않고 있기는 마찬가지다. 병가가 제자백가의 일원으로 편입되는 것은 당唐나라 때나 되어서야 가능해진다. 당나라의 위징魏徵(580~643)이 편찬한 『수서隋書』「경적지經籍志」를 보면 제자백가는 유가, 도가, 법가, 명가, 묵가, 종횡가, 잡가, 농가, 소설가小說家, 병가, 천문가天文家, 역수가曆數家, 오행가五行家, 의방가醫方家, 이렇게 무려 14개 학파로 분류되어 있다. 여기서 눈여겨볼 점은 음양가가 제자백가 분류에서 빠졌다는 점과 병가가 드디어 제자백가 분류 도식 안에 편입되었다는 점이다.

『사기』와 『한서』가 모두 병가를 제자백가에 넣지 않았던 이유는 무엇일까? 그것은 서주 시대에 사인들이라면 누구나 익혔던 육예가 춘추시대부터 문文과 무武로 분화되었던 전통과 무관하지 않을 것 같다. 육예 중 예, 악, 서, 수가 문에 배속될 수 있다면, 사와 어는 무에 속한다고 할 수 있다. 더 중요한 것은 춘추전국시대에는 전쟁 기술에 정통한 사인들이 인문 기술에 능숙한 사인들보다 제후국에 관료로 임용되기 쉬웠다는 점이다. 치열한 전쟁이 반복되면 될수록 새로운 장수와 장교, 군인들의 충원은 국가의 존망이 달린 문제였기 때문이다. 따라서 전쟁 기술과 관련해서는 병가라고 불릴 수 있는 사학

각 사서의 제자백가 분류법

사서史書	분류와 순서	특징
『사기』 「태사공자서」	①음양가 ②유가 ③묵가 ④명가 ⑤법가 ⑥도가	· 도가를 가장 중시했다.
『한서』 「예문지」	①유가 ②도가 ③음양가 ④법가 ⑤명가 ⑥묵가 ⑦종횡가 ⑧잡가 ⑨농가	· 유가 중시 전통이 시작되었다.
『수서』 「경적지」	①유가 ②도가 ③법가 ④명가 ⑤묵가 ⑥종횡가 ⑦잡가 ⑧농가 ⑨소설가 ⑩병가 ⑪천문가 ⑫역수가 ⑬오행가 ⑭의방가	· 병가가 처음으로 제자 분류에 편입되었다. · 음양가 대신 다섯 학파가 편입되었다. · 경사자집經史子集이란 분류법이 채택되었다.
『명사明史』 「예문지」	①유가류 ②잡가류 ③농가류 ④소설가류 ⑤병서류 ⑥천문류 ⑦역수류 ⑧오행류 ⑨예술류 藝術類 ⑩유서류類書類 ⑪도가류 ⑫석가류釋家類	· 학파를 뜻하는 가家라는 개념은 유가, 잡가, 농가, 소설가, 도가, 석가에만 부여했다. · 불교, 즉 석가가 제자백가로 분류되었다. · 제자백가 분류 목록에 명가, 법가, 묵가, 종횡가가 배제되는 관례가 시작되었다.
『사고전서四庫全書』 「총목제요總目提要」	①유가류 ②병가류 ③법가류 ④농가류 ⑤의가류 ⑥천문산법류 天文算法類 ⑦술수류術數類 ⑧예술류 ⑨보록류譜錄類 ⑩잡가류 ⑪유서류 ⑫소설류 ⑬석가류 ⑭도가류	· 병가가 두 번째 서열로 상승했다. · 도가가 석가에 밀려서 최하위로 강등되었다.

집단이 존재할 시간도, 그리고 존재할 이유도 별로 없었던 셈이다. 대부분의 사학 집단이 제후국의 등용을 기다리면서 자신의 이념을 유세遊說하는 처지이지만, 전쟁 기술에 정통한 사인들은 제후국의 부름을 기다릴 필요도 없었을 것이다.

결국 스승과 제자로 이루어지는 사학 집단들은 대개 인문 기술과 관련되어 있었던 것이다. 유가, 법가, 혹은 도가에 속해 있던 사인들이 피력했던 부국강병과 천하 통일에 대한 철학적 이념은 물론 중요한 것이었다. 불행히도 제후국들이 당면한 전쟁 위기에서 이런 초월적 논의에 귀를 기울일 여유가 별로 없었을 것이다. 이런 상황에서 각 사학 집단은 자기 학파의 철학적 이념을 정교화하고 교육시키며, 나아가 그것의 중요성을 설득하는 데 집중할 수밖에 없었다. 중국 역사를 보면 제일 먼저 법가가 전국시대와 진秦제국에서 사상적 주도권을 잡았다면, 그다음으로 도가가 한漢제국 초기에 황로黃老 사상이란 이름으로 현실적 힘을 발휘했다. 그렇지만 최종적으로 승리한 사학 집단은 법가도 아니고 도가도 아닌 유가였다고 할 수 있다. 한 제국 무제武帝(재위 기간 B.C.141/140~B.C.87/86) 이후 중국 대륙에서 명멸했던 여러 제국들이 모두 유학을 정권의 이데올로기로 채택했기 때문이다. 그로부터 유학은 몇 번의 치열한 자기 쇄신을 통해서 서양 문물이 들어오기 전까지 중국을 포함한 동아시아 전체를 지배하는 데 성공하게 된다.

편작의 의술, 혹은 동양적 몸의 발견

17세기까지 동아시아의 과학과 기술은 서양이 따라오지 못할 정도로 최고 수준을 유지하고 있었다. 동아시아가 이런 우월한 자리를 서양에게 빼앗기게 된 이유는 서양에서 기계론적 자연관에 기초한 고전역학이 탄생하였기 때문이다. 갈릴레이Galileo Galilei(1564~1642)와 뉴턴 Isaac Newton(1642~1727)으로 상징되는 고전역학으로 서양은 과학혁명을 달성한다. 모든 사물과 자연현상이 마치 하나의 기계인 것처럼 분석되고 수학적으로 설명될 수 있다는 신념 체계가 바로 '기계론적 자연관'이다. 역설적인 것은 '기계론적 자연관'으로 무장한 서양의 과학과 기술이 승승장구하다가 스스로 위기를 자초하게 되었다는 점이다. 지구를 완전히 파괴할 정도의 핵전쟁을 가능하게 만들었으며, 나아가 자연환경을 회복할 수 없는 지경으로 파괴하고 있기 때문이다.

이제 서양의 지성인 가운데 일부는 서양의 과학문명을 가능하게 했던 세계관, 즉 '기계론적 자연관'을 반성할 때가 되었다고 주장한다.

20세기 후반부터 미국을 중심으로 '기계론적 자연관'을 대체할 수 있는 새로운 세계관을 모색하려는 움직임이 나타났는데, 그것이 바로 '신과학 운동New Age Science Movement'이다. 신과학 운동은 기계론적 자연관 대신 '유기체적 자연관'을 새로운 대안으로 제시한다. 신과학 운동의 이론가이자 전도사를 자처하는 카프라Fritjof Capra(1939~)는 주저 『물리학의 도The Tao of Physics』에서 동양의 과학 사상이나 철학이 신과학 운동의 '유기체적 자연관'과 비슷한 세계관을 피력하고 있다고 이야기하기도 했다. 이것은 비단 카프라에만 국한된 것은 아니다. 『중국의 과학과 문명Science and Civilization in China』이라는 기념비적 총서의 총괄 편집자인 니덤J. Needham(1900~1995)도 중국 과학 사상의 정수는 '유기체적 자연관'에 있으며, 언젠가 이 자연관이 서양의 '기계론적 자연관'의 대안이 될 수 있다고 주장했다. 화이트헤드A. N. Whitehead(1861~1947)의 철학을 신봉했던 니덤은 화이트헤드가 제안했던 '과정 철학the Process philosophy', 또는 '유기체 철학the Philosophy of Organism'을 중국의 과학 사상과 철학 사상으로부터 찾으려고 했던 것이다.

분명 동아시아의 사유를 지배하는 것은 '유기체적 자연관'이었다. 그렇지만 짚고 넘어가야 할 것은 동아시아의 유기체적 자연관이 동아시아 특유의 삶의 전통에서 유래한 것이 아니라 기계론적 자연관을 극복하려는 과정에서 나왔다는 점이다. 동아시아의 기계론적 자연관은 지금은 『사기』에 실려 있는 「편작창공열전扁鵲倉公列傳」에 흔적으로만 남아 있다. 이 작은 문헌에서 우리는 낯선 이름을 하나 확인하게 된다. 바로 기계론적 자연관에 입각하여 질병을 치료했던 유부兪跗라는 의사다.

> 상고 시대에 유부라는 의사가 있었는데, 병을 치료할 때 탕액湯液, 예쇄醴灑, 참석鑱石, 교인撟引, 안올案扤, 독위毒熨를 쓰지 않았다. 병의 증상이 드러나는 것을 잠깐 보는 것만으로도 오장의 수혈腧穴에 근거하여, 곧 피부를 가르고 살을 열어 막힌 맥脈을 통하게 하고 끊어진 힘줄을 잇고, 척수와 뇌수를 누르고 고황과 횡격막을 바로잡고, 장과 위를 씻어내고 오장을 씻어내어 정기精氣를 다스리고, 신체를 바꾸어놓았다고 한다.[35]
> ─『사기』「편작창공열전」

방금 읽은 구절은 편작扁鵲이란 의사와 중서자中庶子라는 관직을 가진 어떤 사람 사이에 이루어진 대화다. 동양의학, 즉 한의학의 시조라고 할 수 있는 편작 앞에서 어떤 관료가 전설적인 의사, 즉 유부의 의술에 대해 이야기하고 있다. 유부의 의술에서 눈에 띄는 부분은 그가 직접 외과 수술을 실시했다는 대목이다. 유부의 외과 수술은 현재 서양의학의 외과 수술과 별반 다르지 않다. 자동차에 고장이 났을 때 본네트를 열고 기계 부품들과 그것들 사이의 연결 관계를 점검하는 것처럼, 유부는 신체의 내부를 직접 열어서 외과 수술을 집도했다. 이 점에서 유부는 서양 근대 의학의 전제라고 할 수 있는 기계론적 자연관을 따르고 있다고 할 수 있다. 서양 근대 의학에 따르면 우리 신체는 여러 가지 장기로 구성되어 있고, 그것들 각각이 잘 기능해야 건강하게 삶을 영위할 수 있다. 따라서 지금 어떤 부품에 문제가 있고 그 문제를 어떤 방법으로 해결할 수 있는지를 확인하는 것이 중요하다. 위장이라는 부품에 문제가 생겼다면 위장이란 부품을 정비하면 된다. 그러면 위장병으로 고통스러워하는 나의 신체가 정상적으로 기능하게 된다는 것이다.

서양 근대 의학에 필적할 만한 유부의 의술은 그에게서 그치지 않고 후대로 이어졌다. 예를 들어 『삼국지연의三國志演義』를 보면 화타華陀(145~208)라는 의사는 유부의 외과 수술 전통을 발전적으로 계승한 의사로 등장한다. 화타가 독화살을 팔에 맞고 괴로워하는 관우關羽(?~219)를 치료했던 일화는 매우 유명하다. 화타는 먼저 독이 퍼진 환부의 살을 도려낸다. 이어서 그는 독이 퍼져 색이 변질된 관우의 뼈를 칼로 긁어내는 외과 수술을 집도한다. 이것은 문제가 된 신체 부분에 직접 물리적인 치료를 시행하는 서양 근대 의학에 필적할 만한 수술 방법이었다고 할 수 있다. 물론 이것은 탕약을 의미하는 '탕액湯液', 돌로 만든 침을 의미하는 '참석鑱石' 그리고 환부에 붙이는 고약을 의미하는 '독위毒熨' 등을 이용했던 전통적인 한의학 기법, 다시 말해 편작으로부터 기원하는 전통 동양의학의 치료법과는 구별된다.

반면 편작으로부터 시작되는 전통 동양의학은 인간 신체를 '기계'가 아닌 살아 있는 '유기체'로 다루려는 의지를 반영하고 있다. 유기체는 어느 한 부분의 변화가 전체의 변화를 낳을 수 있고, 전체의 변화가 모든 부분의 변화를 낳을 수 있는 통일체를 말한다. 잊지 말아야 할 것은 살아 있는 신체를 '기계'로 보는 것 자체가 사실 매우 특별한 태도라는 점이다. '신체'란 다름 아닌 살아 있는 '유기체'이기 때문이다. 부품이 망가지면 언제든지 새로운 부품으로 대치할 수 있는 기계와 달리, 신체는 그렇게 단순하지 않다. 현재도 장기이식이 힘든 이유가 바로 여기에 있다. 새로운 장기를 이식할 때는 그 장기가 기존 신체의 전체 조직과 맞지 않는 경우가 종종 발생한다. 이것은 신체가 단순한 기계가 아니라는 것을 분명히 보여주는 사례라고 할 수 있다. 신체를 유기체로 다루기 위해서 편작은 유부의 기계론적 상상력을 정면으로 돌파할 필요가 있었다. 다음은 유부의 의술을 극찬했던 관료에게 편작이 자신의 의술을 설명하는 대목이다.

> 저의 의술은 환자의 맥을 짚어보거나 기색을 살펴보고 목소리를 들어보거나 몸의 상태를 살펴보지 않아도 병이 어디에 생겼는지를 말할 수 있습니다. 양陽에 관한 증상을 진찰하면 음陰에 관한 증상을 미루어 알 수 있고, 음에 관한 증상을 진찰하면 양에 관한 증상을 알 수 있습니다. 몸속의 병은 겉으로 드러나는 것이니 굳이 천리 먼 곳까지 가서 진찰하지 않아도 병을 진단할 수 있는 경우가 아주 많아 감추려고 해도 감출 수가 없습니다.[36]
>
> ──『사기』「편작창공열전」

지금 편작은 '신체의 각 부분은 전체 신체를 반영한다'는 유기체적 신체관을 피력하고 있다. 그렇기 때문에 그는 "양에 관한 증상을 진찰하면 음에 관한 증상을 미루어 알 수 있고, 음에 관한 증상을 진찰하면 양에 관한 증상을 알 수 있다"고 이야기할 수 있는 것이다. 여기서 '양에 관한 증상'이 겉으로 드러나 눈으로 확인할 수 있는 증상을 의미한다면, '음에 관한 증상'은 피부 속에 숨겨져 있어서 눈으로 확인할 수 없는 장기들과 관련된 증상을 의미한다. 유기체로서의 신체는 전체와 부분이 서로를 반영하고 있다는 관점에 기초하고 있기 때문에, 편작은 겉으로 드러난 증상과 숨겨져 있는 증상이 서로 밀접하게 관련된다고 주장할 수 있었던 것이다. 서양 근대 의학은 엑스레이 검사법이나 내시경 등 신체 내부를 직접 살펴보겠다는 의지를 반영하는 진단법을 발전시켜왔다. 그것은 서양의학이 기계론적 자연관에 입각한 해부학적 치료법을 따르고 있기 때문이다. 그렇지만 유기체적 신체관을 따르는 편작에게는 해부학적 상상력에 입각한 외과 수술은 신체의 질병을 다스리는 데 부적절한 것에 지나지 않았다.

편작의 유기체적 신체관은 질병을 수리학水理學(hydrography)에 입각한 상상력으로 사유하려고 했던 전통 동양의학으로 구체화한다. 그 대표적인 저서가 춘추전국시대의 의술을 집대성한 『황제내경黃帝內經』이다. 수리학은 하천이나 지류의 흐름을 연구하는 학문으로, 동양의학의 수리학적 상상력은 당시 중국의 사회경제사적 상황과 밀접한 관련을 맺고 있다. 잘 알려진 것처럼 농경 사회를 토대로 유지되었던 중국 역대 정권에게 치수治水 사업은 정권의 사활을 건 과제였다. '다스린다'는 의미를 지닌 '치治'라는 글자에 '물[水]'을 뜻하는 'ㅡ'라는 부수가 붙어 있다는 것도 이 점을 극적으로 보여준다고 하겠다. 비의 형태로 내려와 하천과 그 지류를 흐르며 대지를 가로지르는 물길을 조절하는 사업, 즉 치수 사업이 실패하면, 정권은 통치의 정당성을 상실한 것으로 간주되었다. 치수 사업의 목적은 기본적으로 막힌 곳을 뚫어 물의 흐름을 조절하여 물이 자신의 길로 다니게 해서 인간에게 주는 피해를 최소화하는 데 있다. 그런데 물이 결코 이렇게 인간에게 위협적인 것만은 아니다. 하천이나 지류를 흐르는 물이 대지를 풍성하게 하고 농작물이 자라나게 하는 중요한 일을 하기 때문이다. 고대 중국인은 신체에서 하천과 그 지류 같은 일을 하는 것이 바로 경락經絡, 즉 맥脈이라고 생각했다. 신체에 있는 거대한 12가지 하천이 바로 경맥經脈이라면, 이런 12가지 하천 사이에 존재하는 무수히 많은 지류가 바로 낙맥絡脈이었던 셈이다.

> 맥의 기는 마치 물의 흐름이나 해와 달이 쉬지 않고 운행하는 것처럼 운행한다. 그러므로 음맥陰脈은 오장으로 운행하고 양맥陽脈은 육부로 운행하여, 시작과 끝이 없는 고리처럼 끊임없이 반복하여 운행한다. 그 흘러넘치는 기氣는 안으로는 장부를 관개灌漑하고 밖으로는 피부를 촉촉하게 적신다.[37]
>
> ─ 『황제내경·영추』 「맥도」

신체 내부에 그물망처럼 퍼져 있는 경락을 통해서 흐르는 것이 바로 '기氣'다. 위장에서 음식물이 소화되어 발생하는 유동적인 영양분인 '기'는 온몸을 경락이라는 일종의 수로를 통해 운행하면서 몸에 필요한 에너지를 공급한다. 사실 자연 세계의 메커니즘과 인간 몸의 메커니즘이 구조적으로 같다는 발상은 한 제국 초기에는 상식적인 견해였다.[38] 당시에 완성된 『황제내경』이 수리학적 사유를 하고 있는 것은 어쩌면 당연하다. 자연에서 '물'의 통로와 흐름에 대한 관리가 가장 중요하듯이, 신체에서 '기'가 흐르는 통로인 경락이 중시되는 것도 바로 이 때문이다.

> 사람은 음식물에서 기를 받는데 음식물이 위로 들어가서 폐로 전해진 후에 오장육부 모두가 그 기를 받게 된다. 그중 맑은 것을 영기營氣라고 하고 탁한 것을 위기衛氣라고 한다. 영기는 맥 안을 순환하고 위기는 맥 바깥을 도는데, 하루 밤낮 50회를 돌면 영기와 위기가 다시 만나게 된다. 음과 양은 서로 관통하여 원환처럼 끝이 없이 순환하는 법이다.[39]
> —『황제내경·영추』「영위생회」

신체에 흐르는 기는 기본적으로 우리가 섭취하는 음식물에서 온 것이다. 그렇다고 해서 기를 바로 음식물을 통해 섭취한 양분이라고 단순하게 이해해서는 안 된다. 『황제내경』에 따르면 기는 유동성이 있는 양분, 또는 유동화한 양분이라고 정의할 수 있다. 즉 기는 이미 우리 신체에서 운행할 수 있도록 전환된, 즉 이미 우리 신체의 일부분으로 동화된 유동적인 에너지다. 이 혈기는 하루 밤낮으로 경락이라는 맥을 통해서 50회나 순환하고 운행한다. 동양의학의 전통에 따르면 모든 질병은 경락이라는 맥 속에서 이 혈기血氣가 제대로 운행되는지 여부와 관련되어 있다. 진맥診脈이란 바로 이 혈기가 제대로 운행되는지 알아보려고 혈기의 운행 통로인 경락이라는 맥을 짚어보는 것이다. 예를 들어 한기寒氣에 신체가 노출되면, 신체의 경락에 흐르는 혈기는 당연히 운행이 느려질 수밖에 없다. 이것은 하천이나 그 지류에 흐르는 물이 한기를 만나면 얼어붙는 사태와 유사하다. 그렇게 되면 마치 얼음이 생기게 된 물처럼, 혈기는 원활히 운행할 수 없게 되고 적체 상태에 놓인다. 이렇게 혈기가 적체하면 바로 혈기가 적체한 그곳에 종기가 생긴다. 마치 흐르던 물이 막히면, 수로를 이탈하여 넘쳐나는 것처럼 말이다. 이처럼 한의학에서 '수리학적 상상력hydrographical imagination'은 결정적으로 중요하다. 그것은 경락이라는 맥脈 개념, 흐르는 유동체로서의 기氣 개념, 그리고 진맥診脈이라는 진단법을 가능하게 하는 것이기 때문이다.

지금까지 고대 중국인들이 몸을 어떻게 이해했는지 살펴보았다. 몇몇 독자들은 이것이 제자백가의 사유를 이해하는 데 무슨 도움이 되는지 고개를 갸우뚱거릴지도 모른다. 대부분의 학자들은 고대 중국인의 사유의 특징을 수양론修養論에서 찾으려고 한다. 옳은 지적이다. 아니나 다를까 『대학大學』에는 수신修身과 정심正心, 『맹자』에는 호연지기浩然之氣, 그리고 『장자』에는 허심虛心, 보신保身 등 치열한 자기 수양을 강조하는 용어가 빈번히 등장하고 있다. 대부분의 경우 우리는 신身이란 개념은 '육체'로, 그리고 심心이란 개념은 '마음'으로 이해하고 있다. 그렇다면 수신은 육체를 닦는 체육 활동 같은 것이고, 정심은 사유를 담당하는 마음만을 바르게 한다는 것인가? 아마 이상한 느낌이 들 것이다.

수양론과 관련된 신, 심, 혹은 기氣라는 용어를 제대로 음미하려면, 우리는 몸에 대한 고대 중국인 특유의 생각을 이해하고 있어야만 한다. 신이란 하나의 유기체이고, 심이란 유기체의 구성 요소인 심장의 기능을 가리키며, 기란 심장을 포함한 오장五臟과 육부六腑를 순환하는 무형의 흐름이다. 결국 수신은 우리 몸 전체를 순환하고 있는 기를 원활히 돌도록 하는 것이며, 정심은 기본적으로 기를 원활하게 운행시켜 심장의 기능을 정상화하여 정신 활동을 안정시키는 것이다. 흥미로운 것은 고대 중국인에게 있어 신체의 유기체적 작동 메커니즘이 사회의 작동 메커니즘으로 설명된다는 점이다.

> 심장[心]은 인체에서의 역할이 마치 한 나라의 군주와 같다. 정신 활동이 거기서 나온다. 폐는 재상과 같아서 전신의 활동을 조절하는 작용을 한다. 간은 장군과 같이 꾀를 내는 작용을 한다. (…) 지라와 위장[脾胃]은 창고를 관리하는 관직과 같이 오미五味를 받아들여 전신에 공급하는 작용을 한다.[40)]
> ──『황제내경·소문』「영란비전론」

이제 『대학』에 등장하는 유명한 구절 "수신제가치국평천하修身齊家治國平天下"라는 말이 이해되는가? 자신[身]도 가족[家]도 국가[國]도 그리고 세계[天下]도 그 규모는 다르지만 모두 기본적으로 유기체적으로 작동하기는 마찬가지다. 그렇지만 자기 자신은 자신보다 큰 유기체인 가족의 일부분이고, 가족은 가족보다 더 큰 유기체인 국가의 일부분이고, 국가는 국가보다 더 큰 유기체인 세계의 일부분이라는 것이다. 심장이 튼튼해야 몸이 건강한 것처럼, 자신이 건강해야 가족도 국가도 세계도 건강할 수 있다는 것이다. 그러니까 수양론은 이미 윤리학일 뿐만 아니라 동시에 정치학이었던 것이다. 공자의 윤리학이나 한비자의 정치철학, 혹은 노자의 자연철학을 제대로 이해하고 싶은가? 우리가 몸에 대한 고대 중국인의 유기체론적 이해를 우회할 수는 없는 것도 바로 이런 이유에서다.

동양적 가부장제와
그에 대한 엇갈린 반응들

1877년 미국의 인류학자 모건Lewis H. Morgan(1818~1881)은 기념비적인 책을 집필한다. 『고대사회, 또는 야만에서 미개를 거쳐 문명에 이르는 인류의 진보 과정에 대한 연구Ancient Society, Or Researches in the Lines of Human Progress from Savagery through Barbarism to Civilization』, 간단히 줄여서 『고대사회』라고 불리는 책이다. 이 책이 유명해진 이유는 엥겔스Friedrich Engels(1820~1895)가 1884년에 모건의 저서를 토대로 『가족·사유재산 및 국가의 기원Der Ursprung der Familie, des Privateigentums und des Staats』을 썼기 때문이다. 모건이나 엥겔스에 따르면 인류학적으로 보았을 때 인류 사회는 '난혼', '모계제' 그리고 '가부장제'라는 세 단계를 거쳐서 현재에 이르렀다. 난혼이란 일처다부제의 모계제도 아니고 동시에 일부다처제의 가부장제도 아닌 상태, 즉 가족제도나 사회 제도가 부재한 상황에서 무차별적으로 성관계를 맺는 상태를 말한다.

가족제도와 사회 제도의 변화에 관한 모건과 엥겔스의 인류학적 통찰은 춘추전국시대에는 전혀 새로운 것이 아니었다. 전국시대에 진秦나라를 부국강병으로 이끌었던 상앙商鞅(?~B.C.338)은 다음과 같은 흥미로운 역사철학을 피력했다.

하늘과 땅이 갖추어지자 인간들이 생겨났다. 이때에 인간들은 자신의 어머니만을 알고 아버지를 알지 못했다. 그들이 살아가는 방법은 친족만을 아끼고 사사롭게 사랑하는 것이었다. 친족만을 아끼므로 차별이 생겨나고 사사롭게 사랑하므로 거칠어지게 되었다. 사람들이 점점 많아짐에도 불구하고 차별과 거칢을 지향하면 사람들은 혼란스럽게 된다. 이때부터 사람들은 힘으로 이기고 빼앗는 데 주력하게 되었다. 이기려 하면 다툼이 있게 되고 힘으로써 빼앗고자 하면 분쟁이 일어나는 법이다. 분쟁이 일어났지만 이것을 해결할 정도正道가 없으면 사람들은 자기 생명을 온전히 할 수가 없었다. 따라서 현인이 정도를 세우고 무사無私의 가르침을 정하자 사람들은 무사의 윤리, 즉 인仁을 기뻐하게 되었다. 이때부터 친족만을 아낀다는 관념이 폐지되고 현인을 높이게 되었다. 인자仁者는 모든 사람을 사랑하려는 박애를 지향했으며 현자賢者는 상대방보다 우월하려는 경쟁에 뛰어들었다. 사람들이 더 많아졌지만 제약은 없고, 오랫동안 상대방보다 우월하려는 경쟁이 지속되자 혼란은 다시 발생하게 되었다. 그러므로 성인은 토지, 재화, 남녀의 구분을 만들게 되었던 것이다. 구분을 해놓고 규제가 없으면 안 되기 때문에 금지법을 세웠다. 금지법을 세워놓고 그것을 통제하지 않을 수 없기 때문에 관제를 세웠다. 관제가 성립되었지만 그것을 하나로 통괄하지 않을 수 없기 때문에 군주를 세우게 되었다.[41]

— 『상군서』「개색」

상앙은 자신이 살았던 시대에 이르기까지 인류 역사는 크게 세 단계의 질적 변화를 겪었다고 이야기한다. 첫 단계는 "자신의 어머니만을 알고 아버지를 알지 못했던" 모계제 사회였다. 두 번째 단계는 현자와 인자가 지배하던 사회였다. 그리고 마지막 세 번째 단계는 군주제를 정점으로 하는 법치 사회였다. 여기서 중요한 것은 첫 번째 단계의 사회가 여성 중심적인 사회였다면, 두 번째와 세 번째 단계의 사회는 모두 남성 중심적인 사회였다는 점이다. 두 번째 단계의 사회가 가부장제에 입각한 부족사회였다면, 세 번째 단계의 사회에서는 어떤 부족이 다른 부족들에게 압도적인 지배력을 행사하며 지배층과 피지배층으로 분절되는 국가 단계로 이행했다는 것을 보여주고 있다. 세 단계로 정리되는 역사 발전론을 피력하면서 상앙은 뿌리 깊은 남성 중심주의Phallocentrism에 입각해서 모계제 사회를 혐오하고 있다. 이것은 그가 여성 중심적인 사회가 자신의 혈족만을 사랑하는 편협함을 보이지만, 남성 중심적인 사회는 공평무사함을 특징으로 한다고 진단한 데서도 분명하게 드러난다.

그렇다면 상앙이 진단했던 것처럼 과연 중국에도 모계 사회가 존재했던 것일까 궁금해진다. 다행스럽게도 우리의 궁금증은 『사기』를 통해 많은 부분 해소될 수 있을 것 같다.

은나라의 시조 설契의 어머니는 간적簡狄이었는데, 유융씨有娀氏 부족의 딸이었고 제곡帝嚳의 둘째 부인이 된다. 간적은 다른 두 사람과 함께 목욕을 하러 갔는데, 거기에서 검은 새가 알을 낳는 것을 보았다. 간적은 그 알을 주워 삼켰고, 이어서 임신하여 설을 낳게 된 것이다.[42]

— 『사기』 「은본기」

주나라 시조 후직后稷의 이름은 기棄였다. 그의 어머니는 유태씨有邰氏 부족의 딸로서 이름은 강원姜原이었다. 강원은 제곡의 첫째 부인이 된다. 들판에 나갔을 때 강원은 거인의 발자국을 보자 마음이 상쾌하고 기뻐서 그 발자국을 밟고 싶어졌다. 강원이 그 발자국을 밟자 몸 안이 아이를 가진 것처럼 움직였다. 강원은 달을 다 채워서 아들(즉, 후직)을 낳게 된다.[43]

— 『사기』 「주본기」

방금 읽은 두 이야기는 은나라(즉 상나라)와 주나라의 시조 설화다. 여기서 중요한 것은 상나라의 시조 설이나 주나라의 시조 후직이 상앙의 말처럼 "어머니는 알지만 아버지는 누군지 모르는" 상태에 있다는 점이다. 이것은 상나라와 주나라의 시조들이 살았을 때에 그들을 지배하고 있던 가족 혹은 사회 제도가 모계제이거나 아니면 그것에 근접한 것이었다는 점을 말해준다. 설의 어머니는 간적이라는 이름을 가진 여자였고, 후직의 어머니는 강원이란 이름을 가진 여자였다. 두 여자는 각각 제곡의 둘째 부인과 첫째 부인이었다. 여기서 제곡은 중국의 전설적인 다섯 황제[五帝][44] 중 중간에 해당하는 세 번째 황제라고 한다. 정상적인 가부장제 사회였다면 설이나 후직의 아버지는 아마 제곡이었을 것이다. 그러나 설과 후직은 각각 두 여성이 멀리 강가에 목욕을 하러 가서 혹은 들판에 나아가서 임신을 한 채로 돌아와 낳은 자식이었다.

흥미로운 것은 여기서 제곡이란 황제가 어떤 역할도 수행하지 못하고 있다는 점이다. 그것이 새의 알이든 거인의 발자국이든 자신의 씨가 아닌 아이를 임신하고 돌아왔음에도 불구하고 제곡이 두 부인에게 반감이라든가 분노라든가 어떤 적극적인 행동을 취했다는 기록은 찾아볼 수 없다. 이것은 무엇을 의미하는가? 그것은 제곡이 결코 가부장이 아니었다는 것을 말해준다. 그것은 제곡이 두 여인과 관련된 많은 남편들 중 오직 한 사람의 남편에 불과하다는 것을 알려주는 것이 아닐까? 자신의 아내가 남의 아이를 낳았을 때 보였던 제곡의 무신경한 반응이나 혹은 아무런 문제도 없다는 듯이 자식을 낳고 기르는 두 여인의 행동은 일처다부제가 전제되었을 때에만 이해할 수 있다. 이 점에서 강원과 간적이란 두 여인을 제곡의 첫째 부인과 둘째 부인으로 기록하고 있는 사마천의 시선은 많은 문제점을 내포하고 있다고 하겠다. 남편 한 사람과 부인 두 사람이란 도식은 분명 일부다처제, 즉 가부장제의 도식이기 때문이다. 어쩌면 이미 가부장제에 깊이 길들여져 있던 사마천으로서는 모계제 사회나 일처다부제는 상상조차 할 수 없는 일이었을지도 모른다.

다시 상앙이 이야기했던 역사철학으로 되돌아가보자. 그의 논법에 따르면 모계제 사회는 편협한 애정으로 인해 "차별[別]과 거침[險]"으로 표현되는 갈등과 대립이 난무하는 무질서의 사회에 이를 수밖에 없다. 이를 통해 상앙은 가부장제와 국가의 출현을 정당화하려고 한다. 다시 말해 가부장제와 국가는 남성이나 국가권력의 이익을 위해서 출현한 것이 아니라 모계제하에서의 갈등과 대립, 그로부터 야기되는 혼란을 방지하기 위해서 출현했다는 것이다. 그렇지만 역사는 그 반대의 것을 말해주지 않는가? 가부장제나 국가가 확립된 뒤에 중국 역사는 전쟁과 살육의 암흑 상태로 점점 더 깊이 빠져 들어갔다. 춘추전국시대가 이런 역사의 흐름에 대한 살아 있는 사례라고 할 수 있을 것이다. 사실 상앙의 논법은 자연 상태에서 인간이 상호 갈등하고 대립하기 때문에 리바이어던Leviathan으로서의 국가가 만들어졌다는 홉스Thomas Hobbes(1588~1679)의 논의를 선취하고 있다. 그렇지만 우리는 클라스트르Pierre Clastres(1934~1977)라는 정치인류학자의 통찰을 통해 자연 상태가 결코 야만이 아니었다는 사실을 알고 있다.

클라스트르의 주저 『국가에 대항하는 사회La Société Contre l'Etat』에 따르면, 오히려 국가가 생기기 이전의 고대사회, 혹은 홉스가 말한 자연 상태에서 인간은 상호 공존의 지혜와 용기를 가지고 있었다. 이 점에서 클라스트르와 마찬가지로 가부장제와 국가가 생기기 이전의 사회, 모계제 사회가 '오래된 미래Ancient futures'라고 강조했던 사상가들이 상앙 이후 전국시대에 출현했던 것도 당연한 일이었는지 모른다. 『장자』「도척盜跖」편을 보면, 국가와 가부장제에 저항했던 아나키스트들이 다음과 같이 상앙의 역사철학을 뒤집어버리는 대목을 확인할 수 있다.

옛날에는 짐승들이 많았고 사람들은 적었기 때문에 사람들은 모두 나무 위에 집을 짓고 짐승들을 피하며 살았다. 낮에는 도토리와 밤을 줍고 저녁이면 나무 위에 올라가 잤기 때문에 이 사람들을 '유소씨有巢氏의 민중'이라고 불렀다. 옛날에는 사람들이 옷을 입을 줄 몰라서 여름에 장작을 쌓다가 겨울이 되면 그것으로 불을 지폈기 때문에 이 사람들을 '살 줄 아는 민중'이라고도 불렀다. 신농 시대에는 누워서는 편안하고 서서는 자득한 생활을 할 줄 알았으며, 민중이 그 어머니를 알면서도 아버지는 몰랐으며, 사슴과 더불어 같이 살고 밭을 갈아 밥을 먹고 옷을 짜서 입으면서도 서로 해치는 마음이 없었으니, 이것이야말로 지극한 덕이 융성했던 때였다. 그렇지만 황제黃帝는 덕을 쌓지 못하고 치우蚩尤와 탁록涿鹿의 들판에서 전투를 수행하여, 사람들의 피가 백 리를 흘렀다고 한다. 요순이 왕이 되어 관제를 제정하였다. 이어서 탕이 자신의 왕을 내쫓고, 무왕은 주왕을 살해하였다. 이로부터 강자가 약자를 핍박하고 다수자들이 소수자들에게 폭력을 행사하게 된 것이다. 탕왕과 무왕 이후 군주들은 사람들을 혼란스럽게 만든 무리들이었다.[45)]

— 『장자』 「도척」

「도척」 편의 저자, 즉 익명의 아나키스트는 춘추시대 말기에 활동했던 대도적 도척의 입을 빌려서 흥미로운 역사철학을 피력하고 있다. 국가가 가장 혐오하던 도적을 통해서 국가를 조롱하도록 만든 문학적 구성이 재기발랄하기만 하다. 잊지 말아야 할 것은 상앙이나 도척은 모두 동일한 역사 발전론을 피력하고 있다는 점이다. 다시 말해 중국 역사는 국가가 없었던 모계제 사회에서 국가를 정점으로 하는 가부장제 사회로 이행했다는 것이다.[46)] 그렇지만 이런 역사 발전론을 해석할 때 상앙과 도척은 완전히 다른 견해를 내놓고 있다. 상앙은 모계제의 내적 모순 때문에 가부장제와 국가가 수립되었다고 주장한다. 반면 도척에게 국가는 외적으로는 전쟁을 수행하며 동시에 내적으로는 관제를 통해 사람들을 억압하는 폭압적 기구에 지나지 않았다. 상앙이라면 전설상의 최초의 군주 황제黃帝를 문명의 구원자로 생각할 테지만, 도척에게 있어 황제는 진정한 문명을 타락시킨 원흉에 지나지 않았던 것도 이런 이유에서다. 그래서 도척에게는 국가기구나 가부장제가 도입되지 않은 시대, 즉 아주 오래된 미래로서의 과거가 회복되어야 할 이상으로 포착되었던 것이다.

이 대목에서 한 가지 생각해보아야 할 사항이 있다. 그것은 난혼, 모계, 그리고 부계로 이어지는 가족제도의 변화에 대해 19세기 말에 풍미했던 모건과 엥겔스의 주장이 인류학의 최근 연구에 의해 거의 폐기 직전까지 이르렀다는 점이다. 여기서 두 가지 쟁점을 기억해둘 필요가 있다. 하나는 인류학적 관점에서 난혼을 제도로 가지고 있는 인간 사회는 어디서도 발견되지 않는다는 점이다. 다음으로 둘째는 원시사회 중에서도, 유목 부족에게서만 부계제가 발견된다는 점이다. 그렇다면 모계제나 부계제는 모건이나 엥겔스, 혹은 상앙의 생각과는 달리 상호 독립적으로 존속할 수 있는 가족 형식이나 공동체 형식이라고 할 수 있다. 이것은 상앙의 역사철학에 맞서서 모계제 사회를 일종의 '오래된 미래'로 사유했던 익명의 아나키스트의 통찰이 옳을 수도 있다는 것을 말해준다.

전국시대를 풍미했던 부국강병의 논리는 언젠가 가장 부유하고 동시에 가장 강한 무력을 가진 국가가 천하를 통일할 것이라는 전망을 가능하게 했다. 그렇지만 전대미문의 강력한 통일국가는 인간의 삶에 행복을 가져다줄 것인가, 아니면 불행을 가져다줄 것인가? 당시 사람들은 이에 대해 확신하지는 못했던 것으로 보인다. 그렇기 때문에 너무나 이질적인 두 가지 역사철학이 유행할 수 있었던 것이다. 그렇지만 우리는 상앙의 역사철학이 논리적으로 문제가 있다는 것을 알아야 한다. 상앙은 전국시대의 혼란을 강력한 절대 국가의 부재에서 찾으려고 한다. 물론 맞는 말이다. 그렇지만 패권을 다투는 국가들이나 혹은 패권을 잡은 유일한 절대 국가나 모두 배타적인 소유욕과 지배욕의 형식을 공유하고 있는 것 아닌가?

애초에 인간관계에서 배타적인 소유욕이나 지배욕을 억제할 수만 있었다면, 서로 불신하며 전쟁을 통해 상대 국가를 소유하려는 다양한 국가들이나 혹은 자신의 명령에 복종하지 않는 국민들을 감시하는 유일한 절대 국가도 탄생할 수 없었을 것이다. 여기서 우리는 근본적인 물음을 하나 던질 필요가 있다. 인간이 다른 인간을 지배하고 소유하는 것은 정당화될 수 있는가? 일고의 가치도 없이 우리는 단호하게 이야기할 수 있어야 한다. "아니다"라고. 이것은 우리가 인문정신과 자유정신을 가지고 있느냐 그렇지 않느냐를 가름하는 사활을 건 문제다. 어쨌든 다양한 사상을 피력했던 제자백가는 상앙의 역사철학과 도척의 역사철학이 열어놓은 자장 속에서 부유하고 있다고 할 수 있다. 물론 우리는 도척의 역사철학에 끌리고 있는 사유의 편린들을 끌어 모아야만 한다. 전국시대 이후 펼쳐진 대제국의 시대에서 억압받고 은폐되었던 인간의 자유를 노래하는 사유를 되찾기 위해서 말이다.

II

고대 경전 들여다보기

지금까지 우리는 때로는 이국적인 분위기, 혹은 핏빛 냄새도 풍겼던 중국 고대사의 풍경들을 스케치해보았다. 그만큼 지금까지 제자백가가 제대로 된 배경에서 이해되지 못했기 때문이다. 비트겐슈타인Ludwig Josef Johann Wittgenstein(1889~1951)이 말했던 것처럼, 모든 것은 제대로 된 배경하에 두어야만 이해될 수 있는 법이다. 그렇지만 제자백가의 이야기를 직접 듣기에 앞서 우리가 넘어야 할 관문이 또 하나 있다. 우리는 아직 춘추시대를 살았던 사람들과 더 친해질 필요가 있다. 그러기 위해서 춘추시대를 힘겹게 살았던 다양한 사람들의 속내를 직접 엿볼 필요가 있다. 『주역』, 『춘추좌전』, 『시경』이라는 케케묵은 텍스트들을 넘기려는 이유도 바로 여기에 있다.

인문학적 경험은 신비한 경험이다. 책을 통해 저자의 속내로 들어가는 경험이니까 말이다. 그렇지만 수천 년 전에 씌어진 텍스트를 읽고 그 안에 담긴 당시 사람들의 마음을 생생하게 되살려내는 것은 만만한 작업이 아니다. 더군다나 지금 읽으려는 세 권의 텍스트는 한 제국 이래로 사상의 패권을 잡은 유학자들이 신성시하던 것들이다. 세 권의 텍스트가 전통적으로 한 제국이 자랑하던 13권의 유학 경전, 즉 십삼경十三經에 속했던 것도 이런 이유에서다. 참고로 말하자면 십삼경에는 이 세 권의 텍스트와 함께 『서경書經』(혹은 『상서尙書』), 『주례周禮』, 『의례儀禮』, 『예기』, 『춘추공양전春秋公羊傳』, 『춘추곡량전春秋穀梁傳』, 『효경孝經』, 『논어』, 『맹자』 그리고 『이아爾雅』가 포함된다. 결국 세 권의 텍스트를 읽을 때, 우리는 유학 경전에 덧씌워져 있는 아우라를 벗어던질 필요가 있다는 것이다.

고대 중국인의 삶과 사유를 알려주는 많은 텍스트 중 이 세 권만을 읽어보려는 이유는 무엇일까? 그것은 세 권의 텍스트가 춘추시대를 살았던 사람들의 속앓이를 가장 극적으로 보여주기 때문이다. 우선 『주역』을 통해 서주 시대로부터 춘추시대까지를 관통했던 고대 중국인의 종교적 사유를 맛보면서, 덤으로 아직도 다양한 형식으로 통용되고 있는 점의 논리를 해부해볼 생각이다. 그다음으로 『춘추좌전』을 읽음으로써 우리는 신정정치로부터 세속 정치로의 극적인 이행을 목도할 수 있을 뿐만 아니라, 춘추시대 사람들의 골머리를 싸매게 했던 정치철학적 쟁점이 무엇이었는지를 음미해볼 수 있을 것이다. 마지막으로 우리가 읽어볼 것은 『시경』이다. 『주역』과 『춘추좌전』이 당시 지배층의 속내를 잘 보여주고 있다면, 오직 이 『시경』만은 당시 억압받는 민중의 삶, 그러나 그럼에도 불구하고 건강함을 잃지 않은 삶의 편린들을 잘 보여주고 있다는 점에서 주목할 만한 가치가 있기 때문이다.

불행히도 아직까지 『시경』은 윤리적인 교훈이 담겨 있는 노래로 구성되어 있다는 편견으로부터 자유롭지 못하다. 물론 이런 편견을 조장했던 사람은 유학의 창시자 공자였다.

> 공자가 말했다. "『시경』 300여 편을 한마디로 요약한다면, '생각함에 사악함이 없다'라고 할 수 있다."[47]
>
> ─ 『논어』 「위정」

『시경』은 크게 '송頌', '아雅', '풍風'으로 구성되어 있다. 송과 아가 주로 주나라 귀족 계층의 삶이나 예와 관련된 주류 문화에 대한 노래를 채록하고 있다면, 풍은 다양한 제후국에 살고 있던 민중의 삶과 애환을 보여주는 노래를 모은 것이다. 문제는 풍, 특히 정나라의 민간 풍습을 노래하고 있는 「정풍鄭風」이나 위나라의 민간 풍습을 알려주는 「위풍衛風」에는 지금 읽어보아도 낯이 붉어질 정도로 노골적인 남녀 간의 애정사가 실려 있다는 점이다. 그래서 공자를 신성시했던 순자荀子(B.C.300?~B.C.230?)마저도 "정나라와 위나라의 시가는 사람의 마음을 음란하게 만든다"[48]고 지적했던 것이다. 순자의 반응은 어쩌면 당연한 것이었는지도 모른다. 보통 윤리적인 관점에서 남녀 간의 노골적인 육체관계는 부정적인 것으로 평가되기 때문이다. 그런데도 왜 공자는 『시경』에 등장하는 300여 편에 대해 '사악함'이 없다고 평가했던 것일까? 그것은 낯 뜨거운 정사 장면을 군주와 신하 사이의 관계에 대한 메타포로 해석했기 때문에 가능했던 것이다.

사실 남녀 사이의 열정적인 사랑이 군주와 신하 사이에도 적용된다면, 국가나 사회는 대립과 갈등이 아니라 평화와 공존의 상태로 변하게 될지도 모른다. 이것이 바로 「정풍」이나 「위풍」에 등장하는 시들을 공자가 해석하는 방식이었다. 그렇기 때문에 공자는 『시경』에는 '사악함'이 없다고 평가할 수 있었던 것이다. 그렇지만 이것이야말로 너무나 자의적인 해석이 아닐까? 사실 공자는 여성과의 관계를 멀리했던 사람으로 유명하다. 심지어 "여자와 소인은 관계하기가 어렵다. 가까이 해주면 불손하고, 멀리하면 원망한다"[49]고 불만을 토로했을 정도였다. 당연히 남성뿐만 아니라 여성도 적극적으로 성적인 욕망을 표현하고 있는 「정풍」이나 「위풍」이 그의 눈에 있는 그대로 들어올 리 만무했다. 이 점에서 「정풍」이나 「위풍」의 시가를 읽고 남녀 사이의 성관계를 직감했던 순자가 공자보다는 더 솔직한 안목을 가지고 있었다고 할 수 있다.

우리는 세 권의 텍스트 중 『시경』, 특히 '풍'에 속한 노래들에 많은 관심과 애정을 기울일 필요가 있다. 물론 그것은 공자처럼 윤리적 독해를 실험해보기 위해서는 아니다. 사실 춘추시대를 힘들게 살아냈던 사람들은 대부분 자신의 삶과 생각을 표현할 수 있는 언어를 가지고 있지 않았다. 우리가 『시경』에 관심을 갖는 이유가 바로 여기에 있다. 이 텍스트만이 거의 유일하게 주류 문화로부터 소외되어 있던 당시 사람들 대부분의 삶과 심정을 잘 보여주고 있기 때문이다. 『시경』을 넘기다 보면, 당시 민중의 삶과 사유가 예상과는 달리 그렇게 낡지 않았다는 것을 알게 된다. 사실 그들의 삶은 현재 우리가 누리고 있는 것보다 더 진솔하고 대담하기까지 하다. 이것은 그들이 삶의 질곡 속에서도 건강성을 잃지 않았다는 것을 말해준다.

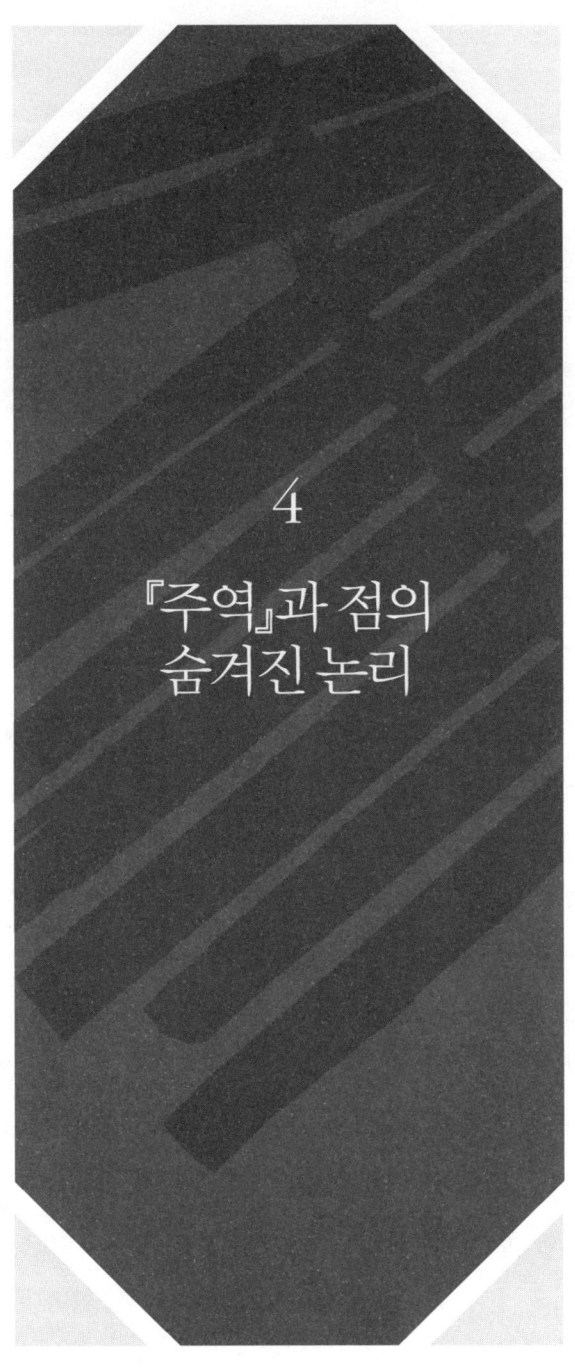

4
『주역』과 점의 숨겨진 논리

『주역』의 구성, 『역경』과 『역전』

라이프니츠Gottfried Wilhelm von Leibniz(1646~1716)는 스피노자Baruch de Spinoza(1632~1677)와 함께 근대 대륙 철학을 양분했던 최고의 형이상학자였다. 그렇지만 불행히도 많은 사람들이 라이프니츠의 말년의 관심사가 중국과 중국철학이었다는 사실을 쉽게 간과하곤 한다. 1716년 그는 자신의 마지막 관심을 정리한 작은 글을 하나 남긴다. 바로 『중국인의 자연신학론Discours sur la Théologie naturelle des Chinois』이다. 그의 사망일이 같은 해 11월 6일인 것만 보아도, 이 작은 책의 중요성을 미루어 짐작할 수 있다. 그렇다면 유럽에 살고 있던 라이프니츠가 어떻게 중국과 중국철학에 대한 정보를 얻게 되었을까? 그에게 중국에 대한 정보를 제공한 사람들은 바로 마테오 리치Matteo Ricci(1552~1610) 이후 중국 선교에 열을 올리고 있던 예수회 신부들이었다. 그중에서 가장 중요한 역할을 했던 신부가 부베 Joachim Bouvet(1654~1707)였다.

1697년부터 1707년까지 라이프니츠와 서신을 주고받았던 부베는 그에게 중국 사유를 이해하는 데 있어 『주역』이 중요하다는 사실을 이야기했다. 아울러 부베는 라이프니츠에게 『주역』의 64괘卦가 원환으로 배열된 도표, 「선천차서先天次序」를 보내기도 했다. 부베의 제안에 따라 라이프니츠는 『주역』에 관심을 갖다가 『주역』의 음양陰陽 논리가 자신이 고안한 이진법 binary notation의 논리와 같다는 것을 발견하고 놀라게 된다. 당연히 이런 발견은 라이프니츠로 하여금 자신이 고안한 이진법 체계가 보편 문자라는 확신을 갖게 하기에 충분했다. 서양 지성사에서 라이프니츠의 영향력을 감안한다면, 서양 사람들에게 이제 중국철학의 심오함을 상징하는 것이 『주역』과 여기에 등장하는 음양과 64괘였다는 것은 전혀 이상할 것이 없다고 하겠다. 과연 『주역』이 라이프니츠가 확신한 것처럼 세계와 인간을 설명할 수 있는 보편 문자 혹은 보편문법을 담고 있는 것일까?

『주역』에 대한 호기심에 취하기 전에, 『주역』은 기본적으로 책 제목이 알려주는 것처럼 주나라의 점치는 책이라는 사실을 잊지 말아야 한다. 현재까지도 많은 점쟁이들이 『주역』에 의존하여 손님의 미래를 예측하고 생계를 유지하고 있다. 현재 우리가 쉽게 구해 볼 수 있는 『주역』으로부터 우리의 논의를 풀어나가도록 하자. 『주역』은 크게 두 부분으로 나뉜다. 첫째는 여덟 개의 괘卦가 중첩되어 만들어진(8×8) 64괘를 해명한 부분으로 『역경易經』이라고 불리는 부분이다. 『역경』은 점을 쳐서 점괘를 얻고 그것의 의미를 이야기해주는 부

『역경』의 64괘

건乾 ䷀	곤乾 ䷁	준屯 ䷂	몽蒙 ䷃	수需 ䷄	송訟 ䷅	사師 ䷆	비比 ䷇
소축小畜 ䷈	리履 ䷉	태泰 ䷊	비否 ䷋	동인同人 ䷌	대유大有 ䷍	겸謙 ䷎	예豫 ䷏
수隨 ䷐	고蠱 ䷑	림臨 ䷒	관觀 ䷓	서합噬嗑 ䷔	비賁 ䷕	박剝 ䷖	복復 ䷗
무망无妄 ䷘	대축大畜 ䷙	이頤 ䷚	대과大過 ䷛	감坎 ䷜	리離 ䷝	함咸 ䷞	항恒 ䷟
돈遯 ䷠	대장大壯 ䷡	진晉 ䷢	명이明夷 ䷣	가인家人 ䷤	규睽 ䷥	건蹇 ䷦	해解 ䷧
손損 ䷨	익益 ䷩	쾌夬 ䷪	구姤 ䷫	췌萃 ䷬	승升 ䷭	곤困 ䷮	정井 ䷯
혁革 ䷰	정鼎 ䷱	진震 ䷲	간艮 ䷳	점漸 ䷴	귀매歸妹 ䷵	풍豊 ䷶	려旅 ䷷
손巽 ䷸	태兌 ䷹	환渙 ䷺	절節 ䷻	중부中孚 ䷼	소과小過 ䷽	기제旣濟 ䷾	미제未濟 ䷿

분으로서 『주역』의 핵심 부분이라고 할 수 있다. 둘째는 『역경』에 대한 일종의 해설서에 해당하는 부분이다. 보통 이 부분을 『역전易傳』이라고 부르기도 하는데, 결국 『역전』은 『역경』에 대한 최초의 해설서라고도 할 수 있다. 그러니까 우리가 지금 읽고 있는 『주역』은 시기적으로 먼저 완성된 『역경』과 나중에 씌어진 최초의 해설서인 『역전』이 합쳐져 완성된 것이라고 할 수 있다.

먼저 『역경』의 구성에 대해 알아보자. 『역경』은 첫 번째 괘인 건괘乾卦에서부터 마지막 괘인 미제괘未濟卦에 이르는 전체 64괘로 구성되어 있다. 각 괘가 어떻게 구성되어 있는지를 개략적이나마 이해하기 위해서 여기서는 건괘와 미제괘의 사례만 살펴보기로 하자.

건䷀ 크게 제사를 거행해야 한다. 점을 치면 이롭다.

제일 밑의 양효: 숨어 있는 용의 형상이니, 어떤 일도 하지 말라.

밑에서 두 번째의 양효: 드러난 용이 밭에 있는 형상이니, 대인大人을 보면 이로울 것이다.

밑에서 세 번째의 양효: 군자가 하루 종일 부지런하고도 저녁에 두려워하는 듯하면, 위험에 빠져 있어도 허물은 없을 것이다.

밑에서 네 번째의 양효: 간혹 용이 연못에서 뛰는 형상이니, 허물은 없을 것이다.

밑에서 다섯 번째의 양효: 날아가는 용이 하늘에 있는 형상이니, 대인을 보면 이로울 것이다.

밑에서 여섯 번째의 양효: 늪 속에 빠져 있는 용과 같은 형상이니, 후회가 있을 것이다.[50]

―『역경』「건괘」

『역경』에 등장하는 64가지 괘들을 상징하는 기호는 모두 여섯 층위로 되어 있다. 여섯 층위의 각각에는 양陽의 기호인 '─'가 오거나 아니면 음陰의 기호인 '--'가 올 수 있다. 여섯 층위에 있는 음양陰陽의 기호를 보통 효爻라고 부른다. 64개의 괘들에는 괘를 총괄하는 설명과 동시에 각 괘를 구성하는 효를 부분적으로 설명하는 부분이 있다. 건괘의 경우 "크게 제사를 거행해야 한다. 점을 치면 이롭다"라는 말이 건괘를 총괄적으로 설명하는 부분이다. 보통 괘 전체를 총괄적으로 해석하는 부분을 '괘사卦辭'라고 부른다. 그리고 이어서 건괘를 이루는 효들에 대해 설명하는 부분으로 이어지는데, 이 부분을 '효사爻辭'라고 부른다. 결국 한 괘에는 괘사 하나와 효사 여섯 개가 붙는 셈이다. 효사를 보면, 효爻는 밑에서부터 위로 단계별로 읽어나 간다. 보통 양陽의 기호는 숫자로 '구九'라고 읽는다. 그래서 '구이九 二'라고 하면 밑에서 두 번째[二]에 있는 양효[九]를 가리키는 것이다. 반면 음陰의 기호는 숫자로 '육六'이라고 읽는다. 그래서 만약 '육삼六 三'이라고 하면, 이것은 밑에서 세 번째[三]에 있는 음효[六]를 가리키 는 것이다.

방금 살펴본 것처럼 『역경』을 통해 점을 치는 방법은 괘사를 중시 하는 거시적인 것과 효사를 중시하는 미시적인 것으로 양분된다. 건 괘를 예로 들어 설명해보자. 점을 쳐서 건괘를 얻었다면, 우리는 "크 게 제사를 거행해야 한다. 점을 치면 이롭다"라는 거시적인 충고를 따라야만 한다. 이 점에서 건괘는 그렇게 좋은 괘라고는 할 수 없을 것이다. 크게 제사를 지내고 다시 한 번 점을 쳐보고 행동을 정해야 하기 때문이다. 점을 다시 칠 때, 구괘姤卦가 나왔다고 하자. 구괘는 기호로는 ䷫로 표기된다. 그렇다면 우리는 건괘의 제일 아래에 있던 양의 기호[初九]가 변했다는 것을 알 수 있다. 이 경우 점치는 사람은 건괘의 처음 양효를 설명하는 말에 귀를 기울여야 한다. "숨어 있는 용의 형상이니, 어떤 일도 하지 말라." 이런 점괘를 받아 보았다면, 점치는 사람은 무엇인가를 하려고 의도했던 모든 일을 접고서 시운 이 바뀌기를 기다려야만 한다.

다음으로 『역경』에 대한 최초의 해설서인 『역전』에 대해 살펴보 도록 하자. 『역전』에는 「단彖」, 「상象」, 「문언文言」, 「계사繫辭」, 「설괘 說卦」, 「서괘序卦」, 「잡괘雜卦」 편이 속해 있다. 그런데 「단」, 「상」, 「계 사」는 상·하편으로 구성되어 있기 때문에, 전체 『역전』에는 10편의

상이한 해설서가 붙어 있는 셈이 된다. 전통적으로 『역전』이 열 가지 날개, 즉 십익十翼이라고 불렸던 것도 이런 이유에서다. 보통 『역전』을 지은 저자는 유학의 창시자인 공자라고 알려져 있다. 이것을 최초로 주장한 사람이 바로 사마천이다. 그의 말을 직접 들어보자.

> 공자는 말년에 『역易』을 좋아해서 「단」, 「계사」, 「상」, 「설괘」, 「문언」을 서술하였으며 『역』을 읽었을 때 죽간을 묶고 있던 가죽끈이 세 번 끊어졌을 정도였다.[51]
>
> ─『사기』「공자세가」

물론 공자의 어록을 모아서 만든 『논어』「술이述而」 편을 넘기다 보면, 공자가 『역』을 읽었다는 사실[52]을 확인할 수 있다. 그렇지만 이것이 사마천의 말대로 공자가 『역전』이란 저술을 실제로 지었다는 주장을 정당화할 수는 없는 법이다. 송나라(960~1279)의 구양수歐陽脩(1007~1072)가 공자가 『역』을 읽은 것은 사실이지만 그가 『역전』의 저자라는 주장에는 반대했던 것도 이런 이유에서다.[53] 『역전』 저자의 진위 문제를 나름대로 해결하는 유일한 방법은 『역전』에 전개된 사유와 『논어』에서 드러나는 공자의 사유를 비교하는 것이다. 먼저 『역전』을 넘겨보도록 하자.

> 『역』은 천지天地에 부합하기 때문에 천지의 도道를 포괄할 수 있다. 하늘을 우러러 천문天文을, 땅을 굽어보고 지리地理를 관찰했기 때문에 보이지 않는 것과 보이는 것의 이유를 알 수 있는 것이다. 시작을 따져 헤

아려 그 끝을 되돌아보기 때문에 죽음과 삶에 대한 설명을 알 수 있는 것이다. 정기精氣가 모여서 사물이 되고 떠돌아 흩어지면 변하기 때문에, 귀신鬼神의 실상을 알 수 있는 것이다.54)

— 『역전』 「계사·상」

『역전』의 저자에 따르면 『역경』은 천지, 그러니까 전체 세계의 원리를 포괄하기 때문에, 당연히 하늘과 땅 사이에서 삶을 영위하고 있는 인간을 포함한 모든 사물들의 원리도 장악하고 있는 신비한 책이라고 할 수 있다. 더군다나 『역경』은 죽음과 삶에 대한 것, 나아가 귀신의 모습까지도 설명해주는 책이다. 방금 읽은 구절을 보면 우리는 『역전』의 저자가 기氣의 형이상학을 전개하고 있다는 사실을 확인할 수 있다. "정기가 모여서 사물이 되고 떠돌아 흩어지면 변한다"라는 구절이 바로 그것이다. 기가 모이면 사물이 우리 눈에 보이게 되고, 기가 흩어지면 사물은 우리 눈에 보이지 않지만 정기, 즉 미묘한 기는 소멸하지 않는다는 것이다. 물론 이것은 눈에 보이지 않는 귀신의 존재를 설명하기 위해 채택된 주장이라고 할 수 있다. 그렇다면 과연 공자는 『역전』의 저자처럼 전체 세계의 원리, 보이지 않는 세계, 혹은 귀신의 세계에 대한 관심을 피력하고 있을까? 만약 그랬다면 공자가 『역전』의 저자라고 해도 크게 잘못이 없을 것이다. 그렇지만 놀랍게도 『논어』를 넘기다 보면, 『역전』의 저자와는 전혀 다른 공자의 면모를 확인하게 된다.

자공이 말했다.

"선생님의 문장은 들을 수 있었으나, 본성과 천도에 관한 선생님의 말씀은 들어볼 수가 없었다."[55]

― 『논어』「공야장」

계로가 귀신 섬기는 일에 대해 물었다.
공자가 대답했다.
"사람도 제대로 섬기지 못하는데 어찌 귀신을 섬길 수 있겠느냐?"
"감히 죽음에 대해 묻겠습니다." "삶도 잘 알지 못하는데 어찌 죽음을 알겠느냐?"[56]

― 『논어』「선진」

공자는 본성[性]이나 천도天道와 같은 형이상학적 이야기, 즉 보이지 않는 것들에 대한 논의를 제자들에게 거의 하지 않았던 것으로 보인다. 이것은 그의 관심사가 삶의 세계, 다시 말해 윤리와 정치의 세계에 주로 있었다는 것을 말해준다. 『역전』의 저자가 『역경』을 통해 "귀신의 실정"을 알 수 있다고 단언하는 것과는 달리, 공자는 죽음과 귀신에 대해 판단을 유보하고 있다. 아니 유보하는 정도가 아니라, 공자는 귀신과 죽음에 대한 관심이 사람과 삶의 문제에 대한 관심을 회피하는 계기가 될 것을 우려하고 있을 정도였다. 그렇기 때문에 그는 자신의 제자에게 "삶도 잘 알지 못하는데, 어찌 죽음을 알겠느냐?" 하고 역정을 냈던 것이다. 이런 공자가 『역전』을 저술했을 것이라고는 생각할 수 없다. 결국 우리는 사마천이 아니라 구양수의 손을 들어주어야 할 것으로 보인다.

『역경』은 언제, 누가 만들었을까?

『역전』은 공자가 만든 것으로 보기 힘들다. 그렇다면 『역경』은 언제, 누가 만들었을까? 『역전』에 따르면 64괘를 구성하는 기본 요소인 팔괘八卦는 오제 이전의 전설적인 임금 복희伏羲, 즉 포희씨包犧氏가 만들었다고 한다.[57] 64괘는 바로 이 팔괘를 겹쳐서, 그러니까 8×8의 조합으로 만든 것이다. 당연히 64괘를 해석할 때, 그것의 구성 요소인 팔괘의 의미가 결정적인 역할을 한다. 팔괘는 '하늘[天]'을 상징하는 건괘乾卦(☰), '땅[地]'을 상징하는 곤괘坤卦(☷), '우뢰[雷]'를 상징하는 진괘震卦(☳), '바람[風]'을 상징하는 손괘巽卦(☴), '물[水]'을 상징하는 '감괘坎卦(☵)', '불[火]'을 상징하는 이괘離卦(☲), '산[山]'을 상징하는 간괘艮卦(☶), 그리고 마지막으로 '연못[澤]'을 상징하는 태괘兌卦(☱), 이 여덟 가지 괘를 말한다. 『역전』의 「설괘」는 팔괘가 상징할 수 있는 것을 다양하게 언급하고 있다. 이 점에서 「설괘」는 팔괘의 상징에 대한 해독 매뉴얼이라고 할 수 있겠다.

> 건괘는 '강건함'을, 곤괘는 '순종함'을, 진괘는 '움직임'을, 손괘는 '들어 감'을, 감괘는 '빠짐'을, 이괘는 '걸림'을, 간괘는 '그침'을, 태괘는 '기쁨' 을 상징한다. (또한) 건괘는 '말'을, 곤괘는 '소'를, 진괘는 '용'을, 손괘는 '닭'을, 감괘는 '돼지'를, 이괘는 '꿩'을, 간괘는 '개'를, 태괘는 '양'을 상 징한다. (그리고) 건괘는 '머리'를, 곤괘는 '배'를, 진괘는 '발'을, 손괘는 '넓적다리'를, 감괘는 '귀'를, 이괘는 '눈'을, 간괘는 '손'을, 태괘는 '입'을 상징한다.[58]
>
> ─『역전』「설괘」

방금 읽은 것만이 팔괘의 상징은 아니다. 「설괘」에는 장황할 정도로 복잡하게 팔괘가 상징하는 것이 나열되어 있다. 그중 대표적인 것만을 모아도 다음 쪽의 표를 만들 수 있다. 어쨌든 「설괘」라는 상징 해독 매뉴얼이 중요한 이유는, 점을 쳐서 64괘 중 한 괘가 나왔을 때 「설괘」의 상징 매뉴얼이 이 괘의 괘사卦辭가 가진 의미를 해독하는데 결정적인 실마리를 제공하기 때문이다. 예를 들어 점을 쳐서 혁괘革卦, 즉 '䷰'가 나왔다고 하자. 혁괘는 위의 괘로는 태괘兌卦(☱)를, 아래의 괘로는 이괘離卦(☲)를 가지고 있다. 그렇다면 혁괘의 괘사가 가진 의미는 '기쁨/걸림', '연못/불', '입/눈', '양/꿩', '막내딸/중간딸'이란 의미 쌍으로 결정될 수 있다. 물론 어느 의미 쌍이 결정적인지, 혹은 각각의 의미 쌍을 어떻게 해석하는지는 점치는 사람의 지위나

팔괘의 다양한 상징적 의미

팔괘	속성[卦德]	자연[卦象]	동물	신체	인간 사회
건 ☰	강건함	하늘	말	머리	임금·아버지
곤 ☷	순종함	땅	소	배	어머니
진 ☳	움직임	우뢰	용	발	맏아들
손 ☴	들어감	나무·바람	닭	넓적다리	맏딸
감 ☵	빠짐	물	돼지	귀	도적
이 ☲	걸림	불	꿩	눈	중간딸
간 ☶	그침	산	개	손	내시
태 ☱	기쁨	연못	양	입	막내딸·첩

상황에 따라서 가변적일 수밖에 없을 것이다. 혁괘는 기본적으로 혁명革命을 의미하는 괘로 독해될 수도 있다. 연못 밑에 불이 있다면, 연못은 부글부글 끓을 수밖에 없는 형국이기 때문이다. 아니면 혁괘는 혼란과 소란을 상징하는 괘로 독해될 수도 있다. 맏딸이 없음에도 불구하고 중간딸과 막내딸만이 있어서, 딸들 사이에 질서가 없을 수 있기 때문이다. 또는 비정상적인 판단이나 행동을 상징하는 괘로 독해될 수도 있다. 눈은 입 위에 있어야 하는데, 지금은 눈 위에 입이 있으니 스스로 본 것을 믿지 않고 자신의 의견을 피력하고 있는 형국이기 때문이다.

그런데 팔괘의 저자에 대한 『역전』의 설명을 순진하게 믿을 수만은 없다. 팔괘를 만들었다는 복희 자체가 오제 이전에 살았던 전설적 인물이기 때문이다. 그렇다면 64괘를 만들어서 『역경』을 체계화한 사람은 누구일까? 사마천은 문왕이 『역경』을 만들었다는 기록을 『사기』에 남기고 있다. 어떤 과정을 통해 문왕이 복희가 만들었다는 팔괘를 이용하여 64괘, 즉 『역경』을 만들었는지 직접 살펴보도록 하자.

숭국崇國의 제후 호虎가 서백西伯을 모함하면서 말했다.

"서백은 선과 덕을 쌓고 있어서 제후들이 모두 그를 흠모하고 있으니, 이것은 임금께 불리하게 작용할 것입니다."

그러자 주紂는 서백을 유리羑里에 유폐시켜버렸다. 굉요閎夭 등의 무리들이 이 일을 걱정하여, 유신씨有莘氏 부족의 미녀, 여융驪戎 부족의 아름다운 말, 유웅有熊 부족의 아홉 수레, 그리고 기타 진기한 물건들을 은나라에서 총애받던 신하 비중費仲을 통해 주에게 바쳤다.

주는 크게 기뻐하면서 말했다.

"이것들 중 하나만이라도 서백을 풀어주기에 충분한데, 하물며 이렇게 많은 선물에 있어서랴!"

주는 서백을 사면하고 그에게 활, 화살, 작은 도끼와 큰 도끼를 내려 정벌의 임무를 맡겼다. (…) 서백은 대략 50년간 왕의 자리에 있었다. 유리에 유폐되었을 때, 서백은 『역易』의 팔괘를 중첩시켜서 64괘를 만든 것으로 보인다. 시인들은 서백이 천명을 받아 왕으로 칭해진 해가 우虞 지역 사람들과 예芮 지역 사람들 사이의 송사를 해결한 때라고 이야기한다. 왕으로 칭해진 뒤 10년이 지나 서백이 붕어하자 시호를 문왕이라고 하였다.[59]

— 『사기』「주본기」

방금 읽은 에피소드는 은나라의 마지막 군주 주와 주나라를 건국한 최초의 군주 서백, 즉 문왕 사이에 벌어졌던 전설적인 사건을 들려주고 있다. 서백이 다른 제후들의 신망을 얻자, 숭국의 제후 호는 이것을 은나라에 대한 위협으로 받아들였다. 그리고 마침내 이 제후는 주임금에게 서백의 위험성을 경고하게 된다. 마침내 주임금은 서백을 유리라는 곳에 감금해버린다. 당연히 서백은 자신의 운명이 어떻게 될지 한 치 앞도 내다보기 힘든 상황에 빠져버린 것이다. 주임금의 가벼운 변덕으로도 서백은 자신이 하루아침에 이 세상을 떠날 수도 있다는 사실을 잘 알고 있었다. 미래는 과연 어떻게 될 것인가? 자신은 주임금에게 허무하게 죽임을 당할 것인가? 아니면 감금에서 풀려나 자신의 봉토로 돌아갈 수 있을 것인가? 사마천은 바로 이 대목에서 문왕이 복희가 만든 팔괘를 이용하여, 그것을 중첩시켜 64괘를 구성하면서 『역경』을 만들게 되었다고 이야기한다. 무척 흥미로우면서도 문학적으로 설득력 있는 추론이기는 하지만, 과연 서백, 즉 문왕이 『역경』을 만들었다는 것은 사실일까? 우리가 이런 의심을 갖는 이유는 『역경』을 최초로 해설했던 『역전』의 저자(들)도 사마천의 이런 견해에 대해 반신반의하고 있었기 때문이다.

> 『역易』이 일어난 때는 중고中古 시대인가? 『역』을 지은 사람에게는 우환이 있었던 것일까? (…) 『역』이 일어난 때는 은나라 말기, 그러니까 주나라가 새롭게 시작되던 때인가? 문왕과 주임금과 관련된 사건이 일어났던 때인가?[60)]
>
> ―『역전』「계사·하」

방금 읽은 구절은 『역전』의 저자마저도 『역경』이 만들어진 시기에 대한 다양한 설명들을 접했다는 것을 잘 보여주고 있다. 그에 따르면 『역경』의 창작 시기에 대해서는 최소한 세 가지 설명이 있었던 것으로 보인다. 첫째, 아주 오래된 중고 시대, 둘째, 주나라가 새롭게 시작되려던 은나라 말기, 마지막으로 셋째, 사마천이 이야기한 것처럼 문왕이 유리에 감금되었을 시기다.

그럼에도 불구하고 『역전』의 저자는 이 세 가지 설명 중 어느 것이 옳은지를 결정하지 못하고 있다. 왜 『역경』이 만들어진 시기에 대해 『역전』의 저자는 사마천과 같은 견해를 취하지 않았을까? 그것은 그가 사마천과는 달리 『역경』을 전문적이고 체계적으로 연구한 최초의 학자였기 때문일 것이다. 직접 『역경』을 읽어보았던 『역전』의 저자(들)는 문왕이 유리에 감금되었을 때 씌어졌다는 증거가 될 만한 구절을 『역경』 안에서 별로 찾을 수 없었을 것이다. 아마 다음 두 구절도 『역전』의 저자로 하여금 사마천의 손을 가볍게 들어주지 못하게 한 많은 구절들 중 일부일 것이다. 먼저 미제괘에 등장하는 다음 구절을 살펴보도록 하자.

> 미제䷿ 제사를 거행해야 한다. 작은 여우가 물이 마른 곳을 건너가다 꼬리를 적시는 형상이니 이로울 것이 없다. (…)
>
> 밑에서 세 번째의 음효: 물을 아직 건너지도 않은 형상이니, 정벌하려고 하면 흉하다. 커다란 내를 건너면 이로울 것이다.
>
> 밑에서 네 번째의 양효: 점이 길하기 때문에 후회하는 일은 없을 것이다. 진震은 이 괘를 얻어서 귀방을 토벌하여 3년 뒤에 대국大國으로부터 상을 받았던 적이 있다.[61]
>
> ─『역경』「미제」

미제괘의 '밑에서 네 번째의 양효[九四]'에 대한 설명에서 우리는 한 가지 흥미로운 기록을 확인하게 된다. "진은 이 괘를 얻어서 귀방을 토벌하여 3년 뒤에 대국으로부터 상을 받았다"라는 구절이다. 지금도 사방四方이란 말이 사용되고 있는 것처럼 은나라[상나라] 사람들은 자신의 통치 권역 밖의 지역을 방方이라고 불렀다. 사방에 속해 있는 다양한 부족들 중 일부분은 예를 들어 뒤에 주나라를 세우는 주족처럼 상나라의 권위에 복종하고 있었지만, 나머지 대부분의 부족들은 계속 상나라와 대립·갈등 상태에 있었다. 전쟁과 관련된 갑골문의 문구에서 계속 토방, 귀방, 강방 등이 출현하는 것도 이런 이유에서일 것이다. 사방의 부족과 전쟁을 수행할 때마다 상나라는 갑골로 전쟁의 승패를 미리 점쳤던 것이다. 이제 방금 살펴보았던 미제괘의 구절을 해석할 준비가 된 것 같다.

여기 등장하는 '귀방'이 상나라 외곽의 이민족이었다면, '대국'은 당연히 상나라를 상징하는 것이다. 관건은 여기 등장하는 진이라는 사람이 상나라 사람인지 아니면 다른 나라 사람인지를 결정하는 데 있다. 대국으로부터 상을 받았다고 한다면, 진이란 사람은 상나라 사람은 아닌 것으로 보인다. 더 나아가 점을 칠 수 있었다는 점에서 진이란 사람은 어느 부족을 이끌던 족장 정도는 되었을 것이다. 여기에 『역경』 자체가 주나라의 점서라는 점에서, 우리는 진이 상나라에 복종하고 있던 주족의 족장으로서 상나라의 명령을 받고 귀방을 토벌하는 데 공을 세운 사람이라고 추정할 수 있을 것 같다. 결론적으로 적어도 미제괘는 상나라가 패권을 차지하고 있던 시절, 그러니까 주족이 상나라에 복속되어 있던 시절의 역사를 담고 있다고 할 수 있다.

다음으로 태괘泰卦에 등장하는 다음 구절을 살펴보도록 하자.

> 태괘☷ 작은 것은 떠나고 큰 것이 오는 형상이니 길할 것이다. 제사를 지내야 한다. (…)
>
> 밑에서 다섯 번째의 음효: 제을帝乙이 딸을 시집보내어 복을 얻은 형상이니 크게 길할 것이다.
>
> 밑에서 여섯 번째 음효: 성이 구덩이로 무너져서 군대를 사용하지 말라고 읍에서 왕에게 알리는 형상이니, 이롭지 않은 점괘다.[62]
>
> ―『역경』「태」

태괘의 밑에서 다섯 번째의 음효[六五]에 대한 설명을 보면 "제을이 딸을 시집보내어 복을 얻었다"라는 구절이 등장한다. 여기 등장하는 제을은 상나라의 마지막 군주 주紂의 아버지라고 한다. 그렇다면 제을은 누구에게 자신의 딸을 시집보냈던 것일까? 『시경』에 실려 있는 「문왕지십文王之什·대명大明」편을 보면[63] 제을의 딸을 첫 번째 부인으로 맞아들였던 사람은 서백, 즉 문왕이다. 결국 태괘는 기본적으로 주임금이 등극하기 이전, 주족의 부족장으로서 활동하던 서백과 관련된 일을 기록하고 있는 셈이다. 더 나아가 태괘의 기록을 통해 상나라 말기 주족의 정치적 위상이 상당한 수준에 올라서 상나라를 위협할 정도였다는 사실도 짐작할 수 있다. 대국이었던 상나라 군주가 자신의 딸을 일종의 속국으로 시집보내게 된 것은 다 이유가 있었던 셈이다.

미제괘와 태괘만을 살펴보아도 『역경』이 상나라가 중국을 지배했던 시절부터 주족의 부족장이 매번 정치적으로나 군사적으로나 중요한 시점에 점을 쳤던 기록을 모아서 만든 것이라는 점을 확인하게 된다. 상나라가 주로 갑골로 점을 쳤다면, 주족들은 특이하게 등장하는 시초라고 불리는 뻣뻣한 나무줄기 여섯 개를 이용하여 점을 쳤다. 당연히 주족들은 하늘에서 계시받은 것으로 점괘와 그와 관련된 사건을 기록하고 있었을 것이다. 그 결과가 바로 추상적인 음양 기호로 구성된 64괘로 정리되어 「역경」으로 남게 되었던 것이다. 그래서 우리는 「역경」을 문왕이 지었다는 사마천의 주장을 거부하고, 「역경」을 만든 사람과 만들어진 시기에 대해 주저했던 「역전」 저자의 생각을 받아들여야 할 것이다. 결국 「역전」이 공자 한 사람의 손에서 나온 것이 아닌 것과 마찬가지로, 「역경」도 문왕과 같은 어느 한 사람의 노력에 의해 만들어진 것이 아니다. 또 한 가지 덤으로 우리는 다음과 같은 사실도 알게 되었다. 그것은 「역경」이 당시의 점서이기도 하지만, 동시에 상나라가 패권을 차지하고 있던 시절 주족의 눈으로 바라본 중국 고대사로서의 가치도 지니고 있다는 사실이다.

춘추시대의 『역경』 사용법

주나라가 상나라의 뒤를 이어 중원의 패권을 차지했다는 것은 결국 하늘의 뜻을 아는 방법으로 갑골로 점치는 방법의 유효성이 부정되고 시초로 점치는 방법이 힘을 받게 되었다는 것을 의미하기도 한다. 흔히 갑골로 점치는 상나라의 점술이 '복卜'이라고 불린다면, 시초로 점치는 주나라의 점술은 '서筮'라고 불린다. 물론 그렇다고 해서 갑골로 점치는 방법이 하루아침에 사라질 수는 없었다. B.C.1700년경부터 B.C.1100년경까지 지속되었던 상나라의 정치적·문화적 권위를 초기의 주나라가 완전히 부정한다는 것은 사실상 거의 불가능했기 때문이다. 더군다나 오랫동안 주족이 상나라에 복종하고 있었다는 사실을 생각해볼 때, 주나라에는 갑골을 이용한 피비린내 나는 상나라의 점법과 아울러 시초를 이용한 평화로운 주나라 특유의 점법이

병존하고 있었을 것이다. 이런 정황은 『상서』,⁶⁴⁾ 혹은 『서경』「주서·홍범」 편에 등장하는 다음 구절에 잘 드러나 있다.

> 계의稽疑는 거북점[卜]과 시초점[筮]을 치는 사람을 선발하여 거북점과 시초점을 명령하면서 묻는 것이다. '비가 올 것인가?', '비가 갤 것인가?', '안개가 낄 것인가?', '날이 밝겠는가?', '흐렸다 맑았다 하겠는가?', '정貞인 괘인가?', '회悔인 괘인가?' 이 일곱 가지에서 거북점은 다섯 가지이고 시초점은 두 가지이니 잘못된 것을 헤아려 아는 것이다.⁶⁵⁾
>
> ─ 『상서』「주서·홍범」

방금 읽은 구절은 문왕의 아들 희발姬發, 즉 무왕과 기자箕子라는 현인 사이의 대화에 등장하는 한 대목이다. 무왕이 기자에게 정치에 대한 자문을 하자, 기자가 정치의 요체로 제시한 것이 바로 홍범구주洪範九疇, 즉 세상을 다스리는 아홉 가지 요체였다.⁶⁶⁾ 계의란 '의심나는 것[疑]을 점쳐서 헤아려본다[稽]'는 의미로서 홍범구주 중 일곱 번째 법에 해당한다. 계의에는 구체적으로 점치는 방법에 대해 언급하고 있는 흥미로운 대목이 들어 있다. 그것은 거북점과 시초점을 동시에 점치는 방법으로 언급하고 있는 부분이다. 복卜은 '비가 올 것인가?', '비가 갤 것인가?', '안개가 낄 것인가?', '날이 밝겠는가?', '흐렸다 맑았다 하겠는가?' 등 다섯 가지 상황에 대해 하늘에 물어보는 것이다. 반면 서筮는 '어느 괘가 정인 괘인가?', '어느 것이 회인 괘인가?' 여부가 중요한 점치는 방법이다. 이것은 결국 시초점, 즉 『역경』으로 점을 칠 때 우선적으로 결정해야 할 것은 점을 쳐서 얻은 점괘에서 정인 괘와 그렇지 않고 회인 괘를 구분하는 일이라는 점을 말해주는 것이다.

주나라 초기에는 거북점과 시초점이 동일한 비중으로 시행되었던 것 같지만, 주나라의 지배가 지속될수록 상나라 문화에서 유래한 거북점은 사라지고 시초점이 유력한 점치는 방법으로 정착했을 것이다. 시초점의 압도적 지위는 춘추시대에 들어와서도 거의 변하지 않았던 것으로 보인다. 비록 주나라의 권위가 땅에 떨어졌다고 할지라도, 제후국들은 주나라로부터 제후로 봉해지면서 출발한 국가였기 때문이다. 어쩌면 정치적으로나 문화적으로나 주나라의 영향을 강하게 받을 수밖에 없었던 제후국들이 주나라 왕실에서 실시하던 시초점을 유력한 점치는 방법으로 채택하는 것은 당연한 일이라고도 할 수 있다. 여기서는 구체적으로 춘추시대에 『역경』 점을 쳤던 사례를 확인해보도록 하자. 이를 통해 『역경』이 어떻게 사용되었는지, 정괘貞卦와 회괘悔卦가 무엇인지, 나아가 고대 중국인들에게 어떤 의미를 지니고 있었는지가 분명해질 것이다. 우선 B.C.645년의 일이었다고 『춘추좌전』에 기록되어 있는 다음 에피소드를 살펴보도록 하자.

> 진晉나라에 기근이 들었을 때 진秦나라는 곡식을 제공했지만, 진秦나라에 기근이 들었을 때 진晉나라는 곡식을 제공하지 않았다. 그래서 진秦나라 목공穆公은 진晉나라를 토벌하려고 하였다.
> 복도보卜徒父(즉 점치는 관료)가 시초점筮을 친 뒤 말했다.
> "길합니다. 황하를 건너면 진晉나라 제후는 반드시 패할 겁니다."
> 목공이 괘의 내용을 묻자, 복도보는 말했다.

"괘는 매우 길하다고 알려주었습니다. 우리 군대가 진晉나라의 군대를 세 번 크게 격파한 뒤, 반드시 진나라 제후를 포로로 잡을 겁니다. 이 점괘는 고괘蠱卦 ䷑입니다. 고괘는 '천승의 나라가 세 번 싸움에서 이기니, 세 번 싸움에서 이긴 뒤 웅호雄狐(즉 수여우)를 잡는다'는 뜻을 가지고 있습니다. 무릇 호狐는 고蠱와 같으니, 진晉나라 제후를 의미하는 것입니다. 고괘의 정貞은 풍風(즉, 진秦나라)을 상징하고 고괘의 회悔는 산山(즉, 진晉나라)을 상징하는 것입니다. 지금 절기는 가을이고 우리는 그 열매를 떨어뜨리고 그 재목을 얻는 셈이어서, 이길 수 있는 겁니다. 나무 열매가 떨어지고 그 재목은 베어지니 진晉나라는 패하는 것을 제외하고 무엇을 기다리겠습니까?"[67]

― 『춘추좌전』「희공15」

    진晉나라와 진秦나라는 위험할 때 서로 돕는 상호부조의 맹약을 맺고 있었던 것으로 보인다. 그래서 진晉나라에 기근이 들었을 때 진秦나라는 곡식을 풀어서 도왔던 것이다. 그러나 진秦나라에 기근이 들었을 때 진晉나라가 돕지 않자, 진秦나라 군주 목공은 화가 나서 진晉나라를 공격하려고 하였다. 물론 전쟁의 승패는 누구도 예측할 수 없는 법이다. 그래서 진秦나라 군주는 점관에게 시초점, 즉 『역경』점을 치도록 하였다. 만약 불리한 괘가 나온다면 구태여 전쟁을 도모할 필요가 없을 것이다. 다행히도 점괘는 진秦나라에게 유리한 것으로 나왔다. 점관이 얻은 점괘는 고괘였다. 점관은 고괘를 "천승의 나라가 세 번 싸움에서 이기니, 세 번 싸움에서 이긴 뒤 웅호를 잡는다"는 의미로 해석하고 있다. 잊지 말아야 할 것은 지금 우리가 읽고 있는

『역경』의 고괘에는 이런 해석이 어디에도 보이지 않는다는 점이다. 이것은 당시의 『역경』이 지금 우리가 읽고 있는 것과는 상당히 차이가 있을 수도 있다는 것을 말해주는 사례라고 할 수 있다.

어쨌든 점관은 고괘를 위에 있는 괘와 밑에 있는 괘로 나누어서 고괘에 대한 자신의 해설을 정당화하려 노력하고 있다. 고괘(䷑)는 '산'을 상징하는 간괘(☶)가 위에 있고 '바람'을 상징하는 손괘(☴)가 아래에 있는 형상으로 구성되어 있다. 이어서 점관은 고괘에서 밑에 있는 손괘를 정인 괘라고 하고, 반면 위에 있는 간괘를 회인 괘라고 규정하며 진秦나라의 승리를 예언하고 있다. 점관의 해석에 따르면 밑에 있는 손괘가 점을 쳤던 진秦나라를, 그리고 위에 있는 간괘가 적대국인 진晉나라를 상징한다. 산 밑에 바람이 강하게 불면 어떻게 될까? 바람은 나무에 매달려 있는 열매들을 떨어지게 할 것이다. 이런 이유로 점관은 산 밑에 부는 강한 바람, 즉 진秦나라는 전쟁을 통해서 산에서 자라고 있는 나무와 같은 진晉나라로부터 많은 것들을 취할 수 있다고 말한다.

방금 읽은 에피소드에 등장한 『역경』 점에서 고괘를 구성하는 여섯 가지 효에 대한 분석은 이루어지지 않았다. 단지 고괘를 구성하는 간괘와 손괘가 함축하는 상징적 의미를 통해서 시초에서 얻은 점괘의 의미를 해석하고 있을 뿐이다. 그러나 이것이 『역경』을 통해 점치는 유일한 방법은 아니었다. 『춘추좌전』을 넘겨보면 전혀 다른 식으로 점괘를 해석하는 에피소드도 있다. 다음 에피소드는 남괴南蒯라는 사람이 계손씨季孫氏를 배반하려고 할 때 배반의 성공 여부를 점쳤다는 B.C.530년의 일을 이야기하고 있다.

남괴가 계손씨를 배반하려고 할 때, 그의 동향 사람이 이 사실을 알고 남괴의 집을 지나면서 탄식하며 말했다.

"안타깝구나! 슬프구나! 걱정스럽구나! 깊이 생각한 것 같지만 생각한 것이 천박하고, 자신을 돌보지 않고 뜻만은 원대하게 갖고 있으며, 가신이면서 군주의 일을 도모하니, 이런 사람이 있겠는가!"

이 소리를 듣고 남괴는 은밀하게 시초점을 친 뒤 곤괘☷가 비괘☶로 변하는 점괘를 얻었다. 점괘가 '황색 치마는 크게 길할 것이다'라는 의미였기 때문에, 남괴는 자신의 반란이 크게 길하다고 생각하여 이를 자복子服 혜백惠伯에게 보여주며 말했다.

"바로 일을 도모할 생각인데 어떨 것 같소?"

그러자 혜백은 말했다.

"저는 일찍이 이 괘에 대해 배운 것이 있으니, 충신忠信의 마음으로 도모하는 일은 괜찮지만, 그렇지 않다면 반드시 패한다는 것입니다. 밖으로 강하고 안으로 온화한 것이 충忠이고, 부드러운 태도로 점을 따르는 것이 신信이기 때문에, '황색 치마는 크게 길할 것이다[黃裳元吉]'라고 한 것입니다. 황색[黃]은 가운데[中]의 색깔이고, 치마[裳]는 아래를 치장하는 것이며, 원元은 선함의 으뜸입니다. 가운데, 즉 마음이 충하지 않다면 황색에 부합하지 않을 것이고, 아래에 있는 자가 공손하지 않다면 치장에 부합하지 않을 것이며, 일이 선하지 않다면 최종 결과를 얻지 못할 것입니다. 바깥과 안이 조화를 이루어야 충이고, 신으로 일을 해야 공손함[共]이며, 충, 신, 그리고 공손함이란 세 가지 덕을 배양해야 선할 수 있는 법입니다. 이 세 가지 덕이 없다면 괘사의 길조를 감당할 수가 없을 겁니다. 무릇 『역』으로는 위태로운 일을 점쳐서는 안 되는 법이니, 장차

무엇을 도모하려고 하시는 겁니까?" [68]

— 『춘추좌전』「소공12」

상급 귀족이었던 계손씨를 배반하는 것은 위험천만한 일일 수밖에 없다. 그래서 남괴는 시초점을 치게 하였는데, 점괘는 처음에는 곤괘가, 다음에는 비괘가 나왔다. 남괴가 얻은 점괘 중 첫 번째 곤괘가 정인 괘가 된다면, 두 번째로 얻은 비괘가 회인 괘가 된다. 그렇다면 이 경우 어떤 식으로 점괘를 해석할 수 있을까? '목공의 에피소드'에서는 점괘를 해석하는 데 고괘를 구성하는 여섯 가지 효는 아무런 역할도 하지 않았던 것과는 달리 방금 읽어본 '남괴의 에피소드'에서는 오히려 효가 결정적인 역할을 수행하는 것을 알 수 있다. 점괘를 해석하는 관건은 곤괘를 상징하는 '䷁'라는 기호가 비괘를 상징하는 '䷖'라는 기호로 변했다는 데 있다. 그렇다면 결정적으로 변한 부분은 무엇인가? 그것은 곤괘 중 밑에서 다섯 번째 음효[六五]가 비괘에서는 양효로 바뀐 부분이다. 그래서 남괴가 얻은 점괘를 해석하는 데 있어 곤괘 중 밑에서 다섯 번째 음효에 해당하는 의미가 가장 중요하다고 하겠다.

지금도 우리가 읽고 있는 『역경』을 넘겨보면, 곤괘 중 밑에서 다섯 번째에 있는 음효에 대해 '황색 치마는 크게 길할 것이다'라는 해설이 실려 있다. 결국 남괴가 얻은 최종적인 점괘는 곤괘나 비괘가 아니라 바로 이 곤괘의 다섯 번째 음효였던 것이다. 황색이란 높은 지위를 상징하는 것이기에 당연히 남괴는 자신의 반란이 성공하리라 확신하게 된다. 기세등등하게 된 남괴는 자신의 점괘를 혜백이란 사람에게 보여주었다. 그렇지만 혜백은 반란이 성공할 수 없을 것이라고 말하면서 남괴의 기대에 찬물을 끼얹어버리고 만다. 물론 혜백도 남괴가 얻은 점괘가 길하다는 것에는 동의하고 있다. 그렇지만 점괘를 받은 사람이 점괘를 감당할 만한 수준에 있지 않다면 크게 길하다는 점괘도 아무런 소용이 없다는 것이 혜백의 근본적인 생각이었다. 혜백의 진단이 옳다면 남괴가 얻은 크게 길하다는 점괘는 사실 남괴의 수명을 재촉하는 불길한 점괘일 수도 있을 것이다. 점괘만을 어설프게 믿고 반란을 일으켰다가 실패하여 비참하게 생을 마칠 수도 있기 때문이다.

점의 숨겨진 논리

상나라가 패권을 차지하고 있을 때 정인은 거북점을 친 뒤에 점에 관한 일, 즉 복사卜事를 기록하였다. 어쩌면 이것은 당연한 수순이었는지도 모른다. 점을 치는 데 사용했던 소뼈나 거북의 뱃가죽 껍질을 소중하게 보관하면서, 정인들은 거기에 다음과 같은 사항들을 기록하였다. 첫째, 점을 치게 했던 왕의 관심사는 무엇이었는가? 둘째, 상제는 소뼈나 거북의 뱃가죽 껍질의 균열로 어떤 대답을 내렸는가? 셋째, 실제로 어떤 일들이 발생했는가? 이런 식으로 점치던 관료인 정인은 계속 복사와 관련된 데이터를 축적했다. 그래서 그렇게도 방대한 갑골문자가 우리에게 남겨지게 된 것이다. 결국 상나라 시대에 정인은 점치는 사람이자 동시에 역사가의 역할도 수행했던 것이다. 이 점에서 역사가를 의미하는 사史가 원래 정인貞人을 의미하기도 했던 것도 우연은 아닐 것이다.

『역경』과 밀접한 관련이 있는 시초점도 거북점과 동일한 과정을 반복했던 것으로 보인다. 이 점에서 우리는 『주례』라는 고대 문헌에 등장하는 복서ト筮에 대한 다음 기록에 주목할 필요가 있다.

> 무릇 거북점과 시초점이 이미 끝났을 때 점칠 때 사용했던 거북 뱃가죽과 시초라는 나뭇가지에 점과 관련된 일을 기록한 비단을 붙여두었다가 하늘의 명령을 분류한다. 한 해가 끝날 때쯤 점의 결과가 맞았는지 틀렸는지를 분석한다.[69]
>
> ──『주례』「춘관·종백」

방금 읽은 구절을 통해 마침내 『역경』의 계보학과 동시에 구성 원리를 통찰할 수 있게 된다. 앞에서 살펴본 것처럼 『역경』의 내용에는 상나라 때 만들어진 것도 있고, 상나라와 주나라 교체기에 만들어진 것도 있다. 『역경』은 갑골문자와 마찬가지로 단순히 점치는 책만이 아니라 동시에 역사서이기도 하였기 때문이다. 시초점을 친 뒤 고괘를 상징하는 여섯 효, 즉 '䷑'를 얻었다고 하자. 지금 『역경』을 보면 고괘에 대한 괘사는 "크게 제사를 지내야 한다. 갑일甲日의 3일 전이나 갑일의 3일 뒤에 큰 내를 건너면 이로울 것이다"[70]라고 되어 있다. 이것은 분명 상나라가 패권을 차지하고 있을 때 주족의 어느 부족장이나 주나라의 어느 왕이 패권을 좌우하는 전쟁을 앞두고 점을 쳤던 일과 관련된 에피소드일 것이다.

전쟁에 참여하기 전에 부족장이나 왕은 점괘에 따라 큰 제사를 지내고 갑일이란 특정한 날이 되기 3일 전에 강을 건너서 적을 공격했고, 갑일이란 날의 3일 뒤에 더 이상 공격하지 않고 강을 다시 건너서 회군을 했을 것이다. 그러니까 당시의 부족장이나 왕은 6일 동안 적을 공격했던 셈이다. 고괘의 괘사가 아직도 남아 있는 이유는 무엇일까? 그것은 이 시초점이 신비할 정도로 적중했기 때문일 것이다. 분명 이것은 부족이나 국가의 사활을 건 전쟁에서 주족이나 주나라가 예상을 뛰어넘는 놀라운 승리를 거두었다는 증거이기도 할 것이다. 당연히 당시 사람들은 이런 승리에 대해 점괘를 통해 확인된 초월적인 힘이 개입했다고 믿었을 것이다.

한 가지 검토해야 할 사항이 있다. 이미 우리는 방금 살펴본 것과는 다른 고괘의 괘사를 접한 적이 있다. 바로 '목공의 에피소드'에 등장하는 고괘의 괘사다. 목공이 시초점을 쳤을 때 참고했던 고괘의 괘사는 "천승의 나라가 세 번 싸움에서 이기니, 세 번 싸움에서 이긴 뒤 수여우를 잡는다"는 것이다. 이것은 무엇을 의미하는가? 주족이나 주나라가 전쟁을 수행하기 전에 점을 쳐서 고괘를 얻었을 때, 최소한 두 가지 중요한 결과가 현실에서 일어났다는 것을 의미한다. 한 번의 결과가 크게 제사를 지내고 6일 동안만 강을 건너 적을 공격해서 성공했던 사건이었다면, 다른 한 번은 세 번 전투를 벌이고 마침내 적장을 사로잡았던 사건이었을 것이다. 이것을 『역경』의 계보학으로 이해해보자. 먼저 고괘 괘사 두 가지 중 전자를 '사건 A'로, 후자를 '사건 B'로 명명하자. 지금 『역경』의 내용을 보면 '사건 B'와 관련된 괘사가 아니라 '사건 A'와 관련된 괘사만이 남아 있다. 아마도 '사건 B'보다는 '사건 A'가 뒤에 일어났을 것이다. 점과 관련해 가장 최근에 적중한 결과가 새롭게 『역경』에 추가되는 순간, 과거에 적중한 사건에 대한 기억의 망각은 어쩌면 당연한 수순일 테니까 말이다.

『역경』의 계보학을 명확히 하는 것은 간단한 사고실험 하나만으로도 충분하다. 예를 들어 1부터 6까지의 눈이 새겨져 있는 주사위가 하나 있다고 하자. 오늘은 재훈이라는 청년이 이성과 첫 데이트를 하는 날이다. 만나는 장소는 집에서 서쪽에 있는 홍대입구 전철역 부근에 있는 지하 카페다. 목욕을 해 정갈해진 몸으로 그는 아주 정성스럽게 주사위를 던진다. 주사위의 눈이 3이 나왔다. 3은 무엇인가 완전하고 완벽한 숫자라고 믿으면서 그는 오늘 만날 이성이 무척 매혹적인 사람일 것이라고 추정한다. 약속 장소에서 상대를 보았을 때 그는 영원히 놓치기 싫은 너무나 아름다운 사람을 만나서 꿈같은 데이트를 즐긴다. 집으로 들어온 그는 3이라는 숫자에 "서쪽으로 가고 어두운 곳에 들어가면 길하다"라고 기록한다. 이런 식으로 재훈은 주사위로 미래를 예측하고 그 결과를 주사위의 눈마다 기록해두었다.

응천이란 후배는 선배 재훈의 신적인 능력을 믿고 그가 만든 주사위 점 매뉴얼을 신봉하게 되었다. 응천에게 재훈이 남겨준 주사위 점 매뉴얼은 일부 현대인들에게 『역경』이 가지는 권위에 필적할 만한 것이었기 때문이다. 어느 날 응천에게도 맞선 제안이 들어왔고, 마침내 맞선을 보러 가는 날이 되었다. 그는 선배 재훈에게 들은 대로 정갈하게 몸을 씻고 정성스럽게 주사위를 공중에 던졌다. 다행히도 주사위는 3의 눈을 가리키고 있었다. 응천은 3의 눈에는 "서쪽으로 가고 어두운 곳에 들어가면 길하다"는 의미가 있음을 되새긴다. 그리고 맞선 장소가 집에서 서쪽 방향에 있다는 것을 떠올리며 하늘이 내려주신 기회가 왔다고 확신했다. 더군다나 만나기로 한 카페도 지하였기 때문에 응천의 설렘은 더 강해진다.

그러나 지하 카페에 들어서는 순간 응천의 기대와 설렘은 여지없이 무너지고 만다. 그곳에서 만난 사람은 그가 지금까지 본 이성 중 최악이었기 때문이다. 형식적인 말을 건넨 뒤 서둘러 카페를 빠져나온 응천은 과연 재훈으로부터 넘겨받은 주사위 눈으로 점치는 방법을 의심하게 되었을까? 결코 그렇지 않을 것이다. '남괴의 에피소드'에서 혜백이 말했던 것처럼, 응천은 3의 눈이 상징하는 것이 잘못된 것이 아니라 자신이 3의 눈을 감당할 만한 준비가 되지 않았다고 위로할 것이다. 주사위 점과 관련된 에피소드가 중요한 이유는 이것이 『역경』의 계보학과 아울러 점이 신성시될 때 나타나는 인간의 기만적인 심리 메커니즘을 잘 보여주기 때문이다.

우리는 이미 주족 시절로부터 주나라에 이르기까지 수많은 익명의 점관들이 수많은 점 데이터를 모아 정리하면서 『역경』이 만들어졌다는 사실을 알고 있다. 이 점에서 문왕이 『역경』을, 그리고 공자가 『역전』을 지었다는 사마천의 주장이 어떤 이유에서 발생했는지 이해가 된다. 문왕과 공자는 유학을 제국 이데올로기로 수용했던 한 제국에서 절대적 권위를 부여받았던 사람들이다. 그래서 문왕과 공자는 『주역』이란 점서를 신성시하기에는 더없이 좋은 인물들이었다고 하겠다. 점서는 신성시되었을 때에만 점서로서 기능할 수 있는 법이다. 예를 들어 응천이 자신의 선배 재훈이 하늘의 뜻을 읽을 수 있는 신비한 능력이 있다는 사실을 믿지 않았다고 해보자. 재훈이 만든 주사위 점 매뉴얼이 맞선을 예측하지 못하자마자, 응천은 매뉴얼을 땅바

닥에 던져버렸을 것이다. 결국 재훈의 매뉴얼이 위대했던 것이 아니라 응천이 그것을 위대하다고 보았다는 사실이 중요한 것처럼, 『역경』이 신성한 책인 것이 아니라 후대 사람들이 신성하다고 보았기 때문에 신성하다는 착시 효과를 발휘할 수 있었던 것이다.

사마천과는 달리 『역전』의 저자들은 『역경』의 저자 문제에 대해서는 조심스러웠다. 『역경』을 꼼꼼하게 읽은 그들로서는 문왕이 지었다는 주장에 쉽게 동조할 수 없었기 때문이다. 그래서 그들은 사마천과는 다른 식으로 『역경』에 대한 신성화 작업을 수행한다. 그들이 선택한 방법은 고도의 추상화된 논리를 『역경』에 부여하는 것이었다. 이런 신성화 전략이 정점에 이른 것이 바로 『역전』에 실려 있는 「계사」 편이라고 할 수 있다. 「계사」 편이 중요한 이유는 이것이 왕필王弼(226~249)과 주희 같은 후대 중국의 형이상학자들이나 그레이엄A. C. Graham(1919~1991) 같은 현대 중국철학 연구자들로 하여금 동양적 형이상학의 가능성을 사유하도록 만들었기 때문이다. 먼저 인구에 회자되는 가장 중요한 「계사」 편의 구절을 읽어보도록 하자.

> 한 번은 음으로 한 번은 양으로 변하는 것을 도道라고 이야기한다. 이것을 잇는 것이 선善이다. (…) 모든 사람들이 매일 이것을 사용하고 있지만 그 사실을 알지 못하기 때문에 군자의 도는 희귀한 것이다.[71]
>
> ─『역전』, 「계사·상」

특히 "한 번은 음으로 한 번은 양으로 변하는 것을 도라고 이야기한다[一陰一陽之謂道]"라는 구절은 후대의 모든 사람들로 하여금 형이상학적 사변의 세계로 몰입하게 만들었다. 이 구절을 해석하면서 주희는 "'한 번은 음으로 한 번은 양으로 변하는 것을 도라고 이야기한다'라는 구절에서, 음양은 기氣이지 도道는 아니다. 음양이 되는 이유가 바로 도다"[72]라고 주장한다. 다시 말해 도는 음양이 음양일 수 있는 존재 근거이기 때문에 음양, 즉 기와는 존재론적으로 다른 것일 수밖에 없다는 것이다. 그가 도道를 태극太極이나 이理로 불렀다는 것을 감안하면, 우리는 그가 「계사·상」편을 통해 성리학 특유의 이기론理氣論을 정당화하고 있다는 것을 어렵지 않게 알 수 있다. 나아가 그레이엄이란 탁월한 중국철학 연구자 이후 "한 번은 음으로 한 번은 양으로 변하는 것을 도라고 이야기한다"라는 구절은 새롭게 조망받게 된다. 그것은 이 구절이 중국적 사유의 가장 중요한 두 가지 특징인 '상관적 사유correlative thinking'와 '전체론적 사유holistic thinking'를 전형적으로 보여준다고 이해되었기 때문이다.[73] 전통적으로 서양 사람들은 주로 동일성identity에 입각해서 세계와 인간을 사유했다. 그래서 그레이엄을 포함한 서양 연구자들의 눈에는 음과 양을 분리 불가능한 요소로 사유하고 동시에 이런 상관적인 요소들을 도라는 개념으로 전체론적으로 포괄하고 있는 중국 사유가 매우 매력적으로 보였던 것으로 보인다.

「계사」편을 만든 저자는 '이기理氣'에 대한 주희의 사유나 '상관적 사유'에 대한 그레이엄의 주장을 어떻게 생각할까? 잊지 말아야 할 것은 그가 기본적으로 점서였던 『역경』에 보편적인 논리를 제공하는 데 관심을 가지고 있었다는 점이다. 그렇다면 "한 번은 음으로 한 번은 양으로 변하는 것을 도라고 이야기한다"고 하면서 「계사」편 저자가 의도했던 것은 무엇일까? 그가 생각하고 있던 것은 양효와 음효의 배열로 구별되는 『역경』의 64괘가 각각 미래에 대한 특정한 행위 준칙, 즉 도道를 함축하고 있다는 점이다. 그래서 「계사」 편 저자는 점을 쳤을 때 64괘 각각이 전해주는 괘사나 효사가 의미하는, 혹은 명령하고 있는 것을 잇는다면 인간은 후회 없는 행동을 할 수 있다고 생각했다. 그가 "이것을 잇는 것이 선善이다"라고 말했던 것도 이런 이유에서다. 마지막으로 그는 일반 사람들이 하늘의 신비한 의지에 의해 규정되어 삶을 영위하지만, 오직 군자만은 그것을 알고 있다는 사족을 붙이고 있다. 물론 「계사」 편 저자의 이런 주장의 이면에는 『역경』이 미래를 예언할 수 있는 절대적이고 신성한 텍스트라는 생각이 전제되어 있다는 것은 말할 필요도 없겠다.

『역경』이나 『역전』이 전제하고 있는 점의 논리, 혹은 그로부터 추상화된 주희나 그레이엄의 형이상학적 사유는 어떻게 평가될 수 있는가? 이 물음에 답하기 전에 과학철학자 포퍼Karl R. Popper(1902~1994)의 이야기에 귀를 기울일 필요가 있을 것 같다.

> 나는 과학과 사이비 과학pseudo-science을 구별하고 싶었다. 그런데 나는 과학도 가끔 오류를 범하며 사이비 과학도 가끔씩은 참일 경우도 있다는 사실을 잘 알고 있다. 물론 나는 내가 씨름하고 있던 문제에 대해 가장 널리 받아들여지고 있던 답이 과학은 사이비 과학이나 혹은 형이상학으로부터 경험적 방법으로 구별될 수 있다는 사실임을 잘 알고 있었다. 이때 경험적 방법이란 관찰이나 실험으로부터 출발하는, 기본적으로 귀납적인 것을 의미했다. 하지만 나는 이 대답에 만족할 수 없었다.

오히려 나는 진정한 경험적 방법을 경험적이지 않은 방법 혹은 사이비 경험적인 방법으로부터 어떻게 구별해낼 것인지를 문제로 삼았다. 여기서 사이비 경험적인 방법이란 얼핏 보면 관찰과 실험에 호소하는 것 같지만 실제로는 과학의 기준에 도달하지 못한 방법을 말한다. 사이비 과학적 방법을 사용하는 학문으로는 천궁도나 개인사에 대한 관찰에 기반하고 있는 엄청난 양의 경험적 증거를 활용하고 있는 점성술astrology을 들 수 있겠다.[74]

— 『추측과 논박』

방금 읽은 구절은 원래 포퍼가 1953년에 케임브리지 대학교 피터하우스 칼리지에서 연설한 연설문의 도입부에 실려 있다. 자신의 관심사가 '과학'과 '사이비 과학'을 구분하는 데 있다고 밝히면서 연설을 시작하고 있다. 보통 과학은 경험적인 방법, 즉 실험과 관찰에 의존하는 학문으로 이해되고 있다. 그렇지만 사이비 과학도 나름대로 실험과 관찰에 의존하고 있지 않은가? 포퍼가 말하고 있듯이 점성술이 아마 그 대표적인 예일 것이다. 점성술은 천문학astronomy이 등장할 때까지 별의 운행과 관련하여 세계와 인간의 운명을 예측하던 학문이었다. 물론 천문학이 등장하면서, 점성술은 과학이 아니라 사이비 과학의 지위로 강등되었지만 말이다. 포퍼가 인정하는 것은 점성술이 비록 사이비 과학이기는 하지만 과학과 마찬가지로 경험적인 방법에 기초하고 있다는 점이다. 점성술은 "천궁도나 개인사에 대한 관찰에 기반하고 있는 엄청난 양의 경험적 증거를 활용하고 있기" 때문이다. 그렇다면 경험적인 관찰과 실험만으로는 과학과 사이비 과학을 구분하는 것이 어려울 수밖에 없다. 포퍼가 자신의 소임으로 생각하고 있던 것은 바로 이것이다. 그는 과학과 사이비 과학을 구분하는 기준을 제공하고 싶었던 것이다.

결론적으로 이야기하자면 포퍼가 제공한 기준이 바로 유명한 '반증 가능성反證可能性, Falsifiability'이란 원리였다. 어떤 진술이 과학적이라면, 그것은 실험이나 관찰에 의해 반증될 가능성을 가지고 있어야만 한다는 것이다. 예를 들어 "내일 비가 올 것이다"라는 진술은 과학적 진술이라고 할 수 있다. 내일 비가 온다면 확증되겠지만, 그렇지 않다면 거짓으로 판명될 수 있기 때문이다. 한마디로 말해 "내일 비가 올 것이다"라든가 "물은 100도에서 끓는다"라는 진술은 반증이 가능하기 때문에 과학적 진술이라는 것이다. 반면 앞의 주사위 점 사례에 등장하는 "주사위를 던져 3의 눈이 나오면, 이것은 서쪽으로 가고 어두운 곳에 들어가면 길하다는 의미다"라는 진술은 반증될 가능성이 별로 없는 진술이라고 할 수 있다. 점쟁이가 주사위를 던져 주사위 눈이 3이 나왔다고 하자. 그리고 그는 매뉴얼대로 서쪽 어두운 곳으로 가면 좋은 일이 있을 것이라고 예언했다. 그 말을 들은 사람이 들뜬 마음으로 서쪽 어두운 곳으로 갔는데, 별다른 좋은 일은 생기지 않았다. 그러나 점쟁이는 아무렇지도 않게 다음과 같이 말할 것이다. "만약 당신이 동쪽으로 갔다면 심각한 교통사고를 당했을 겁니다. 서쪽으로 갔기 때문에 교통사고를 당하지 않았으니, 이것보다 좋은 일이 어디에 있겠습니까?"

사실 『주역』도 포퍼가 이야기한 사이비 과학의 특징을 모두 가지고 있다. 우선 『주역』의 핵심이라고 할 수 있는 『역경』은 수백 년에 걸쳐 이루어진 경험적 데이터의 보고라고 할 수 있다. 그러나 『역경』 의 괘사나 효사의 막연한 표현은 우리로 하여금 그 진술을 검증할 수 없도록 만들고 있다. 물론 앞에서 언급했던 것처럼 괘사나 효사는 만 들어진 그 순간에는 매우 명확한 역사적 의미를 내포하고 있었다. 그 렇지만 시간이 흘러 그 역사적 문맥이 모래처럼 흩어질 때, 괘사나 효사는 이제 막연한 시적 표현, 혹은 무엇인가 진리를 담고 있는 신 비한 표현으로 변해버린다. 이런 신비화 과정을 가중한 것이 『역경』 에 대한 최초의 해설서인 『역전』이다. 『역전』은 『역경』이란 점서에 형이상학적 논리를 부여함으로써 『역경』의 권위를 거의 신적인 자리 에 올려놓는 데 일조하였기 때문이다.

5
『춘추』의 정치 세계, 신정정치로부터 세속 정치로의 전환

신적 세계로부터 거리 두기

상나라 사람들은 농사와 전쟁 같은 국운을 건 국가 대사에 앞서 거북 뱃가죽이나 짐승 뼈로 점을 쳐서 자신의 신, 즉 상제의 뜻을 알려고 했다. 이와 동일하게 주나라 사람들은 시초라고 불리는 뻣뻣한 나무줄기 여섯 개로 점을 쳐서 자기 부족 고유의 신, 즉 천天의 속내를 엿보려고 했다. 초월적인 존재의 뜻을 물어보았던 점이나 그 결과에 대한 기록이 바로 상나라의 갑골문자와 주나라 『역경』의 기원이었던 셈이다. 그래서 갑골문자나 『역경』은 종교서인 동시에 역사서로도 독해될 수 있다. 앞에서 살펴보았던 것처럼 『역경』은 춘추시대에도 여전히 그 힘을 발휘하고 있었다. 비록 주나라의 정치적 권위가 땅에 떨어졌지만, 주나라의 문화적 권위는 패권을 다투던 제후국들을 여전히 지배하고 있었던 것이다.

거듭되는 전쟁과 갈등은 춘추시대의 불안했던 삶을 상징하는 것이기도 했지만, 동시에 행위가 가져다줄 이익과 손해를 합리적으로 계산하는 사유가 발생하는 조건이기도 하였다. 이 점에서 B.C.644년에 일어났던 다음 에피소드는 종교적 세계로부터 현실적 세계로 이행하고 있던 당시 춘추시대의 내면세계를 잘 보여준다고 하겠다.

> 16년 봄 송나라 하늘에 운석이 다섯 개 떨어졌는데, 운성이었다. 여섯 마리 물새가 송나라 도성 위를 뒤로 날아갔는데, 바람 때문이었다.
> 　마침 주나라 내사內史 숙흥叔興이 송나라를 방문하고 있었는데, 송나라 양공襄公이 그에게 물었다.
> 　"이것은 무슨 징조입니까? 길흉은 어디에 있는 것일까요?"
> 　숙흥이 대답했다.
> 　"금년에 노나라에 커다란 상喪이 많을 것이고, 내년에는 제나라에 변란이 있을 것입니다. 군주께서는 제후들의 지지를 얻겠지만 오래가지는 않을 것 같습니다."
> 　숙흥이 물러나와 사람들에게 말했다.
> 　"송나라 군주는 묻지 말아야 할 것을 물었소. 이런 사건들은 단순한 음양의 일이지 길흉이 낳은 것이 아닙니다. 길흉은 사람 때문에 생기는 것이지만, 나는 송나라 군주의 마음을 거스를 수가 없어서 그렇게 말할 수밖에 없었소."[75]
>
> — 『춘추좌전』 「희공16」

B.C.644년 송나라 궁궐에는 두 사람, 즉 양공과 숙흥이 함께 있었

다. 그렇지만 두 사람의 내면세계는 공존할 수 없는 거리를 가지고 있었다. 양공은 세속적 세계가 일종의 성스러운 세계의 지배를 받고 있다고 믿었다면, 숙흥은 양공의 종교적 세계관을 거부하고 세속적 세계에서의 성패는 인간에 의해 결정된다는 확신을 가지고 있었기 때문이다. 여기서 양공이 믿고 있던 종교적 세계관은 일종의 점성술이라고 할 수 있다. 『주역』을 통해서 불확실한 미래를 예측하고 거기에 맞게 행동하려고 했던 것처럼, 고대 중국인들은 천문이 미래를 예언할 수 있다고 믿었다. 천天을 최고의 신으로 받들었던 주나라의 문화를 생각해보면, 춘추시대 사람들이 하늘의 글자, 즉 천문을 천의 명령으로 이해했던 것은 어쩌면 당연한 귀결이라고 하겠다. 천문에 대한 고대 중국인들의 관심은 고대 중국의 과학 사상을 정리한 한 제국 초기의 텍스트, 『회남자』에도 잘 반영되어 있다.

> 군주의 실정實情은 위로 하늘[天]에 통한다. 그러므로 군주가 잔혹하게 정치를 하면 사나운 바람이 많아지고, 군주가 법령을 잘못 시행하면 해충들이 많이 생기며, 군주가 죄 없는 사람을 죽이면 국가에 커다란 가뭄이 들고, 군주가 때에 맞게 시령時令을 실시하지 않으면 심한 비가 많아진다. 네 계절[四時]은 하늘의 관리이고 해와 달은 하늘의 사신이며, 별들은 하늘의 모임이고 무지개와 혜성은 하늘의 징조다.[76]
>
> ─『회남자』「천문훈」

방금 읽은 구절에서 우리는 하늘, 즉 천이 인간의 모든 것을 지배하는 최고 권위자라는 당시 사람들의 의식을 확인하게 된다. 이로부터 천은 천문을 통해, 혹은 자연계의 변화를 통해서 자신의 뜻을 피력한다는 당시 사람들이 가지고 있던 종교적 사유도 어렵지 않게 이해할 수 있다. 이런 문맥에서 양공과 숙흥의 대화를 살펴보도록 하자. 두 사람 사이의 대화에서 흥미로운 것은 숙흥이 천문을 읽는 데 능통하다는 점이다. 운석이 떨어지고 물새가 송나라 도성 위를 날았을 때, 숙흥은 그런 자연계의 변동을 통해 하늘이 의도했던 것을 천문 전문가로서 자세하게 풀어준다. 노나라에는 군주가 죽는 일이 생길 것이고, 제나라에는 변란이 일어날 것이며, 송나라는 제후들의 지지를 잠시 동안이나마 얻을 수 있다는 해석이 바로 그것이다. 그렇지만 숙흥은 양공과 대화를 마치자마자 양공의 어리석음을 탓한다. 운석과 물새의 이상 징후는 자연적 현상일 뿐이지, 결코 인간의 길흉과는 아무런 상관이 없다고 이야기하면서 말이다. 이것은 숙흥 본인이 자신의 천문 독해가 단지 미신에 불과하다는 것을 알고 있었다는 것을 말해준다.

그럼에도 불구하고 숙흥의 천문 독해가 적중했다는 사실은 매우 이채롭다. 같은 해, 그러니까 B.C.644년 여름 제나라에는 실제로 변란이 일어났다. 제나라가 여厲나라를 정벌하려고 했지만 실패한 사건이 벌어진 것이다.[77] 이것은 도대체 어떻게 된 일인가? 숙흥이 미신이라고 여겼던 생각이 편협한 인간의 오만에서 나온 것인가? 그렇지 않다. 제나라에 실제로 변란이 일어났던 것은 다음과 같이 해명될 수 있을 것이다. 우선 중요한 것은 송나라에서 관찰된 운석이 제나라와 여나라에서도 동일하게 관측된 현상이었다는 점이다. 이 세 나라에는 모두 천문을 읽을 수 있는, 그러니까 숙흥과 마찬가지로 천문에 능통한 사람들이 있었을 것이다. 운석이 떨어졌을 때 여나라 사람들은 자신들의 반란이 하늘의 뜻이라고 생각하며 반란을 도모했고, 제나라는 반란이 일어날 것을 예견하고 여나라를 공격했을 뿐이다. 따라서 제나라의 변란은 제나라와 여나라가 천문에 대한 공통된 이해를 가지고 있었기 때문에 가능했던 사건이라고 할 수 있다.

어쨌든 숙흥의 이야기를 통해서 우리는 춘추시대가 서서히 종교적 환각에서 깨어나 현실 세계를 직시하는 방향으로 진행하고 있다는 것을 확인하게 된다. 다시 말해, 춘추시대에 들어서면서 신의 정치[神政]가 사라지고 인간의 정치[人政]가 그 자리를 차지하게 되었다는 것이다. 물론 인간 정치의 발견은 곧 통치자와 피통치자로 구성된 위계적 정치 세계의 발견이라고 할 수 있다. 이제 통치자는 단순히 천의 보호에 의해 군주의 지위를 유지할 수는 없게 되었다. 통치자는 피통치자의 지지를 받을 때에만 자신의 지위를 유지할 수 있는 존재가 된 것이다. B.C.614년에 있었던 다음 에피소드는 바로 이 점을 극적으로 보여주고 있다.

> 주邾 나라 문공文公이 역繹 땅으로 천도하는 일에 대해 점을 치게 했다.
> 점을 담당하는 관리가 말했다.
> "민중에게 이롭지만 군주에게는 불리합니다."
> 그러자 주문공이 말했다.
> "진실로 민중에게 이롭다면, 그것은 나에게도 이로운 것이다. 하늘이 민중을 낳고 군주를 세운 것은 민중을 이롭게 하고자 함이다. 민중이 이롭다면 나는 반드시 그들과 함께할 것이다."

좌우의 신하들이 말했다.

"수명을 연장할 수 있다는데, 군주께서는 어찌 하지 않으려 하십니까?" 주문공이 대답했다. "수명은 민중을 기르는 데 있는 것이다. 일찍 죽고 오래 사는 것은 시운에 달렸을 뿐이다. 민중이 정말로 이롭다면 천도해야 한다. 그보다 길한 일이 어디에 있겠는가!"

마침내 주문공은 역 땅으로 천도했다. 그해 5월 주문공은 세상을 떠났다.[78]

— 『춘추좌전』「문공13」

주나라의 문공이라는 군주가 도성을 역이란 땅으로 옮기려고 했다. 지금도 그렇지만 도성을 옮긴다는 것은 쉽게 결단하기 어려운 일이었다. 그렇지만 문공은 그것만이 쇠약해져가는 주나라를 되살려 자신의 민중에게 안정된 삶을 약속할 수 있는 유일한 방법이라고 확신했다. 관례대로 문공은 점을 담당하는 관리, 즉 사史에게 천도의 일에 대해 점을 치게 했다. 점괘는 놀라운 결과를 예견했다. 천도는 민중에게는 유리하지만 군주에게 불리하다는 점괘가 나온 것이다. 그렇지만 문공은 천도를 결심한다. 민중에게 이롭다면 군주에게도 이로운 것이라는 이유에서다. 이것은 문공이 군주의 권력은 민중의 지지로부터 나온다는 것을 확신했다는 것을 말해준다. 역으로 말해 만약 군주의 권력이 천의 후원에 근거한다고 믿었다면, 그는 결코 민중을 위해서 천도하는 일은 하지 않았을 것이다.

전쟁에서 피 냄새를 제거하려는
진정한 속내

춘추시대는 패자의 시대였다. 명목상으로만 존재하고 있던 주나라의 왕실은 이미 경제적으로나 군사적으로나 어떤 실권도 없는 상태였다. 따라서 제후국들은 자신을 스스로 지킬 수밖에 없는 상황이었다. 압도적인 힘만이 자신의 국가를 유지할 수 있는 유일한 희망이었던 셈이다. 그래서 부국강병은 춘추시대 모든 제후국들의 공통된 희망이었다. 춘추시대를 좌지우지했던 제후국은 모두 다섯 나라가 있었는데, 전통적으로 이들을 오패五覇라고 불렀다. 『순자』「왕패王覇」편에서 오패로 나열하고 있는 국가와 군주는 다음과 같다. 제나라 환공, 진나라 문공, 초楚나라 장왕莊王(재위 기간 B.C.613~B.C.591), 오吳나라 합려閤廬, 그리고 마지막으로 월越나라 구천句踐.[79] 잊지 말아야 할 것은 노골적인 병력 증강만으로 패자가 되기는 거의 불가능했다는 점이다. 어느 제후국이 패권국으로 부각되면, 다른 제후국들은 생존의 위기를 느끼고 연합하여 공공의 적에게 저항할 수 있기 때문이다.

　제후국이 오패처럼 패자가 되려면 내적으로 부국강병을 달성해야만 한다. 그렇지만 이것은 패자가 되기 위한 필요조건이지 충분조건은 아니다. 부강한 제후국이 진정한 패자가 되려면 싸우지 않고도 다른 제후국들의 자발적 복종을 이끌어낼 수 있어야만 한다. 어떻게 오패와 같이 패권을 잡은 국가들이 다른 제후국들의 연대를 와해하고 그들로 하여금 자발적으로 복종하도록 만들 수 있었을까? 그 메커니즘은 다음과 같이 정리될 수 있다. 대개의 경우 강자에 대해 약자는 본능적으로 두려움을 갖고 있다. 강자가 언제든지 자신을 위협할 수 있는 무력을 가지고 있다는 것을 잘 알고 있기 때문이다. 이럴 때 강자는 두려움에 떨고 있는 약자에게 모욕감을 주지 않을 정도로 충분히 합리적인 협정을 제시한다. 보통 이런 협정은 서로에게 적대적인 태도를 취하지 않고 우호적인 관계를 유지한다면 서로를 해치지 않는다는 것을 내용으로 하고 있다. 이때 약자는 강자가 제시한 협정만 지키면 무사할 것이라고 자신을 설득하기 쉽다.

　물론 협정이 강자에 의해 언제든지 파기될 수 있다는 사실을 무의식적으로 알고 있지만, 약자는 그것을 의식적으로 생각하기를 거부한다. 힘으로는 상대가 되지 않는 강자와 정면으로 마주쳤을 때 자신이 파괴되는 장면만을 연상해도 공포감이 들기 때문이다. 언제든지 강자가 협정을 파기할 수 있으리라는 두려움은 흥미롭게도 약자로 하여금 협정에 더 몰입하게 하는 결과를 낳는다. 이것은 상대방이 지키지 않는다면 자신만이라도 더 확고하게 지켜야 협정이 유지될 수 있다고 믿는 착각이라고 할 수 있다. 이제 약자는 협정에 병적으로 집착하게 되고, 자신의 행동을 협정에 입각하여 검열하는 데 이르게 된다. 그렇지만 아무리 공정한 협정을 충실히 지키고 있다고 생각할지라도, 결국 약자는 강자에게 자발적으로 복종하고 있는 것에 지나지 않는다. 그러나 다수의 약자들이 모이면 강자도 위기에 빠질 수 있는 법이다. 그렇기 때문에 강자는 약자들에게 개별적으로 우호적인 태도를 보이는 것이다. 그리고 어느 사이엔가 자발적으로 복종하는 약자들이 늘었을 때, 그래서 더 이상 약자들의 연대가 불가능해졌을 때, 강자는 패자로서 군림하게 된다.

제나라 환공과 진나라 문공 다음에 패자로 우뚝 섰던 초나라 장왕은 패자가 되는 공식을 누구보다 잘 알았던 군주였다. 전쟁에 승리했을 때에도 전쟁의 공포를 약소국에게 심어주지 않기 위해 노력했을 정도였다. B.C.597년의 일로 기록된 다음 에피소드는 이러한 장왕의 노회한 전략을 잘 보여주는 사례다.

반당潘黨이 말했다.

"군주께서는 어찌 승리를 과시하는 군영을 세우고 진晉나라 군사의 시신을 모아서 '승리의 장관[京觀]'을 연출하지 않으십니까? 제가 듣건대 '적을 이기면 반드시 자손들에게 보여서 무공을 잊지 않도록 한다'고 했습니다."

그러자 초나라 장왕이 말했다.

"이것은 네가 알 수 있는 것이 아니다. 글자를 참고하면 '그치다'라는 의미의 지止라는 글자와 '병장기'를 뜻하는 과戈라는 글자가 합해서 무

武라는 글자가 된 것이다. 무왕이 상나라를 이기자 다음과 같은 시를 지었다. '무왕은 방패와 창을 거두고 활과 화살을 자루에 넣었네. 아름다운 덕을 구하여 중하中夏에 베푸니 진실로 왕은 천명을 보존하시고 계시네.' (…) 옛날 현명한 왕들은 불경스러운 자들을 토벌하여 그 시신들을 취해서 흙으로 덮어 봉분을 만들어 커다란 치욕의 예식을 만들었다. 이에 사악한 죄를 징계하는 승리의 장관이 있게 된 것이다. 지금 죽은 진나라 민중은 죄를 지은 적이 없고 다만 모두 충성을 다해 군주의 명을 죽음으로 받들었을 뿐이니, 승리의 장관을 만드는 것이 옳을 수 있겠는가?"[80]

— 『춘추좌전』 「선공12」

고대 중국에서는 전쟁에서 승리하면 상대편의 시신을 산처럼 쌓아서 대내외에 승리를 자랑하는 경관京觀이라고 불리던 풍습이 있었다. 물론 이것은 자신의 권위에 도전하면 어떤 결과가 생기는지를 보여주려는 의도에서 나온 관례였다고 할 수 있을 것이다. B.C.597년에 장왕이 진晉나라 군사들을 황하 근처에서 대파하자, 반당이라는 신하는 과거의 풍습을 따라야 한다고 장왕에게 간언한다. 그렇지만 장왕은 마치 성군聖君인 것처럼 전쟁을 혐오하는 제스처를 취한다. 이런 장왕의 제스처에 현재까지도 많은 사람들이 속고 있지만, 우리는 그가 패업 달성을 위해서 모든 것을 감내하는 냉혹한 군주였다는 사실을 잊어서는 안 된다. 그의 권력욕과 집요함은 이미 재위 초기에 있었던 일로 유명한 '불비불명不蜚不鳴'의 고사, 즉 '날지도 않고 울지도 않는 새'와 관련된 고사에서도 명확히 드러난 적이 있다.

장왕이 즉위하고 3년 동안 어떤 정치 명령도 내리지 않았다. 밤낮으로 환락을 즐기던 장왕은 나라에 명령을 내렸다.

"감히 내게 간언하는 자가 있다면 용서 없는 죽음의 죄를 내리겠다."

3년이 지나자 오거伍擧가 궁궐에 들어와 간언하려고 했을 때, 장왕은 좌측에는 정나라 출신 미녀를, 우측에는 월나라 출신 미녀를 껴안고 화려한 음악 속에 파묻혀 있었다.

오거가 장왕에게 말했다.

"저는 다음과 같은 수수께끼를 아뢰고 싶습니다. '언덕 위에 3년 동안 날지도 않고 울지도 않는 새가 있습니다. 이 새는 어떤 새일까요?'"

장왕이 대답했다. "3년 동안 날지 않았다면 날면 하늘에 다다를 것이고, 3년 동안 울지 않았다면 울음은 사람들을 놀라게 할 것이다. 그대는 물러가 있어라. 나는 그대의 뜻을 알았다."

수개월 뒤 장왕은 더욱더 환락에 빠져들었다. 대부 소종蘇從이 궁궐에 들어와 간언을 했다.

장왕은 말했다.

"그대는 간언하지 말라는 나의 명령을 듣지 않았는가?"

그러자 소종은 대답했다. "제 자신을 희생해서라도 군주를 깨닫게 하는 것이 저의 소원입니다."

마침내 장왕은 환락을 그만두고 정사를 처리했다. 이때 장왕이 죽인 자가 수백 사람이었으며, 그가 등용한 자가 수백 사람이었다. 장왕이 오거와 소종을 임용하여 정사를 처리하자, 국인國人들은 모두 크게 기뻐했다.[81]

— 『사기』「초세가」

장왕이 즉위하자마자 착수했던 일은 아버지 목왕穆王 때부터 관직에 있었던 경대부들 중 패자가 되는 길에 동참할 수 있는 사람과 동참할 수 없는 사람을 가리는 것이었다. 관료들을 시험했던 기간이 자그마치 3년이다. 3년이란 긴 세월이지만, 패자가 되기 위해 거쳐야 할 내정 개혁에는 그다지 긴 시간이라고 할 수는 없다. 이처럼 장왕은 용의주도하고 치밀한 군주였다. 군주가 환락에 빠지자, 관료들은 안심하고 사리사욕에 몰두했을 것이다. 마침내 장왕은 사리사욕을 추구하기보다는 국가와 군주에게 충성할 수 있는 신하를 얻게 된다. 자신에게 간언하면 죽이겠다는 장왕의 명령을 듣고서도 국가를 위해서 간언하는 사람들이 나타난 것이다. 오거와 소종이란 사士 계층 사람들이 바로 그들이다. 3년 동안 모든 관료들의 행동을 관찰한 뒤, 장왕은 살생부를 만들어 수백 명의 관료들을 도륙한다. 물론 그를 통해서 수백 명의 국인들, 즉 사들은 높은 관직에 오를 수 있었다.

장왕은 전쟁을 혐오했던 인문주의자나, 혹은 불가피하게 눈물을 머금고 전쟁에 참여했던 어진 군주는 아니었다. 그는 즉위하자마자 개혁의 칼날을 3년이나 갈면서 마침내 국정을 완전히 장악했던 권력자였다. 물론 그의 권력욕은 초나라의 완전한 장악만을 목표로 하고 있었던 것은 아니다. 그의 최종 목표는 제나라 환공과 진나라 문공의 뒤를 이어 중원의 패자가 되는 것이었기 때문이다. 이런 그가 반당의 간언을 놓칠 리가 있겠는가? 그는 반당의 간언을 통해 전쟁을 싫어한다는 자신의 의지를 거듭 천명하는 교묘한 연극을 연출했던 것이다. 미리 준비하고 있었다는 듯이 전쟁에 대한 자신의 생각을 피력하면서 장왕은 무력과 전쟁을 상징하는 무라는 글자에 대해 흥미로운 해석을 시도하고 있다. 장왕에 따르면 무武라는 글자는 '창'을 상징하는 과戈라는 글자와 '그침'을 상징하는 지止라는 글자로 되어 있다. 결국 그에 따르면 자신이 전쟁에 참여하는 목적은 약소국들을 병합하는 데 있는 것이 아니라, 제후국들 사이에 빈번히 일어나는 전쟁을 막는 데 있다는 것이다.

장왕의 연극은 전쟁에서 패해 죽은 진晉나라 군사들에 대한 안타까움을 피력하는 데서 절정에 이른다. 그는 진나라 군사들이 군주의 명령에 죽음으로 복종한 것 이외에 아무런 잘못이 없다고 선언한다. 이것은 결국 전쟁의 모든 책임을 진나라 군주에게 돌리는 논법이라고 할 수 있다. 이런 이야기를 통해 장왕이 의도했던 효과는 무엇이었을까? 아들이나 남편을 전쟁터에서 잃은 진나라 민중은 분노와 슬픔의 화살을 초나라 장왕이 아니라 진나라 군주에게로 돌릴 가능성이 있는 것이다. 바로 이것이 장왕이 의도했던 것이다. 도륙된 진나라 군사들의 시신을 쌓아놓는 것보다 얼마나 효과적인 전략인가? 지금 장왕은 전쟁에서의 승리뿐만 아니라 진나라의 내분도 획책하고 있는 것이다. 이런 식으로 장왕은 조금씩 자신의 영향력을 확대해나갔고 마침내 패자로 중원을 호령할 수 있었다. 『한비자』「유도有度」편을 보면 실제로 그가 병합한 나라가 26개 제후국이나 되었으며, 확장한 영토는 자그마치 3000리에 달했다고 한다.

두가지 정치체제, 화와 동 사이에서

춘추시대 초기에 주나라 왕은 제후들에게 참기 어려운 모멸감을 느낄 수밖에 없었다. 한때 주나라 왕에 의해 제후로 봉해졌던 제후국들이 차례로 돌아가면서 패자라는 이름으로 실권을 장악하고 있었기 때문이다. 비록 존왕양이尊王攘夷, 즉 주나라 왕을 존중하고 중원을 위협하는 이민족들을 물리친다는 명분을 내걸었지만, 오패에게 이것은 단지 자신의 권력을 정당화하기 위한 화려한 미사여구에 지나지 않았다. 인과응보라고 했던가. 춘추시대 중기에 들어서면 이제 제후국들이 초기에 주나라 왕이 겪었던 모멸감을 경대부들에게서 느끼게 된다. 역설적인 것은 경대부들에게 자신을 위협할 만한 권력을 준 것은 바로 제후들 자신이었다는 점이다. 패자가 되기 위한 전쟁이 치열해질수록, 실제로 전투를 지휘하는 무장들의 위상은 당연히 높아질 수밖에 없었다. 당시 무장의 역할은 대부분 경대부가 수행하고 있었다. 전쟁에 승리할 때마다 이루어지는 논공행상을 통해서 그들의 정치적 지위가 높아졌을 뿐만 아니라 하사받는 토지의 양도 늘어만 갔다. 불행은 제후가 올려줄 수 있는 정치적 지위와 하사할 수 있는 토지에 한계가 있을 수밖에 없다는 점이었다.

어느 순간부터 경대부들은 제후의 권력을 요구하기 시작했다. 어쩌면 이것은 만족할 줄 모르는 권력욕의 속성상 필연적인 귀결인지도 모른다. 그렇지만 자신의 군주를 유명무실하게 만들고 실권을 장악하기 위해서는 지배 계층 내부, 즉 국인들의 지지와 아울러 경제력의 토대로서 민民들의 확보가 필수적이었다. 결국 군주와 경대부들은 국인들의 지지와 민의 확보를 놓고 목숨을 건 투쟁에 말려들 수밖에 없었다. 앞에서 살펴본 '불비불명' 고사는 장왕과 경대부 사이의 격렬한 세력 다툼을 상징하는 사례라고 하겠다. 이제 제후라는 기득권에는 어떤 힘도 남아 있지 않았다. 만약 국인과 민을 얻는다면, 제후는 군주로서의 위엄을 계속 누릴 수 있을 것이다. 불행히도 경대부가 국인과 민의 마음을 얻게 된다면, 제후는 심하면 국가에서 축출되어 불귀의 객이 될 수도 있을 것이다. 이 점에서 다음 에피소드를 살펴볼 필요가 있다.

조간자趙簡子가 사묵史墨에게 물었다.

"노나라의 계씨季氏는 자신의 군주를 내쫓았지만, 노나라 민중은 계씨에게 복종하고 제후들도 계씨를 지지하고 있습니다. 군주가 나라 바깥에서 죽었는데도 누구도 계씨의 죄를 묻는 사람이 없는 것은 무슨 이

유입니까?"

사묵이 대답했다.

"만물이 생겨날 때 쌍인 것도 있고, 셋인 것도 있고, 다섯인 것도 있고, 서로 보좌하는 경우도 있습니다. 그러므로 하늘에는 (해, 달, 별이라는) 삼진三辰이 있고, 땅에는 (불, 물, 나무, 쇠, 흙이라는) 오행五行이 있고, 신체에는 좌우가 있으니, 모두 각각 짝이 있는 경우입니다. 왕에게는 공公이 있고 제후에게는 경卿이 있으니, 서로 도움을 주는 관계입니다. 하늘이 계씨를 낳아서 노나라 군주를 보좌하도록 한 지 오래되었습니다. 그러니 민중이 그에게 복종하는 것은 또한 마땅한 일 아니겠습니까! 노나라 군주들이 대대로 안일함을 따랐다면 계씨는 대대로 근면함을 닦았기 때문에, 민중은 자신의 군주를 잊은 겁니다. 비록 나라 바깥에서 죽었다고 할지라도, 그 누가 그를 불쌍하게 여겼겠습니까? 사직社稷의 제사에는 고정된 제관이 있는 것이 아니며 군신 관계도 고정된 지위가 아니라는 것은 예로부터 그랬던 사실입니다. 그러므로 『시경』은 "높은 기슭이 골짜기가 되고, 깊은 계곡이 언덕이 된다"고 했던 겁니다. 세 왕들의 후예는 지금 모두 서인이 되어 있는 것을 군주께서도 아실 겁니다. 『주역周易』의 괘사卦辭에는 "진괘가 건괘를 타고 있는 것은 대장괘다"라는 말이 있는데, 이것이 바로 천도입니다."[82]

── 『좌전』「소공32」

B.C.510년 노나라 소공昭公은 7년간의 망명 생활 끝에 객지에서 비참하게 숨을 거두고 만다. 이에 대해 조趙나라 군주인 간자가 사묵이라는 신하와 대화를 나눈다. 대화의 시작은 정치에 대한 조나라 군주

의 의구심에서 시작된다. 그는 노나라의 군주가 계씨라는 대부에 의해 축출되었고 마침내 객사하였지만, 노나라 사람들이 그래도 계씨를 계속 지지하는 일이 의아스러웠던 것이다. 계씨가 노나라 군주를 축출했던 충격적인 사건은 7년 전, 그러니까 B.C.517년으로 거슬러 올라간다. 당시 노나라는 계손씨季孫氏, 숙손씨叔孫氏, 그리고 맹손씨孟孫氏라는 세 대부 세력이 정권을 장악하고 있었다. 물론 노나라 소공은 군주로서 참을 수 없는 굴욕감을 느꼈다. 마침내 B.C.517년 소공은 계손씨에게 감정이 좋지 않았던 후씨郈氏와 결탁하여 계손씨의 거점인 비성費城을 공격한다. 계손씨는 거의 궤멸 직전에까지 이르렀지만, 숙손씨와 맹손씨의 도움으로 극적으로 회생한다. 전세는 완전히 뒤바뀌어 결국 소공은 제나라로 망명을 떠나게 된다.[83] 불행히도 소공은 끝내 노나라로 돌아가지 못하고 B.C.510년에 불귀의 객이 되고 만다. 전통적인 관념에 따르면 군주를 축출한 삼가三家에 대해서 노나라의 국인들이나 민들은 분노했어야 했다. 그렇지만 사건이 일어난 지 7년이 되도록 노나라 내부에서는 그런 기류가 전혀 포착되지 않고 있었다. 바로 이것이 조나라 군주의 의구심을 자아냈던 것이다.

군주의 의혹을 풀어주기 위해 사묵이 한 이야기는 군주로서는 매우 충격적인 것이었다. 사묵은 "군신 관계에는 고정된 지위가 존재하지 않는다[君臣無常位]"고 선언하고 있다. 자신의 주장을 정당화하기 위해서 그는 과거 삼황三皇, 즉 복희씨, 여와씨, 신농씨의 자손들은 지금 서인에 불과하다는 역사적 사실을 환기한다. 아울러 그는 군신이 뒤바뀌는 이치를 『역경』의 대장괘大壯卦(䷡)를 통해 정당화하려고 한다. 대장괘는 '우뢰'를 상징하는 진괘震卦(☳)가 '하늘'을 상징하는 건괘乾卦(☰)를 타고 있는 형국을 상징한다. 하늘이 군주의 군위를 상징하고 있다는 것을 염두에 둔다면, 하늘을 요동치는 '우뢰'는 새롭게 힘을 얻은 신하, 즉 앞으로 새로운 군주가 될 신하를 상징한다고 하겠다. 그렇다면 현재의 신하가 새로운 군주로 등극할 수 있는 비법은 어디에서 찾을 수 있을까? 사묵은 '민중의 자발적 복종'에서 그 실마리를 찾고 있다. 사실 경대부들이 노나라 군주를 축출하던 격변기에 국가의 실질적 경제력의 토대라고 할 수 있는 민중은 자신의 목숨을 부지하기 위해서 계손씨, 숙손씨, 맹손씨가 다스리던 지역으로 모여들었다. 결국 그들은 은민隱民의 길을 선택할 수밖에 없었던 것이다. 바로 이것이 사묵이 말한 '민중의 자발적 복종'의 실상이었다.

비록 실패하기는 했지만, 만약 노나라 소공이 삼가(계손씨, 숙손씨, 맹손씨)를 축출하는 데 성공했다면 어떻게 되었을까? 아마 그는 초나라 장왕처럼 중원의 패자가 될 꿈을 꿀 수도 있었을 것이다. 경대부 세력을 척결하고 국가와 군주의 이익을 최우선으로 생각하는 사士들을 얻음으로써 장왕은 군주 일인 지배의 강력한 국가를 구축할 수 있었던 것이다. 반면 소공은 군주 일인 지배 체제를 구축하는 데 실패했다. 그만큼 이미 기득권을 가지고 있던 경대부들을 통제하려는 개혁 정책은 군주의 안위를 내걸어도 성공을 장담하기 어려운 일이었다. 그렇다면 이제 한 가지 타협책만이 남는다. 그것은 군주가 경대부와 조화롭게 권력을 분담하는 것이다. "왕과 공, 그리고 공과 경은 서로 도움을 주는 관계에 있다"는 사묵의 말은 바로 이런 타협책을 상징하는 것이었다. 말이 도움을 주는 관계이지, 이 타협책은 사실 왕의 권력을 공에게, 그리고 제후의 권력을 경대부에게 어느 정도 나누어야 한다는 것이다.

춘추시대에는 이런 두 가지 정치체제, 즉 군주 일인 지배 체제와 군신 상호 견제 체제를 상징하는 용어가 존재했다. 전자가 바로 '동同'이라는 용어로 표시되었다면, 후자는 '화和'라는 용어로 지칭되었다. B.C.522년에 있었던 다음 에피소드는 두 가지 가능한 정치체제에 대한 춘추시대 사람들의 고민을 잘 보여준다.

제나라 경공景公이 물었다.

"화와 동은 다른 것인가요?"

안자晏子가 대답하였다.

"다릅니다. 화는 고깃국[羹]을 끓이는 것과 같습니다. 물, 불, 식초, 고기, 간장, 소금, 매실을 갖추어 생선이나 고기를 끓이려면 장작으로 불을 피워야 하고 요리사가 국물에 양념을 쳐서 모든 맛을 고르게 해야 합니다. 맛이 덜 나면 좀 더 가미하고 지나치면 좀 빼내야 합니다. 그래야 군자들이 그것을 마실 때 마음이 편안해집니다. 군신의 관계도 이와 같습니다. 군주가 옳다고 해도 그릇된 것이 있으면 신하는 그 그릇된 것을 드러내서, 그 옳은 것을 완전하게 해야 합니다. 군주가 그르다고 해도 거기에 옳은 것이 있으면 신하는 그 옳은 것을 받들고 그른 것을 없애야 합니다. 이렇게 될 때에만 정치가 화평해지고 서로의 마찰도 없어져서 민중에게서 쟁심爭心이 없어지게 됩니다. (…) 만약 물을 물로만 조미한다면 누가 그것을 먹겠습니까? 금슬琴瑟로 한 가지 소리만 연주한다면 누가 그것을 듣겠습니까? 동의 불가함이 바로 이와 같습니다."[84]

——『춘추좌전』「소공20」

당시 모든 군주가 그렇겠지만, 제나라의 군주도 정치체제에 대해 많은 고민을 할 수밖에 없었다. 더군다나 노나라에 삼가가 있었다면, 제나라에도 앞으로 제나라의 국권을 찬탈할 전씨田氏 가문이 있었다. 이런 와중에 제나라 경공은 명재상으로 유명한 안자, 즉 안영晏嬰(?~B.C.500)에게 화와 동에 대해 물었던 것이다. 물론 이것은 전씨 가문으로 상징되는 경대부들과 주권을 나누어 가질 것인가, 아니면 군주가 독점할 것인가와 관련된 문제였다. 현명한 신하 안영은 동이 아니라 화를, 다시 말해 경대부들과 권력을 분점해야 한다고 권한다. 자신의 주장을 정당화하기 위해서 안영은 국을 끓이는 것과 음악을 연주하는 것에 비유한다. 다시 말해 정치란 요리나 연주와 같아서, 군주 일인의 의지로는 결코 아름다운 성과를 이룰 수 없다는 것이다. 안영이 제나라 군주에게 권고했던 화의 논리는 철학사적으로 매우 중요하다. 흔히 중국철학을 시작했다고 추앙받는 공자가 안영이 제안한 화의 논리를 토대로 자신의 사유를 전개하고 있기 때문이다. 화의 논리가 자신과 같은 지식인들의 존재 근거를 정당화해주기 때문이다. 화의 논리에 따르면 아무리 지휘자가 훌륭해도 그가 바이올린이나 클라리넷 연주자를 대신할 수는 없는 법이다. 바로 여기서 예비 관료로서 자신의 위치를 정당화할 수 있었던 것이다. 나아가 정치에 참여한 뒤에도 화의 논리가 군주의 절대권을 일정 정도 제약할 수 있는 논리로 기능할 수 있다는 사실도 공자의 머리에 떠올랐을 것이다. 그가 화의 논리에 반대하고 동의 논리를 추종하는 사상가들을 '소인小人'이라고 부를 정도로 폄하했던 것은 다 이유가 있었던 셈이다.[85]

왜 안영은 군주에게 타협책을 제시했을까? 그것은 그가 경공의 역량을 간파했기 때문이다. 그가 보았을 때 경공이란 군주는 동의 논리를 관철시키면서 패자가 될 수 있는 집요함과 잔혹성을 결여하고 있었다. 또 안영의 이런 판단에는 이미 전씨 가문의 권력이 제나라가 누를 수 없을 정도로 강해져 있었다는 현실적인 인식도 한몫한 것으로 보인다. 『사기』「제태공세가齊太公世家」를 보면 경공의 사신으로 진晉나라에 갔던 안영은 숙향叔向이란 진의 대부에게 제나라의 정국이 전씨 가문에게 넘어가 있다고 이야기한 적이 있기 때문이다.[86] 만약 안영이 경공에게 동의 정치 논리를 따르라고 했다면 어떻게 되었을까? 그것은 아마 노나라 소공과 삼가 사이의 권력투쟁을 반복하는 형태였을 것이며, 나아가 경공은 전씨 가문에 의해 축출되거나 죽임을 당했을 것이다.

공자가 성문법을 거부한 이유

제나라 경공이 안영에게 동의 정치 논리와 화의 정치 논리에 대해 물어보았던 이유는 당시 이 두 가지 논리와 관련된 치열한 논쟁이 있었기 때문이다. 춘추시대의 모든 군주들은 오패와 같은 패자가 되려고 하였다. 그렇지만 패자가 되기 위해서는 자신의 국가를 완전히 장악하고 있어야만 했다. 군주 중심으로 권력을 일원화하는 데 실패한다면, 다른 국가들과의 치열한 경쟁에서 최종 승자가 되는 것은 요원한 일이었기 때문이다. 권력의 일원화는 구체적으로 두 가지 조건이 충족되어야만 가능해진다. 하나는 사를 포함한 국인들의 지지다. 이것은 정치와 전쟁을 수행하는 데 필요한 관료를 충원하는 것과 밀접히 관련되어 있다. 다른 하나는 국가 경제력의 기반인 민중을 확보하는 것이다. 전국시대에 들어서면 민중이 전투의 주력 성원이 되기 때문에, 이 두 번째 조건이 더 중시된다. 문제는 경대부도 자신의 기득권을 유지하거나 확장하기 위해서 국인들의 지지와 민중의 확보에 전념했다는 데 있다.

경대부 세력을 완전히 제거하고 장왕처럼 군주 일인 지배 체제, 즉 동의 정치 논리를 관철시킬 수 있다면, 어떤 군주라도 패자가 될 수 있는 기본 조건을 갖추는 셈이다.[87] 그렇지만 노나라 소공의 사례에서 보았듯이, 이것이 그렇게 만만한 작업은 아니다. 그래서 춘추시대를 풍미했던 정치가들은 대개 경대부 세력과 군주가 권력을 분점하는 일종의 분권 체제를 지향했던 것으로 보인다. 그들이 바로 아직도 명재상으로 인구에 회자되는 제나라의 안영, 진晉나라의 숙향, 그리고 오나라의 계찰季札 등이다. 그들의 생각으로는 내분으로 국가가 파탄 나는 것은 군주나 경대부 양측에 결코 바람직하지 않은 결과다. 그렇지만 진나라와 초나라 사이에 끼여 있던 약소국 정나라에서는 전혀 다른 생각을 품은 재상이 출현한다. 그가 바로 자산子産(B.C.585?~B.C.522?)이다. 다른 재상들이 화의 정치 논리를 채택하려고 할 때, 오직 그만은 동의 정치 논리를 지향하고 있었다. 그가 보았을 때 약소국 정나라가 강대국들 사이에서 살아남기 위해서는 군주의 권력 독점이 불가피했다.

마침내 B.C.536년에 자산은 동의 정치 논리를 관철하기 위해서 중국 최초로 성문법을 제정하기에 이른다. 물론 주변국 재상들의 반대가 만만치 않았다. 다음 에피소드는 자산이 성문법을 제정하자, 이에 반대하는 숙향이 자산에게 보낸 서신을 담고 있다.

3월 정나라 사람들은 솥에 형서刑書를 주조해 새겨넣었다. 진나라 숙향은 정나라 자산에게 다음과 같은 내용이 실려 있는 서신을 보냈다.

"처음에 저는 당신에게 희망을 가지고 있었지만, 지금은 아닙니다. 옛날 선왕들이 사안의 경중을 따져서 통제를 했을 뿐 형법을 제정하지 않았던 것은 민중이 다투는 마음[爭心]을 가질까 두려워했기 때문입니다. 그럼에도 불구하고 범죄를 완전히 방지할 수는 없었기 때문에, 선왕들은 행실이 마땅하도록[義] 방비하고 정사[政]로 살피고 예에 맞게 실행하도록 하고 신뢰[信]를 지키도록 하고 인仁을 받들게 했으며, 봉록의 위계를 제정하여 따르기를 권면하고 형벌로 엄단하여 사악한 행위를 위협하였던 겁니다. 그래도 뜻대로 되지 않을까 두려워서 선왕들은 충忠하도록 깨우치고 행동하도록 권장하며 근면하도록 가르치고 조화롭도록 시키며 공경하도록 다스리고 강단이 있게 대우하며 단호하게 판결했던 것입니다. 그럼에도 불구하고 선왕들은 현명한 재상, 명철한 관료, 믿음직한 지방장관, 그리고 자애로운 스승을 찾았던 것입니다. 그래야 민중은 임용되어 부릴 수 있고 화난을 일으키지 않을 것입니다. 형법[辟]이 있다는 것을 안다면, 민중이 윗사람에게 꺼리는 것이 없게 되어 모두 쟁심을 가지고 법조문에 의거하여 자신의 뜻을 이루고자 하여도 어찌할 수가 없게 될 것입니다. 하나라는 정치가 어지러워지자 『우형禹刑』을 만들었고, 상나라는 정치가 어지러워지자 『탕형湯刑』을 만들었으며, 그리고 주나라는 정치가 어지러워지자 『구형九刑』을 만들었습니다. 세 형법이 만들어진 것은 모두 각 나라가 쇠퇴해졌을 때입니다. (…) 쟁송의 실마리를 알게 되면 민중은 예를 버리고 법조문에 의거하게 될 것입니다. 그렇게 되면 송곳 끝같이 작은 일도 쟁송하게 되고 말 것입니다."[88]

―『춘추좌전』「소공6」

자산은 자신이 새롭게 제정한 법을 발이 세 개 달린 솥, 즉 정鼎에 새겨넣었다. 불행히도 최초의 성문법을 담고 있던 솥은 지금 남아 있지 않다. 그렇지만 다행스러운 것은 자산의 성문법을 반대했던 숙향의 서신이 있다는 점이다. 이로부터 우리는 자산의 성문법이 어떤 취지를 가지고 있었는지를 추정해볼 수 있다. 숙향의 정치적 태도는 안영과 마찬가지로 화의 정치를 지향하는 데 있다. 다시 말해 군주와 기득권 세력 사이의 분권 체제가 그에게는 가장 현실적인 정치 모델로 보였다. 그래서 숙향은 "성군들도 현명한 재상, 명철한 관료, 믿음직한 지방장관, 그리고 자애로운 스승을 찾았다"고 강조했던 것이다. 여기서 우리는 '현명한 재상, 명철한 관료, 믿음직한 지방장관, 그리고 자애로운 스승'이란 물론 경대부와 같은 세습 귀족층들로부터 배출될 수밖에 없다는 점에 주목해야 한다. 결국 성군은 경대부들과 공존해야만 한다는 것이 그의 명확한 신념이었던 셈이다.

숙향은 성문법 제정이 어떤 의도로 추진되었는지를 어렵지 않게 파악할 수 있었다. 성문법은 현명한 재상이나 명철한 관료와 같은 기득권 세력들의 입지를 완전히 소멸시키는 결과를 낳을 것이다. 이제 모든 민중은 경대부로 대표되는 기득권 세력들의 권위가 아니라, 군주가 추인한 성문법만을 따를 것이기 때문이다. 결국 숙향이 우려했던 것은 군주가 성문법을 통해서 민중에 대한 권한을 독점하려고 했다는 점이다. 이 점에서 "민중이 윗사람에게 꺼리는 것이 없게 되어 모두 쟁심을 가지고 법조문에 의거하여 자신의 뜻을 이루고자 할 것"이라는 숙향의 지적은 매우 중요하다. 만약 경대부들이 자신의 봉토에서 농사를 짓고 있는 민중에게 지나치게 세금을 거둔다면, 이제 민중은 성문법에 의지하여 경대부의 잘잘못을 따질 수 있게 되었다는 것이다. 결국 법적으로 경대부들과 민중은 아무런 차등이 없어질 것이다. 물론 이런 법적 효과가 군주권을 강화한다는 것은 말할 필요도 없을 것이다.

 자산의 성문법이 약소국 정나라를 나름대로 부강하게 하자, 동의 정치 논리가 급격하게 확산되어 나갔던 것으로 보인다. 자산이 성문법을 제정한 뒤 약 20년쯤 뒤인 B.C.513년에 이르러 진晉나라에서도 성문법을 만들어 솥에 새겨넣었기 때문이다. 숙향의 뒤를 이어서 진나라의 성문법에 극력 반대했던 사람이 바로 공자였다. 동의 정치 논리를 소인의 논리로 폄하했던 그로서는 어쩌면 당연한 반응이었는지도 모를 일이다.

> 겨울, 진晉나라의 조앙趙鞅과 순인荀寅이 군대를 이끌고 여빈汝濱에 성을 쌓았고, 진나라의 민중들에게서 480근의 철을 거두어들여 형정刑鼎 하나를 주조하여, 솥의 표면에 범선자范宣子가 제정한 법조문을 새겨놓았다.
>
> 그러자 공자가 말했다.
>
> "진나라는 망할 것이다! 그들은 옛 법도를 버렸다. 진나라는 이제라도 마땅히 그들의 선조인 당숙唐叔이 물려준 그 법도를 엄격히 지켜 그 민중을 다스려야 하며, 경대부들은 신분에 따라 그것을 지켜야 할 것이다. 그렇게 해야만 민중은 자신의 귀족들을 존경하게 되며 귀족들도 자

신의 가업을 지킬 수 있을 것이다. 귀천의 서열이 조금이라도 어지러워지지 않는 것이 바로 법도[度]다. 그래서 진晉나라의 문공은 관직의 서열을 관장하는 관직을 두어서 피려被廬 지방의 법률을 만들었기 때문에 제후들의 맹주가 될 수 있었던 것이다. 지금 이런 법도를 버리고 형정을 만들어 민중이 형정의 법조문만을 마음에 두게 되었으니, 민중이 무엇 때문에 귀족을 존중하겠는가? 귀족에게는 지킬 가업이 어디 있겠는가? 귀천의 서열이 없어졌으니 국가는 또 어떻게 다스릴 수 있겠는가? 게다가 범선자의 법조문들은 이夷 지방을 순수巡狩할 때 만든 것이어서 진나라를 어지럽히는 법이라고 할 수 있으니, 어찌 지킬 만한 법이라고 하겠는가?"(B.C.513)[89]

― 『춘추좌전』「소공29」

공자가 꿈꾸었던 세계는 서주 시대처럼 귀천이 분명하게 구별되는 신분제 사회였다. 이 신분제 사회에서 인人이라고 불리던 귀족층들은 민民이라고 불리던 피지배층을 온정으로 다스리고, 반대로 직접 생산자였던 피지배층은 귀족층을 진심으로 존경한다. 그가 보았을 때 피지배층이 귀족층을 존경했던 이유는, 귀족들이 예에 입각해서 평화롭게 공존했기 때문이다. 그렇지만 춘추시대에 들어서면서 귀족층 내부에 분열이 일어나고, 이 분열은 군주와 경대부 사이의 갈등으로 첨예화한다. 공자는 군주와 경대부들 사이의 갈등과 대립을 서주 시대의 예를 복원함으로써 충분히 봉합할 수 있다고 믿었다. 만약 이것이 가능하다면, 귀족층들은 다시 한 번 과거 자신들이 누렸던 피지배층들의 자발적 존경을 회복하게 될 것이다.[90]

이처럼 공자는 평생 서주 시대에 통용되던 예를 회복하기만 하면 춘추시대의 혼란이 극복될 수 있다고 낙관했던 사상가였다.[91] 공자의 눈에는 예가 지배층 내부의 평화로운 공존의 논리, 즉 화의 정치 논리로 기능할 수 있다고 보였기 때문이다. 이 점에서 공자의 화는 중층적 조화의 논리라고 규정할 수 있겠다. 첫째는 군주와 경대부로 상징되는 지배층 내부의 조화였다면, 둘째는 지배층 내부의 조화로 가능해지는 지배층과 피지배층 사이의 조화였기 때문이다. 그래서 자산의 성문법과 마찬가지로 동의 정치 논리를 지향하고 있는 범선자의 형정에 대해 공자는 반대할 수밖에 없었다. 무엇보다도 문제가 되는 것은 성문법의 제정이 지배층의 양대 축 중 하나라고 할 수 있는 귀족층을 권력으로부터 배제하겠다는 논리를 함축하고 있다는 점이다. 이것은 귀족층 내부의 조화를 깨는 것이다. 그다음으로 민중이 귀족들과 동등한 법적 자격으로 쟁송을 벌이게 된다면, 귀족들과 민중 사이의 조화도 와해될 수밖에 없다는 것이다. 그래서 공자는 다음과 같이 울분을 토했다. "민중이 무엇 때문에 귀족을 존중하겠는가?", "귀족에게는 지킬 가업이 어디 있겠는가?", "귀천의 서열이 없어졌으니 국가는 또 어떻게 다스릴 수 있겠는가?"

6

『시경』이 보여주는
고대 중국의 생활 세계

제사를 통해 본 귀족들의 삶과 무당의 역할

갑골문과 금문, 그리고 『상서』, 『춘추좌전』, 『주역』, 『국어』 등은 모두 왕과 지배층의 편향된 시선을 담고 있다. 따라서 이런 문헌들은 주로 정치적인 사건들에 관심을 가지고 이야기를 전개하기 마련이다. 이런 점은 중국 고대사를 가장 잘 알려준다는 사마천의 『사기』에서도 마찬가지로 확인된다. 그러나 고대 중국인들의 대다수라면 결국 평민들이 아니었던가? 고대 중국의 사회와 삶, 그리고 사상을 제대로 이해하기 위해서 우리는 당시 평민들의 시선을 확인해보고 이해해둘 필요가 있다.

다행스러운 것은 대다수 고대 중국인들의 시선을 보여주는 문헌이 하나 남아 있다는 점이다. 바로 『시경』[92]이란 책이다. 물론 이 문헌에는 지배층의 이야기도 상당수 수록되어 있다. 그러나 역사의 기록에서 배제된 평민들의 진솔한 이야기가 함께 수록되어 있어 우리에게 상당한 도움을 준다. 더 나아가 우리는 이 『시경』이란 문헌을 통해서 국읍 및 도읍의 주류 문화와 비읍의 비주류 문화 사이의 간극을 확인할 수 있다. 사실 주나라 당시의 주류 문화와는 달리 비읍의 비주류 문화는 비읍 특유의 자생적이고 토착적인 문화뿐만 아니라 오랜 세월 상나라의 문화적 유습 또한 동시에 보존하고 있었다. 우선 제사로 대표되는 당시 비읍에 살고 있던 사람들의 종교적 실천과 그를 떠받치고 있던 관념에 대해 살펴보도록 하자.

더부룩한 찔레나무에는 가시가 뾰족하네.
옛날부터 무얼 하였는가? 메기장과 찰기장을 심었다네.
메기장도 무성하고 찰기장도 우거져서
창고도 그득 차고 노적가리도 산더미 같네.
술과 음식을 장만하여 제물 차려 제사 지내며,
시尸를 안치하고 술을 권하여 큰 복 내리시기를 비네.

분주히 움직이며 소와 양을 깨끗이 씻어
제사에 보내니 잡기도 하고 삶기도 하며
벌여놓기도 하고 바치기도 하네.
축祝이 사랑문 안에서 제사 지내니 제사 일이 매우 잘 갖추어졌네.
조상들이 돌아오시어 선조의 혼이 제사 음식 잡수시니,
효손孝孫 복이 있어 큰 복을 보답받아
만수무강하시겠네.

날렵하게 음식 만들어 제기에 담은 고기가 크기도 하며,

굽기도 하고 지지기도 하느라 영주의 부인은 공경하게 움직이네.

음식이 매우 많으니 모두 손님들을 위한 것일세.

술잔을 서로 주고받으니 모두 예의에 맞고

웃고 얘기함이 모두 합당한데,

조상들의 혼이 내려오셔서 큰 복을 내려주시니

끝없는 장수 받으시겠네.

매우 삼가서 예에 어긋남이 없는데,

축이 효손에게 복을 내려주라고 기도를 드리며,

향 피우며 제사 드리니 조상의 신은 음식을 즐기면서

여러 가지 복을 법도에 맞게 내려주시네.

공경하고 날렵하게 하며 올바르고 정결하게 하니

오래도록 올바름을 내려주심이 이루 헤아릴 수 없네.

예의가 다 갖추어지고 악기도 모두 갖추어져

효손이 자리에 드니 축이 기도를 드리네.

신神들이 모두 취하자 시가 자리에서 일어나네.

풍악을 울리며 시를 전송하니 조상들의 신도 마침내 돌아가시네.

집안 여러 사람들이 모두 모여 잔치를 벌이네.

풍악이 모두 들어와 연주하여 편안히 복을 누리네.

안주를 모두 들여오니 아무런 불만 없이 모두 즐기네.

모두 취하고 배부른 뒤에 윗사람 아랫사람 모두 절하네.

신이 음식을 즐겨서 자손들을 오래오래 살게 하시네.

매우 순조롭고 매우 알맞게 제사에 정성을 다하니

자자손손 끊임없이 번성하겠네.[93)]

— 『시경』「곡풍지십·초자」

방금 읽은 시에 등장하는 제사는 귀족 가문에서 치러진 것으로 보인다. 시 구절 안에 '영주의 부인'이라는 표현이 등장하기 때문이다. 또한 제사가 치러지는 규모나 절차, 그리고 내방객들의 규모에 비추어 보아도, 제사의 주최자가 일반 민중이었을 가능성은 거의 없다. 이 시는 당시 귀족들이 왜 제사를 지냈는지, 또 그들이 제사를 어떤 식으로 지냈는지를 잘 보여주고 있다. 무엇보다 먼저 제사가 일종의 경제학적 거래였다는 사실이 눈에 선명하게 들어온다. 살아 있는 자손들은 죽은 조상들에게 희생과 제물을 바치고, 반대로 죽은 조상들은 그 대가로 살아 있는 후손들에게 복을 내린다고 보았다. 또 하나 눈에 띄는 것은 조상신에 대한 제사의 이면에는 가부장적인 종법제의 원칙이 지켜지고 있다는 점이다. 영주의 부인은 제사에 직접 참여하지 않고 제사에 쓰일 제물들을 만드는 것을 총괄적으로 관리하고 있을 뿐이다. 제사는 효손에 해당하는 영주나 귀족이 주도하여 치르고 있다.

시를 통해 볼 때 당시의 제사는 기본적으로 다음과 같은 세 요소로 이루어져 있다. 첫째는 조상신의 역할을 하는 시尸다. 보통 씨족 내의 어여쁜 남자 어린아이가 위패나 신위 대신 조상신의 역할을 담당한다. 그래서 시는 보통 시동尸童이라고 부르기도 한다. 당시 사람들은 자식을 낳을 수 있게 된 것도 모두 조상신들의 도움 때문이라고 여겼기 때문에, 가장 최근에 태어난 어린아이가 조상신들과 가장 가까운 관계에 있다고 생각했다. 그래서 고대인들은 제사를 지낼 때 조상신들이 시동에게 깃든다고 믿었다.

둘째는 살아 있는 씨족들의 대표자 격일 수 있는 효손孝孫이다. 효손은 제사 행위의 물질적인 토대 전반을 제공하는 사람인데, 시를 보면 엄청난 곡식을 수확할 수 있는 방대한 영지를 가지고 있던 귀족 출신인 것을 알 수 있다.

마지막 셋째는 죽은 조상신과 살아 있는 후손들을 매개하는 역할을 담당하는 일종의 무당인 축祝[94)]이다. 축은 죽은 자와 산 자를 소통시키는 통역관이라고 할 수 있다. 당시의 통념에 따르면, 산 자들은 자신들만의 언어를 가지고 서로 이야기를 나누며, 죽은 자들도 또한 자신들만의 고유한 언어를 가지고 서로 대화한다. 따라서 산 자와 죽은 자는 서로 다른 언어 체계를 보유하고 있었던 것이다. 축은 바로 산 자의 언어와 죽은 자의 언어에 모두 능통한 사람으로서 죽음의 세계와 삶의 세계를 매개해주는 통역관의 역할을 맡았던 인물인 셈이다. 앞에서 읽은 시는 그들의 통역 원칙이 바로 예禮라는 것을 잘 보여주고 있다. "술잔을 서로 주고받으니 모두 예의에 맞고, 웃고 얘기함이 모두 합당한데, 조상들의 혼이 내려오셔서 큰 복을 내려주시니 끝없는 장수 받으시겠네."

여기서 가장 중요한 것은 바로 축의 역할이다. 산 자의 세계와 죽은 자의 세계, 이 두 세계의 언어에 능통한 사람으로서 축은 위로는 상나라의 정인, 그리고 아래로는 주나라의 유儒와 비슷한 역할을 수행했던 사람이기 때문이다. 앞에서 살펴본 것처럼 상나라 왕이 상제나 조상신들에게 제사 지낼 때, 제사를 지낼 뿐만 아니라 신의 뜻이 표현된 것이라고 여겨지는 소뼈나 거북 껍질의 균열을 해석하는 것이 바로 정인의 역할이었다. 상나라의 정인이나 시에 나타나는 축은 모두 죽은 자들의 언어를 이해한다는 검증되지 않은 지식을 가지고 상나라 왕이나 혹은 지방 영주인 효손으로부터 신임을 얻어 생계를 유지하고 있던 사람들이다.

정인과 축의 역할에 대한 이해는 우리가 공자로 대표되는 유儒라는 지식인들의 기원을 이해하는 데 큰 도움을 준다. 우선 유라고 불리는 지식인들, 즉 유가儒家를 신랄하게 비판했던 묵자墨子(B.C.470?~B.C.391?)의 이야기를 직접 들어보자.

> 예의와 음악을 화려하게 꾸며 사람들을 어지럽히고, 오랫동안 상을 치르며 거짓된 슬픔으로 부모를 속이고 있다. 운명이 있다고 주장하여 가난에 빠져 있으면서도 오만하게 있는 것을 숭상하고 있으며, 근본을 버리고 할 일을 방기하면서도 게으르고 방자하게 지내고 있다. 그런데도 먹고 마시기를 탐하면서 일을 하는 데는 태만하다. 그래서 굶주림과 헐벗음에 빠져 얼어 죽거나 굶어 죽을 위험에 놓여 있으면서도 이를 피할 방법이 없는 것이다. 이것은 마치 거지와 같아서, 두더지처럼 음식을 저장하고 숫양처럼 음식을 찾아 두리번거리고 음식을 발견하면 멧돼지처럼 일어나는 것과 같다. 군자들이 이것을 비웃으면, 유가들은 '쓸데없는 인간들아! 어찌 훌륭한 유가를 알아보겠는가?'라며 노여워한다. 여름에

는 보리나 벼를 구걸하다가 모든 곡식이 다 수확되면 큰 상갓집만을 따라가는데 자식들과 식구들이 모두 뒤따라 음식들을 실컷 먹으니, 몇 집의 초상만을 치러주어도 충분히 지낼 수 있었다. 남의 집안에 의해 살찌고 남의 들에 의지하여 존귀해진다. 부잣집에 초상이 나면 크게 기뻐하며 '이것이야말로 입고 먹는 단서다'라고 말한다.[95]

— 『묵자』「비유·하」

원래 '유儒'라는 글자는 사람을 뜻하는 '인人', 비를 뜻하는 '우雨', 그리고 제단의 모양을 본뜬 '이而'라는 글자로 구성되어 있다. 이것은 유라는 말이, 비를 내리게 하는 제사를 주관했던 사람으로부터 유래했다는 것을 말해준다. 한마디로 유는 신의 세계와 사람의 세계를 매개해주는 종교 의식의 전문가였던 셈이다. 공자의 새로운 유학 사상은 기본적으로 신의 세계를 주나라 전통의 문명 세계로 치환하면서 구성된 것이다. 다시 말해 그의 유학은 주나라 문명 세계와 자신이 살고 있던 혼란한 춘추시대를 매개하려는 시도로 변환되었던 것이다. 이렇게 해서 주로 제사와 같은 종교적 의식에 관련되었던 예도 이제 공자 당시에는 사회의 질서 원리라는 의미로 확장되어 등장하게 된다.

공자의 중요성은 그가 신의 세계와 사람의 세계를 매개했던 전통적인 과거의 유와, 전통의 세계와 현재의 세계를 매개하려는 당시의 새로운 유를 확연히 구분했다는 데 있다.

공자가 자하에게 말했다. "너는 군자와 같은 유가[君子儒]가 되어야지 소

인과 같은 유가(小人儒)가 되어서는 안 된다." [96]

— 『논어』 「옹야」

　죽은 신들의 언어를 독해할 수 있다고 자임하던 유가들이 이제 자신들은 주나라 전통 문명의 언어를 잘 독해할 수 있는 사람들이라고 선언하게 된 것이다. 공자의 정신에 따르던 유가들, 즉 군자유君子儒들은 유가 일반을 상갓집 개로 간주했던 묵가들의 신랄한 비판으로부터 자신들을 보호하기 위해 위와 같은 공자의 말에 의존했고, 자신들의 변신이 어느 정도 성공했다고 믿었다. 그러나 묵자의 비판에서 보았던 것처럼 공자 이후로도 유가들은 여전히 대부분 제사를 포함한 의례 전문가, 즉 소인유小人儒로 머물러 있었다.
　묵자와 그의 제자들은 모두 전국시대 초기부터 활동했던 사람들로 지금 유가들이 제사 의례에 기생하며 무위도식하는 세태를 고발하고 있는 것이다. 이것은 어쩌면 2000여 년이 흐른 지금도 통용되는 유학의 본질이 아닌가? 공자가 유학을 인문학으로 변형시키려고 했음에도 유가들 대부분이 전국시대나 혹은 지금까지 상례나 제사 의식에 집중했다는 것은 역설적인 일이라고 하겠다.

시에 비친 민중의 사계절

〈초자楚茨〉라는 시는 분명 국읍이나 도읍에 거주하면서 주나라로부터 작봉을 받던 귀족들의 종교적 의식을 기록하고 있다. 이 시에는 메기장, 찰기장, 그리고 이것들로 빚은 술이 등장하고, 또한 제물로 바쳐진 소와 양이 등장한다.[97] 이것은 당시 귀족들이 방대한 영지를 가지고 있었다는 것을 말해준다. 그렇다면 이런 귀족들에게 물질적인 토대를 제공했던 일반 민중[民]들의 삶은 어떻게 영위되고 있었으며, 그들과 귀족 사이의 관계는 어떠했을까? 이런 의문에 대답해주는 좋은 시가 〈칠월七月〉이란 시다.

> 칠월에는 화성이 서쪽으로 내려오고 구월에는 겹옷을 준비한다네.
> 동짓달에는 찬바람 일고 섣달에는 추위가 닥친다네.

옷 준비가 없다면 어떻게 이해를 넘길 것인가?

일월에는 쟁기를 손질하고 이월에는 밭을 가는데,

아내가 자식들과 함께 남향 밭 비탈로 밥을 날라 오면

감독관[田畯]은 이를 보고 기뻐한다네.

칠월에는 화성이 서쪽으로 내려오고 구월에는 겹옷을 준비한다네.

봄날 햇살이 따스해져서 꾀꼬리가 울기 시작하면

여인네들은 속이 깊은 대광주리 들고 오솔길 따라

부드러운 뽕잎을 따러 간다네.

봄날은 길어져 수북이 쑥을 뜯노라면

여인네 마음 서글퍼지니 영주님과 결혼하고 싶다네.

칠월에는 화성이 서쪽으로 내려오고 팔월에는 갈대를 벤다네.

누에 치는 삼월이 되면 뽕을 따는데 도끼를 가져다

멀리 위로 뻗은 가지를 베고 부드러운 가지 휘어잡고 뽕잎을 딴다네.

칠월에는 왜가리가 울고 팔월에는 길쌈을 하는데

검은 천 누런 천 짜고 제일 고운 붉은 천으로는

영주님의 바지를 지어드린다네.

사월에는 아기풀 꼬리가 나고 오월에는 매미가 울며

팔월에는 이른 곡식 베고 시월에는 낙엽이 진다네.

동짓달에는 짐승을 사냥해서 여우와 살쾡이 잡아

영주님 갖옷을 지어드린다네.

섣달에는 모두가 사냥을 나가 무술을 계속 닦는데
작은 짐승은 자신이 갖고 큰 짐승은 영주님에게 바친다네.

오월에는 여치가 울고 유월에는 베짱이가 울며
귀뚜라미가 칠월에는 들에 팔월에는 처마 밑에
구월에는 문 앞에 있다가 시월에는 침상 밑으로 들어온다네.
그러면 집 안의 구멍 막고 쥐를 불로 그을려 쫓으며
북향 창을 막고 문을 진흙으로 바른다네.
아아! 처자들이여! 해가 바뀌려 하고 있으니
방으로 들어와 편히 쉬기를.

유월에는 돌배와 머루 따 먹고 칠월에는 나물과 콩 삶아 먹으며,
팔월에는 대추 떨고 시월에는 벼를 베어,
약주 담아 가지고 노인들 장수 빌며 잔을 올린다네.
칠월에는 참외 따 먹고 팔월에는 박을 따며
구월에는 삼씨 줍고 씀바귀 캐고 개똥나무 베어
농사꾼들을 먹인다네.

구월에는 채소밭에 마당을 닦고 시월에는 곡식을 거둬들이는데
메기장, 찰기장과 늦곡식, 이른 곡식, 벼, 삼, 콩, 보리 같은 것이라네.
아아! 농사꾼들이여! 우리 곡식은 다 모아들여졌으니,
마을로 들어가 집일을 하세.
낮에는 띠풀을 거둬들이고 밤에는 새끼를 꼬아

빨리 지붕을 이어야지, 내년이면 여러 곡식의 씨를 뿌려야 할 테니.

섣달에는 쾅쾅 얼음을 깨어

일월에는 그것을 얼음 창고에 넣는다네.

이월에는 이른 아침에 염소와 부추를 바쳐 제사 지내고 얼음 창고의 문을 연다네.

구월에는 된서리 내리고 시월에는 타작마당 치우는데

두어 통 술 마련하여 동네 분들을 대접하고 염소 잡아 안주 마련해

영주님의 처소로 올라가 술잔을 들어

만수무강을 빈다네.[98]

—『시경』「빈풍·칠월」

이 시는 고대 중국의 민중의 삶을 일 년 주기로 파노라마처럼 보여주는 중요한 자료다. 남자는 보통 여름이나 가을에 농사를 짓고, 겨울에는 사냥을 한다. 이와 대조적으로 여자는 뽕잎을 따서 옷을 만든다. 사계절 내내 개미처럼 노동하고 있는 민중의 삶은 무척이나 근면하고 활기 넘쳐 보인다. 민중은 노동의 대가로 확보된 자신들의 수확물, 사냥물, 혹은 짜서 만든 옷들 중 가장 좋은 것, 가장 큰 것, 그리고 가장 아름다운 것을 우선 영주들에게 바친다. 민중의 한 해는 수확이 모두 끝난 후 '영주님의 처소로 올라가 술잔을 들어 만수무강을 비는 것'으로 마무리된다. 〈칠월〉은 일종의 전원시田園詩처럼 아름답다.

이렇게 아름다운 시를 지은 사람은 누구일까? 민중이 직접 지었을까? 아니면 그들의 삶을 관찰하던 다른 사람이 지었을까? 민중은 자

신들의 생산물 가운데 최상의 것을 반드시 영주에게 공물로 바쳐야 하는 것을 당연한 일로 여기고 있는데, 이것은 무엇을 의미하는 것일까? 먼저 이 시에서 민중은 자발적으로 생산물의 일부를 공물로 바치고, 아울러 자신들로부터 공물을 수취한 귀족들의 만수무강을 진정으로 바라고 있는 것처럼 보인다. 영주가 자신들을 잘 처우했기 때문에, 민중이 진심으로 영주의 만수무강을 비는 시를 지어 불렀을 수도 있다. 그렇지만 현실적으로 이런 영주가 춘추시대에 몇이나 되었을까? 더군다나 시를 보면 우리는 민중의 생산 현장에서 이미 귀족이 파견한 관리들의 감시가 행해지고 있었다는 사실을 알 수 있다. 그 관리가 바로 전준田畯이다. 결국 귀족의 감독과 감시하에서 민중은 자신들의 생업을 고달프게 유지하고 있었던 셈이다.

〈칠월〉이란 시는 표면적으로 민중의 시선에서 씌어진 것처럼 보이지만, 그 이면에는 민중의 자발적 복종을 바라는 귀족들의 숨겨진 욕망이 반영되어 있다. 가장 좋은 곡식, 가장 좋은 사냥감마저도 아낌없이 바치는 민중의 모습을 자애롭게 바라보는 영주의 모습이 눈에 보이지 않는가? 시를 자세히 살펴보면 우리는 귀족들 스스로 자신들의 삶이 민중보다 우월하다는 자신감을 은근히 피력하고 있는 대목도 쉽게 확인할 수 있다. 민중의 아낙네들이 유복하게 살고 있는 귀족의 소실이나 첩이 되고 싶어한다고 표현한 것은, 귀족들의 자신감이 어느 정도에 이르러 있는지를 보여주는 대목이다. "여인네 마음 서글퍼지니 영주님과 결혼하고 싶다네." 그러나 과연 이 여인들이 남편이나 자식들을 버리고 영주들의 단순한 성적 노리개가 되기를 원했을까?

어느 시절이나 그랬겠지만, 사실 민중의 아낙네들이 그런 일을 원했다고 보기는 매우 힘들다. 단지 이것은 귀족들의 근거 없는 허영일 뿐이다. 이 귀족들은 민중의 아낙네들이 좋은 옷감으로 귀족에게 옷을 지어주거나 혹은 짐승 가죽으로 만든 갖옷을 만들어주려고 하는 것도, 모두 자신들을 존경해서 그런 것이라고 믿고 있는 것처럼 보인다. 그러나 과연 그랬을까? 그것은 민중에게 부과된 의무, 농사지을 수 있는 토지를 확보하기 위해서 반드시 행해야만 하는 의무에 불과했다. 한 해가 지난 뒤 "영주님의 만수무강을 비는" 민중은 자발적으로 귀족의 만수무강을 빌었던 것이 결코 아니다. 그것은 자신들의 생계를 유지하기 위해서 어쩔 수 없이 따라야만 했던 의례였기 때문이다. 그런데 문제는 귀족들이 항상, 민중이 진정으로 자신들의 만수무강을 빌고 있다고 착각했다는 데 있다.

전쟁의 와중에도 피어오른
애달픈 부부애

그렇다면 당시 민중은 귀족들을 어떻게 생각하고 있었는지, 이제 그들의 속내를 직접 들여다보도록 하자. 우리는 대다수 민중에게 주나라 귀족들이 이질적인 세력 집단이었다는 점을 기억해두어야 한다. 주나라 귀족들이 강한 군사력을 배경으로 그들이 살고 있던 읍으로 들어와 지배층 행세를 하고 있었기 때문이다. 〈칠월〉에서 드러난 민중의 삶이란 기본적으로 귀족들이 원하는 민중의 삶, 잘해야 귀족들의 관념 속에만 존재하는 민중의 삶에 지나지 않았다. 〈칠월〉에 등장하는 영주에게는 너무나 낯설 수밖에 없는 민중의 속마음은 〈벌단伐檀〉이란 시에 노골적으로 잘 표현되어 있다.

쾅쾅 박달나무로 수레바퀴를 만들어 황하 물가에 놓고 보니,

황하물만 맑게 잔물결이 일고 있네.

씨 뿌리고 거두지도 않았는데 어째서 수백 창고의 곡식을 거둬들이는가?

짐승 사냥도 않거늘 어째서 그대 집 뜰에는 걸려 있는 메추라기가 보이는가?

진실한 군자란 하는 일 없이 밥 먹지 않는 법인데.⁹⁹⁾

─『시경』「위풍·벌단」

〈칠월〉이란 시에 등장하던 영주는 자신의 영지에서 노동하던 민중이 자발적으로 공물을 바친다고 생각했다. 그러나 사실 민중은 공물을 바치지 않았을 때 발생할 수 있는 위험으로부터 벗어나기 위해서 공물을 바친 것뿐이다. 자신들이 봄에 심고 가을에 거두어들인 농산물을 바칠 때, 그리고 추운 겨울날 위험한 사냥을 통해 잡은 짐승들을 바칠 때, 민중은 귀족들에게 분노하고 있었다.

농민이 보았을 때 '노동하지 않으면, 수확도 없어야' 한다. 단단한 박달나무를 잘라 수레바퀴를 만들고 강물을 바라보며 한 사내가 한숨을 짓는다. 여기서 시인은 이 사내의 마음을 미풍이 불어 잔잔한 물결이 일고 있는 황하 강물로 풀어내고 있다. 여기서 잔잔한 강물은 노동하지 않는 귀족들의 호의호식하는 역사가 앞으로도 오래 지속될 것 같은 절망감을 보여준다. 무심하게도 세상이 변할 기미가 별로 없다는 말이다.

〈칠월〉이라는 시를 보면 민중의 아낙네들이 기꺼이 영주의 성적인 상대가 되려고 한다는, 오만에 가까운 귀족들의 자신감이 엿보인다.

하긴 매일 뽕잎을 따고 쑥을 캐야 했던 민중의 아낙네들이 영주의 첩이나 성적인 상대가 됨으로써 피곤한 삶으로부터 탈출하려고 했을 수도 있다. 그러나 만약 그녀들이 그렇게 되었다고 하더라도, 그것은 영주로 대표되는 주나라 지배층이 민중을 착취했기 때문에 발생한 하나의 현상일 뿐이다. 만약 이런 착취와 강제가 없었다면, 어느 여성이 자신의 성적인 자주권을 다른 남성에게 양도하려고 했겠는가?

다른 시들을 함께 살펴보면 힘든 삶에도 불구하고 민중의 아낙네들이 귀족들이 바라는 것처럼 성性을 바치려고 하지는 않았다는 점을 알 수 있다. 오히려 삶이 곤궁할수록 남편에 대한 사랑은 커져만 갔다.

> 우리 님은 노역에 간 지 몇 날 몇 달인가?
> 언제면 만나게 되려나? 닭은 우리에 들고
> 날이 저물어 소와 양도 내려왔는데,
> 노역에 가신 우리 님이여! 목마름과 굶주림이나 안 겪으시는지.[100]
>
> ─ 『시경』「왕풍·군자우역」

이 시를 보면 주나라 지배층은 민중을 필요에 따라 수시로 징발했던 것으로 보인다. 그러나 이렇게 징발된 사내들은 쉽게 돌아올 줄을 몰랐다. 남아 있는 아낙네는 해가 저물자 남편에 대한 그리움과 안타까움을 절절하게 토로하고 있다. 〈칠월〉에서 귀족층이 기대했던 것과는 달리 당시 민중의 아낙네들은 남편에 대한 사랑을 그렇게 쉽게 저버리는 여자들이 아니었다. 집에서 키우는 닭도 우리에 들어왔고 방목하던 소나 양도 우리에 들어갔는데, 노역에 나간 우리 남편만 돌아올 줄을 모른다. 여기서 이 아낙네는 슬그머니 자신들의 삶이 짐승보다도 못하다는 것을 표현하고 있는 셈이다. 짐승들도 때가 되면 돌아오는 것이 세상 이치인데, 어떻게 사랑하는 사람들은 돌아올 수 없는 것이 현실이란 말인가? 아낙네들이 노역에 나간 남편을 이처럼 애타게 그리워했다면, 이 여성의 남편처럼 노역에 나간 사내들은 과연 어떤 생각을 하고 있었을까?

> 북소리 둥둥 울리면 무기 들고 뛰어 일어나니,
> 도성과 조읍漕邑의 토목공사가 한창인데 나만 홀로 남쪽으로 싸우러 가네.
> (…)
> 전쟁터에서 이곳저곳으로 옮겨 다니다가, 말[馬]조차 잃어버려 말을 찾아 숲 속을 헤맨다네.
>
> 죽음과 삶, 만남과 헤어짐을 함께하자고 그대와 언약하였지.
> 그대의 손을 잡고 그대와 죽을 때까지 해로하려고 하였지.
>
> 아아! 그런데 이별하여 우리 함께 못 살게 되었다니!
> 아아! 그런데 멀리 떠나 우리의 언약을 어기게 되었다니!¹⁰¹⁾
>
> ─『시경』「패·격고」

춘추시대까지의 모든 전투는 기본적으로 보병전이나 기마전이 아니라 전차전으로 수행되었다. 당시 전차에는 주나라 지배층, 그 가운데 특히 사士들이 타고 있었는데, 보통 세 명이 한 대의 전차에 타게끔 되어 있었다. 세 사람 중 중앙의 운전병은 전차를 조정했고, 왼쪽의 지휘관은 화살을 쏘았으며, 오른쪽의 전사가 그 지휘관을 방패로 보호하였다. 보통 이런 전차 한 대에 보병들이 대략 10명에서 30명까지 따라다녔다고 한다.

이러한 보병들은 비읍의 민중 가운데서 차출된 사람들이었는데, 전투에는 직접 참여하지 않았던 것으로 보인다. 이들의 임무는 전차를 수리하고, 전차를 끄는 말을 돌보거나 아니면 전차에 타고 있던 세 명의 전사들에게 필요한 용역을 제공하는 것이었다. 앞에 인용된 〈격고擊鼓〉라는 시에 등장하는 남자가 바로 노역에 나갔다가 전차를 따르는 보병으로 차출된 것이다. 아마 이 남자는 전차를 끄는 말을 돌보는 역할을 담당했던 것 같다.

그런데 그는 실수로 이 말을 잃어버리게 되었다. 절망적으로 말을 찾아 헤매지만, 이미 사라진 말은 보이지 않는다. 말을 돌보는 임무를 부여받은 이 사내는 이제 곧 전사들에 의해 처형될 것이 분명하다. 자신의 운명을 직감한 이 사내는 사랑하던 아내를 생각한다. "죽음과 삶, 만남과 헤어짐을 함께하자고 그대와 언약하였지. 그대의 손을 잡고 그대와 죽을 때까지 해로하려고 하였지." 눈물을 흘리며 사랑하는 아내를 떠올리는 이 남자의 정황이 우리의 마음을 아프게 한다.

주나라 지배층은 민중을 경제적으로 착취하였을 뿐만 아니라, 그들의 아름다운 사랑마저도 이토록 비극적으로 짓밟았다. 이 점에서 볼 때 "여인네 마음 서글퍼지니 영주님과 결혼하고 싶다네"라고 노래했던 〈칠월〉이라는 시는 오히려 우리의 분노를 자아낸다. 주나라

지배층에 의해 민중은 비참한 생활을 영위했고 아울러 영원하자고 맹세했던 부부간의 언약마저도 지키지 못하게 되었다. 그런 그들에게 귀족들은 자신들의 삶을 좀먹는 '커다란 쥐[碩鼠]'에 불과했다.

> 큰 쥐야 큰 쥐야, 우리 기장 먹지 마라.
> 삼 년 너를 섬겼건만 날 아니 돌보는가.
> 이제는 너를 떠나 저 즐거운 땅[樂土]으로 가련다.
> 즐거운 땅, 즐거운 땅, 거기 가면 내 편히 살리라. 102)
>
> ——『시경』「위풍·석서」

작은 쥐는 잡으면 되지만, 지금 민중이 상대하고 있는 쥐는 너무나 크고 위협적인 쥐다. 주나라 귀족들은 압도적인 군사력과 경제력을 기반으로 민중의 삶을 저항할 수 없이 압박하고 있었다. 그래서 민중은 절망할 수밖에 없었다. 쥐가 눈에 보이는데도 잡을 수가 없었기 때문이다. 오히려 사정은 그 반대여서, 쥐를 잡으려 한다면 역으로 그 쥐에게 잡아먹힐 수도 있었다. 3년 동안 쥐를 섬겼다는 그들의 표현이 이런 안타까운 정황을 잘 대변해준다. 궁지에 몰린 이들은 새로운 대안을 내놓는데, 그것은 바로 '즐거운 땅'이라는 유토피아다. 바로 여기에 민중의 슬픔이 어려 있다. 이 세상에 존재하지 않는 유토피아를 꿈꿀 정도로 그들에게는 현실의 곤란함을 벗어날 수 있는 가능성이 거의 전혀 존재하지 않았던 셈이다. 결국 "즐거운 땅, 즐거운 땅, 거기 가면 내 편히 살리라" 하고 노래할 때, 민중의 설움은 마침내 눈물로 변하고 말았던 것이다.

청춘 남녀의 격정적 사랑 노래

〈격고〉라는 시에서 전차의 말을 돌보던 남자는 말을 잃어버리고 절망하고 있다. 그리고 그는 집에 두고 온 사랑하는 아내를 떠올린다. 그는 자신의 죽음을 예감하면서 아내와의 사랑을 노래한다. "죽음과 삶, 만남과 헤어짐을 함께하자고 그대와 언약하였지. 그대의 손을 잡고 그대와 죽을 때까지 해로하려고 하였지." 그런데 이 두 사람의 사랑에서 우리가 느낄 수 있는 것은 그들이 다른 어떤 권위에도 호소하지 않고, 단지 두 사람의 자유로운 의사로 변치 않을 사랑을 맹세했다는 점이다. 여기에는 주나라의 주류 문화가 강조하던 신분이나 예에 맞는 결혼, 혹은 두 가문의 화합을 위한 수단인 정략적 결혼도 애초에 배제되어 있다. 한 남자와 한 여자가 만난다. 그리고 서로의 마음에 들면 사랑을 맹세하고 결혼한다. 민중의 사랑과 결혼만 그랬던 것은 아니다. 다음 시를 보면 가부장적 관습을 우회하며 사랑을 나누던 어느 귀족층 남녀의 이야기가 등장한다. 예나 지금이나 사랑은 신분과 계급을 넘어서는 보편성을 가지나 보다.

> 둘째 도련님, 우리 마을에 넘어 들어오지 마세요.
> 우리 집 버드나무를 꺾지 마세요.
> 어찌 나무가 아깝겠어요? 저희 부모님이 두려워요.
> 도련님도 그립기는 하지만 부모님의 말씀도
> 역시 두렵거든요.
>
> 둘째 도련님, 우리 집 담을 넘지 마세요.
> 우리 집 뽕나무를 꺾지 마세요.
> 어찌 나무가 아깝겠어요? 저희 오빠들이 두려워요.
> 도련님도 그립기는 하지만 오빠들의 말도
> 역시 두렵거든요.
>
> 둘째 도련님, 우리 집 뜰의 울타리를 넘어 들어오지 마세요.
> 우리 집 박달나무를 꺾지 마세요.
> 어찌 나무가 아깝겠어요? 사람들이 수군거릴까 두려워요.
> 도련님도 그립기는 하지만 사람들의 수군거림도
> 역시 두렵거든요. [103]
>
> ─『시경』「정풍·장중자」

〈장중자將仲子〉라고 불리는 이 시는 아직 정식으로 결혼하지 않은 남녀 간의 사랑을 잘 묘사하고 있다. 특히 이 시에서 가장 인상적인 부분은 애인에 대한 처녀의 이중적인 감정, 즉 긴장과 설렘이 드러나는 부분이다. 처녀는 부모님, 오빠, 마을 사람들을 두려워하고 있다. 이것은 당시 혼전 성관계에 대해 사람들이 불편하게 생각하고 있었음을 반영한다. 그러나 이 처녀는 성적으로 매우 대담하기도 하다. 처음에 그녀는 애인이 마을에 들어오는 것을 말린다. 그러나 그녀의 마음은 곧바로 바뀌고 만다. 만약 들어오게 되면 자신의 집에 심겨 있는 버드나무를 꺾지 말라고 조언해준다. 이런 식의 패턴은 세 연에 모두 공통적으로 나타난다. 들어오지 않았으면 좋겠으나, 굳이 들어오려고 한다면 부디 흔적일랑 남기지 말아달라고 친절하게 조언해주고 있는 것이다. 결국 이것은 매우 조심하고 경계하면서 자기 가까이로 들어와 달라는 말이기도 하다. 결국 이런 표현은 그녀가 자신의 대담한 애인과 동등한 공모자라는 사실을 잘 보여주고 있다.

시를 읽다 보면 그녀의 애인이 점진적으로 그녀의 방에 접근하고 있음을 알 수 있는데, 이것이 바로 이 시를 에로틱하게 만드는 요소이기도 하다. 마을에서 집 담으로, 집 담에서 뜰로, 그리고 아마도 뜰에서 처녀의 방으로. 이런 식으로 이 처녀는 사랑하는 애인과 좀 더 가까이 있고자 하는 갈망을 은근하게 드러내고 있는 것이다. 〈장중자〉라는 시를 읽다 보면, 우리는 처녀와 그의 연인이 이미 서로에게 익숙한 사이라는 것을 어렵지 않게 알 수 있다. 처녀의 애인은 같은 마을 사람은 아닌 것으로 보인다.

그렇다면 두 사람은 언제, 어디에서 만났을까? 도대체 당시 남녀

간의 연애는 어떻게 이루어졌던 것일까? 우리의 이런 의문에 해답을 주는 시가 하나 더 있다.

> 진溱수와 유洧수는 얼음이 녹아 풍성한데[渙渙],
> 남자와 여자는 난초를 들고 있네.
> 여자가 "놀러 갈까?" 말하니, 남자의 대답이 "벌써 갔다 왔는걸."
> "그래도 유수가로 놀러 가요, 정말 재미있고 즐거울 텐데."
> 남자와 여자는 서로 장난치고,
> 작약을 건네주며 헤어지네.[104]
>
> ─『시경』「정풍·진유」

〈진유溱洧〉는 예라는 가부장적 종법 제도를 특징으로 하는 주나라의 주류 전통과는 매우 이질적인 풍습을 잘 보여주고 있다. 이 이질적인 풍습에 따르면 혼전 남녀들이 모여서 자유롭게 통음通淫을 할 수도 있었던 것 같다. 다시 말해 관례적으로 혼전 성관계가 용인되었다는 것이다. 아마도 이런 풍습은 상나라가 중국의 패권을 차지하고 있던 시절부터 지속되어온 것 같다. 예를 들면 『사기』「공자세가孔子世家」를 보면 공자도 아버지 숙량흘叔梁紇과 어머니 안징재顔徵在의 야합野合으로 태어났다고 설명되어 있는데, 여기서 '야합'이란 공자의 아버지와 어머니가 중춘仲春 때 야외에서 혼전 성관계를 했다는 것을 의미한다.

당시의 이러한 자연스러운 풍습과 관련하여 『주례』「지관地官·매씨媒氏」편을 보면 다음과 같은 흥미로운 기사 하나가 등장한다.

중춘仲春 때에는 남녀들이 만나는 것을 허용하였는데, 이때에는 남녀가 으슥한 곳으로 들어가는 것을 그 누구도 막지 않았다.[105]

— 『주례』 「지관·매씨」

이 점에서 〈진유〉라는 시의 첫 구절은 매우 중요하다. "진수와 유수는 얼음이 녹아 풍성한데, 남자와 여자는 난초를 들고 있네." 강의 얼음이 녹아서 풍성하다는 것은 이때가 중춘에 가까운 때라는 것을 말해준다. 그리고 난초를 들고 있다는 표현은 남녀가 성관계를 목적으로 만나고 있다는 것을 암시한다. 〈진유〉에 따르면 이렇게 남녀가 혼전 성관계를 갖는 곳이 바로 유수가였던 것이다. 여기에 등장하는 처녀는 자신이 알고 있던 남자, 분명 성적인 관심을 가지고 있던 남자에게 유수가에 가기를 제안한다. 그러나 놀랍게도 이 남자는 이미 유수가에 갔다 왔다고 솔직하게 대답한다. 다시 말해 이 남자는 이미 성관계를 맺고 나서 이 처녀를 만났다는 것이다. 그럼에도 불구하고 처녀는 아무 일도 아니라는 듯이 다시 한 번 남자를 유혹하여 유수가로 가자고 간청한다.

시는 "남자와 여자는 서로 장난치고, 작약을 건네주며 헤어지네"라는 묘사로 끝난다. 결국 유수가에 이른 이 두 사람은 성관계를 맺고, 그 징표로 작약이라는 향초를 건네주었던 것이다. 수렵 문명권이나 원시사회에서는 보통 성관계를 맺은 남녀가 서로 징표나 선물을 교환하거나, 혹은 남자 쪽이 여자에게 사냥한 동물의 고기를 풀에 싸서 주는 풍속이 있었다. 이런 풍속은 다음 시에서도 분명히 드러난다.

언덕 위에 보리밭이 있으니, 저 유씨 댁 아드님이여.
저 유씨 댁 아드님이여, 어서 와서 저를 먹어보세요.

언덕 위에 오얏 밭이 있으니, 저 유씨 댁 아드님이여.
저 유씨 댁 아드님이여! 나에게 예쁜 패옥을 주시네.[106]

―『시경』「왕풍·구중유마」

  방금 읽은 시는 여자 쪽에서 거의 노골적으로 남자를 유혹하는 장면을 기술하고 있다. 이 시의 마지막 구절, 즉 "저 유씨 댁 아드님이여! 나에게 예쁜 패옥을 주시네"라는 구절은 오얏 밭에서 두 사람이 성관계를 맺었다는 것을 말해준다. 우리는 이제 〈장중자〉라는 시에 등장하는 처녀가 어떻게 자신의 애인을 만났는지를 이해할 수 있게 되었다. 이 시가 그처럼 에로틱한 느낌을 주는 것은 그녀가 혼전 성관계를 한 자신의 애인을 잊지 못했기 때문이다. 이런 쾌락 때문에 그녀와 그녀의 대담한 애인은 마을로 잠입해서, 그녀의 집 담을 넘어 뜰을 지나 밀회를 계속 즐기고자 한 것이다.
  두 사람은 과연 결혼할 수 있었을까? 그것은 아마도 불가능하지 않았나 싶다. 처녀는 이미 자신의 운명을 예감하고 있지 않았던가. 부모님의 반대, 오빠들의 반대, 그리고 마을 사람들의 조롱! 아마도 이러저러한 온갖 반대에 부딪혀 두 사람의 열정적인 사랑은 한때의 아름다운 추억으로만 남게 되었을지 모른다. 〈격고〉라는 시에서는 귀족들에게 중대한 실수를 저지른 남자가 그 때문에 처형당할 것이라는 것을 알고, 아내와의 사랑을 노래했다. "죽음과 삶, 만남과 헤어

짐을 함께하자고 그대와 언약하였지. 그대의 손을 잡고 그대와 죽을 때까지 해로하려고 하였지." 죽음의 기로에 선 이 남자의 사랑이 지금 우리의 가슴을 울릴 수 있는 이유도 바로 그와 그의 아내 역시 젊은 시절 격정적인 사랑을 나누고 마침내 결혼에 성공한 아름다운 부부였기 때문일 것이다.

『시경』에 남아 있는 몇몇 시들을 살펴봄으로써 우리는 당시 대다수 민중이 어떤 삶을 영위했는지 조금이나마 이해할 수 있게 되었다. 그들은 주나라 상류층 문화가 지닌 엄격한 예식주의와 권위적 질서를 벗어나, 진솔하고 당당한 삶을 영위했던 것으로 보인다. 그러나 아쉽게도 주나라의 정치적·사회적 질서가 동요하는 춘추전국시대가 도래했을 때, 민중의 삶은 나아지기는커녕 오히려 악화되어만 갔다. 제후국 간의 치열한 생존경쟁이 강화될수록, 민중은 부국강병을 위해 반드시 통제·검열되어야만 하는 관리 대상으로 전락했기 때문이다.

많은 사상가들이 민중의 중요성에 주목했던 것은 사실이다. 그러나 그들이 민중의 삶 자체를 배려한 것은 아니었다. 오히려 그들은 어떻게 하면 민중을 효과적으로 조직해서 국가권력에 귀속시킬 수 있을지만을 고민했다. 어쩌면 이것이 제자백가라고 하는 중국 고대 사상가들의 근본적인 한계인지도 모른다. 춘추전국시대 내내 지속되던 전쟁과 혼란에 신물이 난 나머지, 당시 지식인들은 안정과 질서를 가져올 통일 제국만을 모색했다. 그래서 그들은 새롭게 대두할 통일 제국이 민중의 삶을 이전보다 더 큰 질곡으로 몰아넣을 위험이 있음을 간과해버리고 만 것이다.

물론 이런 일반적인 경향에서 벗어나 있는 예외적인 사상가들도 존재했다. 그들이 바로 양주楊朱, 송견宋銒, 허행許行, 장자莊子와 같은 일종의 아나키즘을 지향했던 사상가들이었다. 그들에 따르면 강력한 권력으로 이루어진 안정과 질서란 기만적이고 허구적일 뿐이다. 그것은 결국 특정 지배층이 민중을 지속적이고 안정적으로 착취하는 데 성공했다는 것을 말해줄 뿐이기 때문이다. 그래서 아나키스트적인 사상가들은 치열하게 국가와 권력이 함축하고 있는 허구성과 기만성을 폭로하였던 것이다. 다른 사상가들뿐만 아니라 많은 민중이 국가와 권력의 논리에 설득되고 있었기 때문이다.

III

제자백가를 둘러싼 오해와 진실

제자백가라는 말을 들으면 대부분의 사람들은 유가, 묵가, 도가, 법가, 명가 등의 학파 이름을 연상할 것이다. 이것은 중국 철학사의 관례를 그대로 수용한 결과라고 할 수 있다. 대부분의 중국철학사에는 유가 학파에 공자·맹자·순자의 사상이, 묵가 학파에 묵자와 그의 후학들의 사상이, 도가 학파에 노자와 장자의 사상이, 법가 학파에 신불해申不害(B.C.385?~B.C.337)·상앙商鞅·신도愼到(B.C.395~B.C.315)·한비자韓非子(?~B.C.233)의 사상이, 그리고 명가 학파에는 공손룡公孫龍(B.C.320?~B.C.250)과 혜시惠施(B.C.380~B.C.310)의 사상이 배속되어 설명되고 있다. 이런 관례는 타당한 것일까? 이렇게 의구심이 들 수밖에 없는 이유가 한 가지 있다. 유가, 묵가, 도가 등과 같은 학파 구분이 제자백가들에 의해 이루어진 것이 아니라, 한 제국 시대의 역사가들에 의해 이루어졌기 때문이다.

　춘추전국시대에 활동했던 사상가들은 너무나 다양하고 심지어는 대립적이기까지 하다. 당연히 한 제국의 녹을 먹던 역사가들은 이들을 몇 개의 학파로 묶어서 정리하려고 하였다. 분류만큼 정리를 용이하게 만드는 것도 없으니까 말이다. 그렇지만 분류는 항상 배제의 논리를 함축할 수밖에 없는 법이다. 제국 도서관의 장면을 연상해보라. 유가의 서가, 도가의 서가, 법가의 서가, 명가의 서가, 묵가의 서가 등등으로 구분된 다양한 서가들이 정렬되어 있고, 많은 역사가들이 서고를 정리하고 있다. 당시 자료들이 대부분, 죽간竹簡이나 목간木簡이었다는 점을 감안해보면, 두툼한 대나무 두루마기들을 서가에 꽂고 있는 역사가들이 눈에 들어올 것이다. 그렇지만 과연 제자백가들의 속앓이가 담겨 있는 죽간들이 제국 역사가들이 임의적으로 분류한 항목들에 부합했을까? 당연히 불가능한 일이다.

여기서 문제가 되는 상황은 세 가지로 요약된다. 하나는 분류의 원칙에 따르면 유가에도 도가에도 법가에도 속한다고 보기에 애매한 죽간들이 유가나 도가나 법가의 서가에 꽂힐 수 있다는 점이다. 둘째는 역사가들이 만든 어느 분류에도 속하지 않는 죽간들이 서가에 꽂히지 않고 방치되어 마침내는 소실될 수 있다는 점이다. 마지막 셋째는 제국 도서관에 어울리지 않은 반제국주의적인 죽간들, 다시 말해 아나키즘을 표방하는 죽간들은 분류 과정에서 의도적으로 폐기될 수도 있다는 점이다. 여기서 우리는 한 제국의 역사가들이 만들어놓은 분류 도식을 극복할 필요를 강하게 느끼게 된다. 오직 그럴 때에만 제자백가의 속앓이가 고스란히 들어 있는 죽간들을 일체의 선입견이 없이 읽어낼 수 있기 때문이다. 푸코Michel Foucault(1926~1984) 같은 현대 철학자가 분류를 통한 배제의 논리를 극복하기 위해서 몸소 고문서들을 넘겼던 것도 다 이유가 있었던 셈이다.

사실 '제자백가'라는 용어 자체도 전한前漢의 위대한 역사가 사마천의 『사기』 「굴원가생열전屈原賈生列傳」에 처음 등장한다. 그만큼 제자백가에 대한 우리의 통념은 한 제국 역사가들의 시선에 깊은 영향을 받고 있는 셈이다. 이 대목에서 우리는 『사기』와 『한서』라는 역사서에 더 많은 신경을 쓸 필요가 있다. 『사기』는 전한(B.C.206~A.D.8) 시대의 제자백가 분류와 이해 방식을, 『한서』는 후한後漢(25~220) 시대의 이해 방식을 잘 보여주고 있기 때문이다. 중요한 것은 두 역사서가 모두 제국의 통치 이념에 깊이 연루되어 있다는 점이다. 모든 역사는 기록이 이루어지던 시대의 관점을 반영하기 마련이다. 이것은 『사기』와 『한서』의 경우에는 더 두드러질 수밖에 없다. 사마천이나 반고가 모두 제국의 녹을 먹던 관변 역사가들이었다는 사실을 상기하자.

제자백가 이해와 관련해 후대에 가장 큰 영향을 미친 것은 『한서』「예문지」라고 할 수 있다. 「예문지」가 유가 중심으로 제자백가를 이해하는 관례를 확정했기 때문이다. 그렇지만 『사기』를 넘기다 보면 제자백가에 대한 전한 시대의 이해 방식이 후한 시대의 이해 방식과는 상당한 차이를 보인다는 점을 확인하게 된다. 『사기』「태사공자서」가 바로 그 증거다. 「태사공자서」에 따르면 제자백가의 중심은 유가가 아닌 도가였다. 왜 『사기』와 『한서』 사이에는 이런 시선 차이가 발생했던 것일까? 사실 『사기』와 『한서』라는 제국의 역사서가 만들어지기 이전에 제자백가를 체계적으로 이해하려고 했던 또 다른 시도가 존재했다. 유안劉安(B.C.179~B.C.122)의 책임하에 만들어진 『회남자』라는 텍스트가 바로 그것이다.

한 제국 역사가들의 목소리를 소거하지 않는다면, 춘추전국시대 사상가들의 고유한 목소리를 경청하기 힘들 수밖에 없다. 다시 말해 제자백가의 사상을 제대로 음미하기 전에 제자백가에 덧씌워진 한 제국의 아우라를 지워야만 한다는 것이다. 『한서』의 제자백가 분류법, 그리고 이어서 『사기』의 제자백가 분류법을 비판적으로 해체하면서, 『회남자』의 분류법을 살펴보려는 것도 이런 이유에서다. 한 제국에서 제자백가가 어떻게 분류되었는지를 살펴본 다음에, 우리는 춘추전국시대에 활동했던 제자백가들이 실제로 서로를 어떻게 이해하고 있었는지를 검토해볼 것이다. 물론 그들은 자신들의 사상적 근거를 옹호하기 위해서 다른 사상가들의 사유 체계를 비판적으로 진단할 수밖에 없었다. 그렇지만 그들이 상호 비판하는 과정을 검토하다 보면, 우리는 한 제국 역사가들이 이해하고 있던 것보다 더 사실에 가까운 제자백가의 면모를 확인할 수 있지 않을까?

7

제자백가 분류의 계보학

제자백가를 바라보는 시선의 기원

사마천의 『사기』가 상고시대부터 전한 시대 무제까지의 역사를 기록하고 있다면, 『한서』는 한 제국을 개창했던 유방劉邦(B.C.256~B.C.195)에서부터 한 제국을 잠시나마 붕괴시켰던 왕망王莽(B.C.45~A.D.25)의 신新 왕조 때까지의 역사, 그러니까 12대 230년 동안 지속되었던 전한 시대의 역사가 기록되어 있다. 『한서』는 반표班彪(3~54)와 그의 아들 반고, 그리고 그의 딸 반소班昭(45~115)의 노력으로 이루어졌다. 반표는 복이 많았던 사람으로 보인다. 그에게는 남들이 한 명 가질까 말까 한 자식이 자그마치 셋이나 있었으니 말이다. 첫째 아들은 도시의 풍광과 정취를 노래한 부賦라는 새로운 문학 장르를 개척한 반고이고, 둘째 아들은 중국 서북방의 이민족들을 공포에 떨게 했던 명장 반초班超(32~102)다. 마지막으로 그의 외동딸은 지금도 가장 탁월한 여류 문학가로 지목되는 반소다. 문장가로 명성이 자자했던 아들과 딸의 도움을 받아서 그런지, 『한서』는 문체로도 매우 훌륭하다고 정평이 나 있다. 그렇지만 『한서』를 완성하는 데 가장 큰 공헌을 한 사람은 반표나 반소가 아니라 반고였다. 지금도 『한서』에 대한 이야기를 들으면 반고가 연상되는 것은 다 이유가 있었던 셈이다.

『한서』에 실려 있는 글 중 철학사적으로 가장 중요한 것이 바로 「예문지」 편이다. 「예문지」를 통해 우리는 후한 시대 사람들이 춘추전국시대에 활동했던 제자백가들을 어떻게 이해하고 있었는지를 확인할 수 있다. 「예문지」는 크게 여섯 부분으로 나뉘어 있다. 1부는 『논어』를 포함한 유학의 경전들을 다루고 있는 〈육예략六藝略〉이고, 2부는 유가를 포함한 열 가지 사상 학파를 다루고 있는 〈제자략諸子略〉이고, 3부는 문학작품들을 다루고 있는 〈시부략詩賦略〉이고, 4부는 병법과 관련된 텍스트들을 다루고 있는 〈병서략兵書略〉이고, 5부는 천문이나 역법, 혹은 점술을 다루고 있는 〈술수략術數略〉이고, 마지막으로 6부는 의학과 방중술을 다루고 있는 〈방기략方技略〉이다. 순서에 있어서나 그 양에 있어서나 「예문지」는 유가의 학설을 노골적으로 피력하고 있다. 특히 『논어』를 〈육예략〉에 배치함으로써 유학 사상의 시조라고 할 수 있는 공자를 다른 제자백가들과 급이 다른 인물로 승격한 부분이 이채롭다. 이것은 후한 시대에 들어서 공자가 이미 절대적인 권위를 확보했다는 것을 보여주는 사례라고 하겠다.

「예문지」가 제자백가를 어떻게 분류하고 있는지를 보려면, 〈제자략〉을 꼼꼼하게 읽어둘 필요가 있다. 〈제자략〉은 제자백가를 유가, 도가, 음양가, 법가, 명가, 묵가, 종횡가, 잡가, 농가, 소설가 등 크게 열 가지 학파로 분류한다. 〈제자략〉은 10개 학파를 크게 두 부분으로 나누어 다룬다. 하나는 10개 학파 각각에 해당하는 문헌들을 배속해 설명하는 대목이고, 다른 하나는 10개 학파의 문헌들을 분류한 뒤 해당 부분 말미에 사상적 특징을 설명하는 대목이다. 철학사적으로 중요한 부분은 바로 후자다. 이를 통해 아직도 통용되는 10개 학파의 분류법이 어떤 시선에서 확정되었는지를 확인할 수 있기 때문이다.

① 유가 무리들은 아마도 사도司徒의 관직에서 나온 것으로 보이는데, 군주를 돕고 음양에 따르며 교화를 밝히는 자들이다. 유가는 육경六經을 공부하고 인의仁義에 뜻을 두며, 요순堯舜을 숭상하고 문왕과 무왕의 법도를 밝히며, 공자를 스승으로 삼아 그의 말을 중시한다. 유가의 학설이 다양한 학설들 중 가장 높다고 할 수 있다. (…) ② 도가 무리들은 아마도 사관史官에서 나온 것으로 보이는데, 성공과 실패, 보존과 멸망, 화와 복, 그리고 과거와 현재의 도를 두루 기록한 뒤 그 핵심을 잡는다. 맑고 비어 있는 마음으로 자신을 지키고, 겸손하고 부드러운 태도로 자신을 유지해야 한다는 도가의 가르침은 군주의 통치술이라고 할 수 있다. (…) ③ 음양가 무리들은 아마도 과거 희씨와 화씨가 주관하던 천문 관직에서 나온 것으로 보이는데, 공손하게 하늘에 순종하고 해와 달과 별들을 두루 읽어내어 민중에게 공손하게 때를 알려준다. (…) ④ 법가 무리들은 아마도 옥사를 담당하던 재판관[理官]에서 나온 것으로 보이는데, 공이 있는 자에게 상을 주고 죄를 지은 자에게 벌을 줌으로써 예제禮制를 보완한다. (…) ⑤ 명가 무리들은 아마도 예식 담당관[禮官]에서 나온 것으로 보이는데, 옛날에는 호칭과 직위가 같지 않으면 예禮도 또한

법도를 달리했다. (…) ⑥ 묵가 무리들은 아마도 종묘를 지키는 관리에서 나온 것으로 보인다. 그들은 검소한 집에 거주함으로써 검소함을 귀하게 여겼고 노인들을 봉양함으로써 두루 사랑하였으며, 훌륭한 사士를 선발하기 위해 활 쏘는 예를 행함으로써 능력 있는 자를 숭상하였고 아버지를 제사 지냄으로써 귀신을 높였으며, 사계절에 따라 행동함으로써 운명이 없다고 주장했고, 효로 천하를 봄으로써 위로의 일치를 강조하였다. (…) ⑦ 종횡가 무리들은 아마도 사신使臣이란 관직에서 나온 것으로 보인다. (…) ⑧ 잡가 무리들은 아마도 의관議官에서 나온 것으로 보이는데, 유가와 묵가를 아우르고 명가와 법가를 합하여 국가의 핵심이 이런 것들을 갖추고 있어야 한다는 것을 알고 왕의 통치는 어디에나 관철되어야 한다는 것을 이해한다. (…) ⑨ 농가 무리들은 아마도 신농씨와 후직의 관직에서 나온 것으로 보이는데, 백곡을 파종하고 뽕나무 경작을 권장하여 의식을 충족한다. (…) ⑩ 소설가 무리들은 아마도 패관稗官에서 나온 것으로 보인다. 저잣거리의 이야기들은 길에서 듣고 말하는 사람이 만든 것들이다.[107]

―『한서』「예문지·제자략」

「예문지」가 제자백가를 분류하는 방법을 살펴보면, 중요한 세 가지 특징을 확인하게 된다. 첫 번째 특징은 유가 학파에 최고의 권위를 부여하고 있다는 점이다. 이것은 "유가의 학설이 다양한 학설들 중 가장 높다고 할 수 있다"는 말에서 분명해진다. 두 번째 특징은 제자백가를 다룰 때 역사성을 배제하고 구조적인 접근법을 취하고 있다는 점이다. 모든 철학사가 그렇듯이, 춘추전국시대의 철학사는 기존 사유의 한계를 비판하고 이를 극복하면서 새로운 사유가 등장하는 패턴으로 전개되었다. 불행히도 「예문지」는 이런 철학사적 역동성을 전혀 고려하지 않고, 다양한 학파들이 전체 구조의 한 요소인 것처럼 다루려고 한다. 두 번째 분류 특징과 관련되어 있는 세 번째 특징은 제자백가들을 국가주의적 시선에서 정리하고 있다는 점이다. 이런 국가주의적 성격은 유가, 도가 등 10개의 학파들이 모두 고대국가의 특정 관제에서 유래했다고 지적하는 대목에서 명확히 드러난다.

「예문지」는 춘추전국시대의 사상가들을 제국의 정치 질서 논리에 입각하여 분류하려고 한다. 유가는 조세와 교육을 담당하던 사도라는 관직에서, 도가는 사관에서, 음양가는 천문을 담당하는 관직에서, 법가는 재판관에서, 명가는 예식 담당관에서, 묵가는 종묘를 관리하는 관직에서, 종횡가는 외교를 담당하는 관직에서, 잡가는 정책을 논의하는 관직에서, 농가는 농사를 담당하는 관직에서, 그리고 마지막으로 소설가는 저잣거리의 이야기들을 기록하는 관직에서 유래한 것이다. 「예문지」의 분류법을 보았다면 춘추전국시대의 사상가들은 어떤 생각이 들었을까? 한마디로 그들은 기가 찼을 것이다. "군주를 돕고 음양에 따르며 교화를 밝힌다"고 했지만 공자와 맹자孟子(B.C.371?~B.C.289?)는 관직을 지향하는 학문을 거부하고 자신을 위한 학문(위기지학爲己之學)을 지향했고,[108] '군주의 통치술'이라고 했지만 장자는 정치에 대해 강한 혐오감을 피력한 것으로 유명했기 때문이다.[109]

그렇지만 이런 오독은 공자나 맹자, 장자에만 국한된 것일까? 그렇지 않다. "해와 달과 별들을 두루 읽어내어 민중에게 공손하게 때를

「예문지」의 제자백가 분류

제자백가 분류	주요 사상가와 해당 문헌	고대 국가의 관제
유가	안영의 『안자춘추晏子春秋』, 맹자의 『맹자』, 순자의 『순자』	조세·교육 담당 관리司徒之官
도가	관중의 『관자』, 노자의 『노자』(세 가지 판본), 전병田騈의 『전자田子』, 장자의 『장자』, 열자列子의 『열자』, 『할관자鶡冠子』, 『황제사경黃帝四經』	역사 담당 관리史官
음양가	추연의 『추자鄒子』와 『추자종시鄒子終始』, 추석鄒奭의 『공도생종시』와 『추석자鄒奭子』	천문 담당 관리羲和之官
법가	상앙의 『상군서』, 신불해의 『신자申子』, 신도의 『신자愼子』, 한비자의 『한비자』	재판 담당 관리理官
명가	등석鄧析의 『등석』, 윤문尹文의 『윤문자尹文子』, 공손룡의 『공손룡자公孫龍子』, 혜시의 『혜자惠子』	예식 담당 관리禮官
묵가	묵자의 『묵자』	종묘 담당 관리淸廟之守
종횡가	소진蘇秦의 『소자蘇子』, 장의張儀의 『장자張子』	외교 담당 관리行人之官
잡가	위료尉繚의 『위료자尉繚子』, 여불위의 『여씨춘추』, 유안의 『회남자』	간언 담당 관리議官
농가	『신농神農』	농사 담당 관리農稷之官
소설가	송견의 『송자宋子』	여론조사 담당 관리稗官

알려준다"고 했지만 사실 추연鄒衍(B.C.340~B.C.260?)은 음양오행陰陽五行의 논리로 왕조의 흥망성쇠를 진단했던 역사철학자였다. 당시 추연은 제후들에게 공포의 대상이었다. 그의 한마디 말에 민심이 등락을 거듭했기 때문이다.[110] "공이 있는 자에게 상을 주고 죄를 지은 자에게 벌을 줌으로써 예제禮制를 보완한다"고 했지만 상앙이나 한비자는 유가가 지향했던 예치禮治와 자신들이 지향했던 법치法治가 모순矛盾 관계에 있다고 주장했던 정치철학자였다.[111] 그러니까 상앙이나 한비자에게 예치는 법치를 실현하기 위해 반드시 제거해야 할 대상이었던 셈이다. 송견의 경우는 단순한 오독을 넘어서 왜곡에까지 이르

고 있다. 그는 전국시대에 양주와 함께 반국가주의적 사유 경향을 가진 아나키스트로 유명한 사상가였다. 그런 그를 어떻게 "저잣거리의 이야기들"이나 채록했던 인물로 묘사할 수 있다는 말인가.

사마천 부자의 은밀한 갈등

후한 시대 지성계의 시선을 반영하는 『한서』는 유학을 최고의 학파로 하여 춘추전국시대 사상가들을 10개 학파로 정리했다. 그렇다면 그보다 150년쯤 앞선 전한 시대 지성계는 춘추전국시대 사상가들을 어떤 식으로 이해하고 있었을까? 우리의 의문은 사마천이 완성한 『사기』를 넘기면 대부분 풀릴 수 있다. 반표가 집필을 시작한 『한서』가 그의 자식 반고, 그리고 반소에 의해 완성되었던 것처럼, 『사기』도 아버지 사마담의 유업을 계승해서 사마천이 완성한 것이다. 흥미로운 것은 제자백가를 이해하는 사마천 부자의 시선에서 미묘한 차이가 발견된다는 점이다. 우선 사마담이 어떻게 춘추전국시대 사상사를 이해하고 있었는지를 살펴보기로 하자. 사마담은 제자백가의 사상을 〈논육가요지論六家要旨〉라는 글로 정리한 적이 있다. 다행스럽

7. 제자백가 분류의 계보학 225

게도 이 글은 그의 아들 사마천이 『사기』를 마무리하면서 붙인 서문에 실려 아직도 전해오고 있다.

> 무릇 음양가·유가·묵가·명가·법가·도가는 모두 통치에 힘썼지만, 단지 관점에 따라 말한 것이 달랐기 때문에 살핀 것과 살피지 않는 것이 있을 따름이다. 내가 이해한 바에 따르면 ① 음양가는 징조를 중시하고 꺼리는 것이 많아서 사람들을 압박하여 두려운 것이 많게 했다. 그렇지만 음양가가 사계절의 커다란 순서를 규정한 것은 잃어버려서는 안 된다. ② 유가의 학설은 넓지만 요점이 적고 수고스럽지만 효과는 적다. 그러므로 유가의 일은 모두 따르기가 힘들다. 그렇지만 유가가 군신과 부자의 예禮라고 규정하는 것, 그리고 부부와 장유의 구별을 분명히 한 것은 바뀔 수 없는 것이다. ③ 묵가의 학설은 검약하여 따르기가 힘들다. 그러므로 묵가의 일을 모두 실천하는 것은 불가능하다. 그렇지만 농사를 강화하고 비용을 절약하라는 묵가의 주장은 없앨 수 없는 것이다. ④ 법가의 학설은 엄격하여 자애로움이 부족하다. 그렇지만 법가가 군신과 상하 관계의 직분을 바로잡은 것은 고쳐서는 안 된다. ⑤ 명가의 학설은 엄밀한 논리를 강조하여 사람들로 하여금 쉽게 진실함을 잃게 한다. 그렇지만 명가가 이름과 실제를 바로잡은 것은 살피지 않을 수가 없다. ⑥ 도가의 학설은 사람의 정신을 전일하게 하고 보이지 않는 도에 부합하도록 행동하게 하고 만물을 풍족하게 만든다. 도가의 학술은 음양가가 말한 사계절 순서에 근거하고 유가와 묵가의 장점을 모으며 명가와 법가의 핵심을 취한다. 그래서 도가는 때와 사태에 따라 변화하여 풍속을 진작시키고 일을 시행하여, 어느 경우든 합당하지 않은 적이 없

다. 도가의 학설은 간단하여 적용하기 쉽고, 일은 적지만 효과는 크다.[112]

— 『사기』 「태사공자서·논육가요지」

『한서』가 제자백가를 10개 학파로 분류했던 것과 달리 사마담은 제자백가를 여섯 학파, 즉 음양가·유가·묵가·법가·명가·도가로 분류했다. 여기서 우리의 눈에 들어오는 것은 사마담이 도가의 사유를 나머지 다섯 학파의 장점을 흡수하고 단점을 제거한 완벽한 종합철학으로 긍정하고 있다는 점이다. 사마담의 지적이 옳다면 『한서』가 만들어지기 150여 년 전 전한 시대에 사상계의 총아는 유가가 아니라 도가였다고 할 수 있다. 심지어 유가는 사마담에 의해 "학설은 넓지만 요점이 적고 수고스럽지만 효과는 적은" 수준 낮은 학파로 폄하되기까지 한다. 그렇지만 유가에 대한 이런 평가는 전한 시대 지성계의 통념이었을까? 이런 의문을 해소하려면 〈논육가요지〉의 나머지 부분을 꼼꼼히 읽어볼 필요가 있다.

유가는 도가와는 다르다. 유가는 군주를 천하 사람들의 모범이라고 생각한다. 군주가 제창하면 신하가 화답하고, 군주가 앞장서면 신하가 뒤따른다. 이와 같다면 군주는 피곤하고 신하는 편안하다. 그렇지만 위대한 도道의 핵심은 적극성을 제거하고 총명함을 물리치는 데 있다. 유가는 이것을 버리고 인위적인 통치술을 사용하려고 한다. 그렇지만 정신은 크게 사용하면 고갈되고, 육체는 크게 노동하면 피폐해지는 법이다. 육체와 정신이 번잡한데도 천지처럼 장구하기를 원한다는 것은 들어보

지도 못한 이야기다.[113)]

― 『사기』「태사공자서·논육가요지」

방금 읽은 구절은 여섯 학파의 성격을 설명한 뒤 사마담이 여섯 학파 중 유가와 도가만을 선택하여 두 학파의 장단점을 이야기하고 있는 대목이다. 그에 따르면 유가가 군주의 능동성을 강조하고 있다면, 도가는 군주의 수동성을 강조하고 있다. 구체적으로 말해 유가는 군주가 모든 일을 직접 관장하여 명령을 내리고 신하들은 단지 군주의 명령을 따르면 된다고 주장한다. 반면 도가는 신하들이 자신들이 수행해야 할 임무를 군주에게 고하면 군주는 단지 그 일이 제대로 수행되었는지 여부만을 점검하면 된다고 주장한다. 이어서 사마담은 군주가 모든 일을 관장하게 되었을 때의 파국을 경고한다. 모든 일을 관장하려고 한다면 군주는 극심한 스트레스로 정신적으로나 육체적으로나 피폐할 수밖에 없다는 것이다.

이렇게까지 사마담이 유가의 단점과 도가의 장점을 반복적으로 피력하고 있는 이유는 무엇일까? 이것은 당시에 유가와 도가가 사상적 패권, 혹은 제국의 이데올로기 자리를 두고 치열하게 다투고 있었다는 것을 말해준다. 치열한 사상적 대립 속에서 사마담은 유가가 아닌 도가의 손을 들어주고 있었던 것이다. 바로 이것이 사마담이 〈논육가요지〉를 집필한 진정한 의도였다고 할 수 있다. 여기서 궁금증이 하나 생긴다. 사마천은 자신의 아버지와 같은 견해를 취하고 있었을까? 표면적으로 아버지가 집필한 〈논육가요지〉를 그대로 서문에 기재하고 있다는 점에서, 사마천도 유가보다는 도가의 손을 들어주고 있는 것으로 보인다. 그렇지만 상황이 그렇게 단순하지만은 않다. 표면적으로 아버지 사마담의 견해를 따르고 있는 것 같지만 그의 속내는 아버지와 달랐다고 할 수 있기 때문이다. 물론 그렇다고 해서 사마천이 춘추전국시대 사상사에 대한 자신만의 생각을 명시적으로 피력했다는 것은 아니다. 사마천의 은밀한 속내는 『사기』의 편제 속에 각인되어 있다.

『사기』는 크게 다섯 부분으로 구성되어 있다. 첫째는 중원 대륙의 통치자, 즉 천자를 다루고 있는 「본기本紀」편, 둘째는 제후들을 다루고 있는 「세가世家」편, 셋째는 천자나 제후와 같은 현실 통치자는 아니지만 역사에 지대한 영향을 끼쳤던 사람들을 다룬 「열전列傳」편, 넷째는 다양한 관점에서 만들어진 연표들을 다룬 「표表」, 그리고 마지막으로 다섯째는 고대 중국의 문화 제도사를 다루고 있는 「서書」다. 당연히 춘추전국시대 사상가들은 「본기」나 「세가」가 아니라 「열전」에서 다루었다.

그렇지만 사상가인데도 불구하고 제후의 반열에서 다루어지는 사상가가 한 명 있다. 그가 바로 유가의 창시자라고 할 수 있는 공자다. 사마천은 도가의 창시자라고 하는 노자老子를 「노자한비열전老子韓非列傳」에서 다루고 있는 것과는 달리 공자는 「공자세가」에서 다루고 있다. 그의 눈에 공자는 노자가 범접할 수 없는 권위를 가진 인물로 보였던 것이다.

> 천자나 제후로부터 육예六藝를 이야기하는 나라 안의 모든 사람들은 공자의 말씀을 판단 기준으로 삼고 있으니, 그는 참로 최고의 성인이라

고 말할 수 있겠다.[114)]

— 『사기』 「공자세가」

방금 살펴본 구절은 「공자세가」를 마무리하면서 사마천이 공자를 평가하고 있는 부분이다. 최소한 그의 눈에 비친 지성계는 공자로 대표되는 유가가 사상의 주도권을 잡고 있었던 것이 확실하다. 그렇다면 사마담과 사마천 사이에서 사상적으로 극적인 반전이 일어난 셈이다. 최소한 사마담 시대에는 유가와 도가가 자웅을 다투고 있었기 때문에, 누구든지 유가 혹은 도가를 지지할 수 있었다. 그러던 것이 사마천에 이르러서는 그의 말대로 "나라 안의 모든 사람들이 공자의 말씀을 판단 기준으로 삼게" 된 것이다. 『한서』 「예문지」를 통해서 우리는 이미 유가를 최고의 학파로 숭상하는 지적인 분위기를 확인했다. 사실 이런 분위기는 전한 시대 사마천에서부터 만들어졌던 셈이다. 여기서 한 가지 가설을 세울 수 있다. 사마담의 시대에 도가와 유가가 패권을 다투고 있었고 사마천에서부터 유가가 최고 학파로 인정되었다면, 사마담 이전에는 도가가 유가를 제치고 유력한 학파로 자리매김하지 않았을까? 이런 가설을 가지고 사마담 이전 한 제국 초기의 지성계를 살펴보면, 우리의 눈에는 『회남자』라는 텍스트가 들어온다. 이 책을 통해 『한서』나 『사기』와는 전혀 다른 춘추전국 시대 사상사를 확인해보자.

회남자의 제자백가 사상사

회남자 유안은 한 제국을 세웠던 유방의 손자뻘이 되는 사람이다. 관례대로 그는 회남왕淮南王에 봉해졌고, 얼마 지나지 않아 지방 제후들 중 실질적인 지도자로 성장한다. 그렇지만 유안은 이것이 자신을 비극적인 죽음으로 몰고 가게 되는 원인이라는 것을 전혀 짐작하지 못했다. 무제는 즉위하자마자 황제를 중심으로 한 강력한 중앙집권 정책을 수행한다. 이것은 지방 제후들의 권력을 약화시키지 않으면 불가능한 정책이었다. 자의반 타의반으로 유안은 무제의 정책에 맞설 수밖에 없었다. 유안은 무제에 맞서 반란을 도모했지만 역부족이었다. 마침내 그는 자결이라는 극단적인 수단을 선택하면서 역사에서 사라진다. 평상시 유안은 자신의 정치적 영향력을 강화하기 위하여 많은 지식인들을 식객으로 거느리고 있었다. 중요한 것은 그들이 직간접적으로 춘추전국시대에 활약했던 사상가들의 후계자에 해당한다는 점이다. 바로 이 지식인들이 유안의 경제적 후원을 토대로 『회남자淮南子』라는 책을 완성한다.

『회남자』는 노자로 상징되는 무위無爲 정치 이념을 표방하고 있는 텍스트라고 할 수 있다. 이것은 물론 무제의 중앙집권적 정치 노선을 유위有爲 정치로 폄하하려는 유안의 의도를 반영하고 있는 것이다. 한 제국 시기에는 '무위'가 군주의 인위적인 정치 개입을 부정하는 개념으로, 그리고 '유위'는 그 반대로 군주의 능동적인 정치력을 긍정하는 개념으로 사용되었다. 여기서 잊지 말아야 할 것이 하나 더 있다. 그것은 유안의 문하에 있던 지식인들이 중앙집권 체제에 대해 강한 거부감을 갖지 않았다면 이 책은 결코 완성되지 않았을 것이라는 점이다. 그들은 강력한 중앙집권체제하에서는 사상과 학문의 자유가 보장될 수 없다는 사실을 명확히 알고 있었던 셈이다. 유안이 지식인들을 모으고, 제자백가의 계승자들이 유안에게 몰려든 이유가 분명했던 셈이다. 그것은 무제로 상징되는 절대 권력 앞에서 자신들을 보호하기 위한 일시적인 연대였던 셈이다.

당연히 『회남자』에 피력된 춘추전국시대 사상사는 『한서』나 『사기』가 구성했던 것과는 성격을 달리할 수밖에 없었다. 『한서』나 『사기』가 중앙집권적 정치 이념을 토대로, 그리고 어느 정도 황제의 권력에 의한 후원으로 완성되었다면, 『회남자』는 지방분권적인 정치 이념과 지식인들의 자율성을 토대로 만들어진 것이기 때문이다. 『회남자』가 춘추전국시대 사상사를 어떻게 이해하고 있는지를 보여주는 것이 바로 「요략要略」 편이다. 「요략」 편은 『한서』의 「예문지」나

『사기』의 〈논육가요지〉와는 달리 글자 그대로 춘추전국시대 사상사를 지향하고 있다. 특히 새로운 사상의 등장을 당시 정치적 상황의 필요에서 찾고 있는 발상이 무척 이채롭다. 상당히 긴 분량이기 때문에 춘추시대 사상사를 다루는 부분과 전국시대 사상사를 다루는 부분으로 나누어서 살펴보는 것이 좋을 것 같다. 먼저 주나라의 태동부터 춘추시대까지의 사상사를 기록하고 있는 부분을 살펴보도록 하자.

① 문왕의 시절에 주紂가 천자로 있었다. 당시에는 과세에 한도가 없고 살육도 멈추지 않았지만, 주는 쾌락에 빠져 궁궐 안은 마치 저잣거리와 같았다. (…) 문왕은 겸손과 부드러움으로 강함과 포악함을 이겨 천하 사람들을 위해 사람들을 해치는 무리들을 제거하여 왕도를 이루고자 하였다. 그러므로 강태공의 계책이 생기게 된 것이다. 문왕이 왕업을 이루지 못하고 죽자 무왕이 문왕의 유업을 잇고 강태공의 계책을 채택하였다. (…) ② 무왕이 즉위한 지 3년 만에 죽자 성왕成王은 아직 어려 정사를 돌볼 수가 없었다. 채숙蔡叔과 관숙管叔은 공자公子 녹보祿父를 도와서 난을 일으키려고 했다. 주공이 문왕의 왕업을 계승하여 천자의 정사를 집정하여 주나라 왕실을 지탱하고 성왕을 도왔다. (…) ③ 공자는 성왕과 강왕의 방법을 정비하고 주공의 가르침을 서술하였으며 72명의 제자들로 하여금 의관을 착용하게 하고 서적들을 정비하게 하였다. 이로부터 유학이 생기게 되었다. ④ 묵자는 유학을 배워서 공자의 학술을 수용했다. 그렇지만 유학의 예가 번잡하여 간단하지 않고 후한 장례가 재물을 소비하여 민중을 빈곤하게 만들고 오랜 상복 착용이 삶을 해치고 일에 방해된다고 생각하였기 때문에, 묵자는 주나라의 방법을 버리

고 하나라의 정사를 채택하였다. (…) 그러므로 재물을 절약하고, 장례를 간소하게 지내며, 간소하게 상복을 입어야 한다는 학설이 탄생한 것이다. ⑤ 제나라 환공 때 천자의 힘이 미약하여 제후들이 무력으로 서로를 정복했고 남쪽과 북쪽의 이민족들이 번갈아 중원 땅에 쳐들어왔다. (…) 환공은 중원 사람들의 걱정을 근심하고 이민족들의 침범을 걱정하여 망하려는 국가를 보존하고 멸망한 국가의 후사를 이으며, 천자의 지위를 존중하고 문왕과 무왕의 왕업을 넓히려고 하였다. 그러므로 『관자』라는 책이 탄생하게 된 것이다. ⑥ 제나라 경공은 안으로는 음악과 여자를 좋아하고 밖으로는 사냥개와 말을 좋아하여 사냥을 나가면 돌아올 줄을 모르고 여자를 가리지 않고 좋아했다. (…) 그러므로 안자의 간언이 탄생하게 된 것이다.[115]

— 『회남자』 「요략」

『회남자』는 주나라의 건국에서부터 춘추시대까지의 사상사를 강태공, 주공, 공자, 묵자, 관중, 안자, 이 여섯 사상가를 다루는 것으로 정리했다. 여기서 강태공과 주공은 주나라 왕실의 권위가 땅에 떨어진 춘추시대 이전의 인물이었다. 강태공, 즉 강족의 수장 강상은 주나라를 도와서 상나라를 무력화하는 데 일등 공신이었고, 주공은 나이 어린 조카 대신 섭정이 되어 주나라를 반석에 올려놓았으며 동시에 통치 질서로서 주례周禮를 정초한 인물로 유명하다. 이어서 『회남자』는 본격적으로 춘추시대 사상사를 다루기 시작한다. 공자는 주례를 숭상하면서 유학을 창시했고, 묵자는 주나라가 아닌 상나라 이전의 전설적인 왕조 하나라의 검소한 정신을 따랐으며, 관중은 제나라의 환공을 도와 그를 춘추시대의 첫 번째 패자로 만들었고, 마지막으로 안자, 즉 안영은 사적인 쾌락에 몰두했던 제나라 경공에게 직언을 아끼지 않은 명재상이었다.

네 사람으로 요약되는 춘추시대 사상사의 중요한 특징은 이 시대가 직간접적으로 유학 사상의 전통에 놓여 있다는 데 있다. 이 점에서 주나라 왕실을 명목상으로만 존중하였을 뿐 사실 주나라가 누려야 할 정치적 권위를 찬탈했던 환공마저도 "천자의 지위를 존중하고 문왕과 무왕의 왕업을 넓히려고 하였다"고 평가하는 대목이 눈에 띈다. 『회남자』는 환공이나 관중의 속내를 알지 못했던 것일까? 그렇지 않았을 것이다. 사실 『회남자』가 중시한 것은 환공이나 관중마저도 주나라의 통치 이념이었던 주례周禮를 부정할 수 없었던 당시의 지적인 분위기였기 때문이다. 이제 『회남자』가 전국시대 사상사를 어떻게 이해하고 있었는지 살펴보도록 하자.

⑦ 주나라 말기에 여섯 국가의 제후들(패자들)은 계곡과 강과 산을 경계로 각각 자신의 영토를 다스리고 지키면서 권력을 장악하여 정령政令을 독단적으로 시행하였다. 그들은 아래로는 다른 제후들을, 위로는 천자를 무시하고 서로 힘으로 정벌하여 권력을 다투었으며, 승리한 제후가 우두머리가 되었다. 동맹국들을 믿어 두터운 폐백을 약조하며 징표를 나누어 먼 국가와 원조를 맺음으로써 자신의 국가를 지키고 사직을 보호하였다. 그러므로 이로부터 종횡과 장단의 정치술이 탄생하게 된 것이다. ⑧ 신불해는 한韓나라 소공昭公과 이공釐公의 재상이었다. 한나라는 진晉나라에서 분리되어 나온 국가였다. (…) 진나라의 옛날 예禮가 아

직도 없어지지 않았는데도 한나라의 새로운 법이 거듭 반포되었고, 죽은 군주의 명령이 아직 철회되지 않았는데도 즉위한 군주의 명령이 새로 내려졌다. 새것과 헌것, 앞에 있던 것과 뒤에 생긴 것이 서로 대립되고 모순되어 모든 관리들이 혼돈에 빠져 어떤 것을 적용해야 할지 몰랐다. 그러므로 형명刑名의 책이 탄생하게 된 것이다. ⑨ 진秦나라 사람들은 욕심이 많고 사납기에 의로움보다는 이익을 쫓는 경향이 강하여, 형벌로 위협할 수는 있지만 교화를 통해서 선하게 만들기 어렵고 상을 주어서 권면할 수는 있지만 명예로 격려할 수는 없다. (…) 효공孝公은 범과 이리의 기세로 제후들을 병탄하고자 하였다. 그러므로 상앙의 법이 탄생하게 된 것이다.[116)]

— 『회남자』「요략」

『회남자』는 소진이나 장의 같은 종횡가, 신불해, 그리고 상앙으로 전국시대 사상사를 요약한다. 중요한 것은 전국시대를 상징하는 이 세 가지 경향이 모두 유학이 표방하던 예절이나 도덕과는 아예 담을 쌓고 있다는 점이다. 종횡가의 활약이 상징하는 것처럼 당시는 어제의 적이 오늘의 친구로, 반대로 어제의 친구가 오늘의 적으로 시시각각 돌변하던 격동기였다. 자국의 이익을 위해서 배신을 밥 먹듯이 하고 있는 상황에서 신의信義를 강조하는 유학 이념은 발붙일 수 없었을 것이다. 당연히 이런 상황에서 유학 이념을 맹신하는 제후국들은 쇠퇴하고 철저하게 이익을 도모하는 제후국들이 실리를 얻는 데 성공하게 되었다. 결국 『회남자』에 따르면 춘추시대까지 중국은 실질적이든 명목적이든 간에 유학 이념을 공유하고 있었지만, 이와 달리

전국시대에 유학은 부국강병을 위해 제거해야 할 천덕꾸러기 신세로 전락하고 만 것이다.

이 대목에서 신불해라는 사상가를 설명하는 부분에 등장하는 "진나라의 옛날 예가 아직도 없어지지 않았는데도 한나라의 새로운 법이 거듭 반포되었고, (…) 새것과 헌것, 앞에 있던 것과 뒤에 생긴 것이 서로 대립되고 모순되어 모든 관리들이 혼돈에 빠져 어떤 것을 적용해야 할지 몰랐다"라는 구절은 매우 중요하다. 전국시대는 바로 옛날 예가 새로운 법으로 대치되던 과도기였으며, 그리고 동시에 예가 아닌 법을 통치 이념으로 삼은 제후국이 강대해졌던 시대였다는 것을 보여주기 때문이다. 역사적으로도 신불해의 헌신적인 노력에도 불구하고 한나라는 법치로 완전히 이행하는 데 실패하고, 얼마 지나지 않아 진秦나라에 병합되는 신세로 전락한다. 『회남자』가 상앙으로 전국시대 사상사를 마무리하는 것도 다 이유가 있었던 셈이다. 상앙은 법치 이념을 진나라에 현실화했던 사상가였기 때문이다. 만약 진秦나라가 법치를 채택하지 않았다면, 아마 다른 제후국이 전국시대를 통일하고 제국이 되었을지도 모를 일이다.

『회남자』의 필자들이 춘추전국시대 사상사를 전개한 이유는 다른 데 있지 않았다. 그것은 자신을 후원하던 주인, 유안의 정치적 이념과 아울러 자신들의 사상이 춘추전국시대에 만개했던 다양한 사상들을 극복하고 있다는 것을 보여주고자 함이었다. 「요략」 편이 유안과 『회남자』로 대미를 장식하는 것은 어쩌면 당연한 수순인지도 모르겠다.

⑩ 유안의 책은 천지의 형상을 보고 고금의 일에 정통하여 일을 헤아려

제도를 세우고 형세를 따져서 마땅한 조치를 취하고 있다. 유안은 도道에 근거하는 마음과 삼왕三王에 부합하는 기풍으로 큰 뜻을 품고 신비한 경지에서 정진하여 미세한 것도 살핀다. 마침내 그는 구별하는 마음을 제거하고 맑고 고요한 마음을 길러 천하를 거느리고 만물을 다스리며 변화에 대응하여 다양한 부류들에 정통하게 되었다. 그는 하나의 길만을 따르거나 한 모퉁이의 가르침을 지키면서 사물에 얽매이지 않아서 세상이 변한다고 해서 변하지 않았다.[117]

― 『회남자』 「요략」

『회남자』 필자들의 생각이 옳다면, 유안의 정신은 거의 신적인 경지에 올랐다고 할 수 있다. 그는 내적으로는 "도에 근거하는 마음"을, 그리고 외적으로는 전설적인 세 명의 군주인 "삼왕에 부합하는 풍모"를 가지고 있을 정도였다. 여기서 삼왕이란 하나라의 우왕禹王, 상나라의 탕왕湯王, 그리고 주나라의 문왕을 가리키는데, 유학에서는 이 세 명의 군주를 일종의 철인왕으로 간주하고 숭배한다. 그러니까 겉으로 유안은 유학이 지향했던 현명한 군주의 외양을 갖추고 있었던 것이다. 그렇지만 이런 그의 외양보다 더 중요한 것은 그의 내면이 아닐까? 그래서 유안이 "도에 근거하는 마음", 즉 도에 부합하는 내면을 갖추고 있다는 묘사가 중요하다. 결국 그는 겉으로는 유가가 지향했던 외양을 갖추고 있지만 내적으로는 도가가 지향했던 경지에 있었던 것이다. 한마디로 유안은 '내성외왕內聖外王'이란 수식어가 아깝지 않은 인물이었던 셈이다.

회남자 유안에 대한 사상사적 평가를 살펴보자마자, 눈치가 빠른 독자는 사마담의 〈논육가요지〉를 떠올렸을 것이다. 사마담은 다음과 같이 말한 적이 있다. "도가의 학설은 사람의 정신을 전일하게 하고 보이지 않는 도에 부합하도록 행동하게 하고 만물을 풍족하게 만든다." 사마담의 주장이 옳다면 도가의 학설에 따를 때 우리는 평정한 마음을 갖고, 도에 부합하는 행동을 하며, 그 결과 만물을 풍족하게 만들 수 있다. 놀랍지 않은가. 도가에 대한 사마담의 평가가 유안에 대한 『회남자』 필자들의 평가와 대동소이하다는 것이 말이다. 그들에 따르면 유안도 "고요한 마음을 길러 천하를 거느리고 만물을 다스릴 수 있는" 경지와 "도에 근거한 마음"을 가지고 있었던 사상가였다. 여기서 우리는 한 가지 중요한 사실을 확인하게 된다. 도가라고 말할 때 사마담이 생각하고 있던 사상가는 노자와 장자가 아니라, 내성외왕을 지향했던 유안과 그의 문인들이었던 것이다.

마지막으로 『회남자』 「요략」 편에서 피력된 춘추전국시대 사상사의 특징 두 가지를 점검해보자. 첫 번째 특징은 『회남자』에는 유가, 도가, 묵가 등의 학파 구분이 보이지 않는다는 점이다. 구체적으로 말해 「요략」 편은 춘추전국시대 사상사를 강태공, 공자, 묵자, 상앙 등등의 고유명사로 풀어내고 있다. 이것은 『한서』나 『사기』가 춘추전국시대 사상사를 유가, 도가, 묵가 등의 학파 개념으로 정리했던 것과는 분명히 구별되는 특징이라고 하겠다. 결국 우리가 통상적으로 사용하고 있는 학파 구분법은 최소한 한 제국 초기에는 사용되지 않았던 것이다. 나중에 확인하겠지만 춘추전국시대에도 유가와 묵가를 제외하고는 도가, 법가, 명가 등의 학파 개념은 사용되었던 적이 거의 없었다. 두 번째 특징은 『회남자』가 철학사적 의식을 가지고 춘추전국시대 사상사를 정리하고 있다는 점이다. 『회남자』에 따르면 춘추시대까지는 주공이나 공자로 대표되는 유학 사상이 지배적인 철학적 패러다임으로 통용되었다면, 전국시대에는 신불해나 상앙 같은 반유학적 사유 경향이, 그리고 한 제국 초기에는 『회남자』가 표방했던 도가 사상이 그 역할을 맡고 있었다. 이런 『회남자』의 역사적 감각은 『한서』나 『사기』가 지향했던 춘추전국시대 사상사에 대한 구조적 접근법과는 대조적인 특징이라고 하겠다.

한 제국 지성계의 패러다임 변화

지금까지 우리는 춘추전국시대 사상사를 이해했던 한 제국 지성계의 미묘한 시선 변화를 추적해보았다. 유가 중심으로 제자백가를 이해하는 우리의 통념을 결정했던 『한서』, 유가와 도가 중 어느 학파를 중심으로 놓을지 갈팡질팡하고 있던 『사기』, 그리고 명확히 도가 중심으로 제자백가를 이해하고 있던 『회남자』. 결국 한 제국의 지성계는 도가가 지배하던 시대에서, 도가와 유가가 패권을 다투던 시대로, 그리고 최종적으로 유가가 도가를 물리치고 지적인 권위를 확보하는 데 성공했던 시대로 드라마틱하게 이행하고 있었던 것이다. 도가에서 유가로의 패러다임 전환을 상징적으로 보여주는 대목이 바로 사마담과 그의 아들 사마천 사이의 시선 변화였다고 할 수 있다. 사마담이 도가와 유가가 격렬한 사상 투쟁을 벌이고 있던 시대에 살았다면, 사마천은 최종적 승자가 유가로 결정되었던 시대에 살았기 때문이다. 그리고 마침내 최종적인 승리를 거머쥔 유가들이 『한서』 「예문지」를 통해 유가 중심의 춘추전국시대 사상사를 확정했던 것이다. 결국 핵심은 『회남자』에서부터 『사기』 사이에 일어났던 혁명적인 변화라고 할 수 있다. 도대체 이 사이에 한 제국에서는 무슨 일이 벌어졌던 것일까?

건국 초에 군국제郡國制를 채택한 한 제국의 중앙정부는 수도를 중심으로 전 국토의 3분의 1밖에 직접 통치하지 못했다. 나머지 광대한 영역은 제후로 봉해진 왕족이나 공신들에 의해 통치되었다. 심지어 중앙정부 내에서도 요직은 공신들이 독점하다시피 했다. 한 제국 초기에 황제가 정치권력을 자신에게 수렴할 수 없었던 이유는 무엇이었을까? 그것은 당시의 정치적 상황 때문이었다. 아직도 지방에는 중앙정부의 힘으로 통제할 수 없었던 호족豪族들이 발호하고 있었고, 변경에서는 대규모 무력을 지닌 흉노匈奴의 침범이 끊이지 않았다. 그래서 중앙정부는 불가피하게 지방분권적 정책을 실시할 수밖에 없었던 것이다. 제후국들에게 자율권을 주어서 지방 호족 세력의 발호나 흉노의 침범을 효과적으로 막기 위함이다. 지방 제후들에게 자율권을 주었던 시기는 40여 년 동안 문제文帝(재위 기간 B.C.180~B.C. 157)와 경제景帝(재위 기간 B.C.157~B.C.141)가 제국을 통치했던 시절이다. 강력한 중앙집권을 추구하지 않았기 때문에 유안과 같은 제후들이나 그들 밑에 식객으로 있던 지식인들은 상대적으로 자유로웠다. 그래서 그런지 후대 지식인들은 이 시기를 '문경지치文景之治'라고 부르면서 태평성대로 기억하게 된다.

문제와 경제 시기 공신 관료나 제후들은 자신들의 이익에 부응하는 지방분권적 이념을 도가 사상으로 정당화했다. 당시의 도가 사상은 '노장사상老莊思想'이 아니라 '황로 사상黃老思想'이라고 불렀다. 여기서 황로黃老란 중국의 전설적인 임금 황제黃帝와 도가 사상의 창시자 노자를 가리키는 말이다. 이 대목에서 중국의 고대 사상사에 나타나는 흥미로운 패턴 하나를 상기할 필요가 있다. 그것은 자신이 속한 학파의 권위를 높이기 위해서 학파의 창시자를 권위 있는 인물과 연결시켰던 관례다. 공자나 그의 추종자들은 공자의 사유를 주나라의 문왕이나 주공과 연결시켰다.[118] 이와는 달리 유학을 비판했던 묵자나 그의 추종자들은 묵자의 사유를 주나라 이전의 전설적인 군주들, 특히 하나라의 우임금과 연결시킨다.[119] 묵가들의 이런 시도는 자신들의 스승 묵자가 공자보다 더 권위 있다는 것을 보여주기 위해 채택한 전략이라고 할 수 있다. 이런 패턴에 따라 한 제국 초기 노자의 추종자들은 노자를 탕임금보다 더 오래된 전설적인 군주 황제와 연결시켰던 것이다. 한 제국 초기의 도가를 상징하는 『회남자』에서 황제가 최고의 권위를 가진 군주로 빈번히 등장하는 것도 다 이유가 있었던 셈이다.

그렇다면 노자의 사상 중 어느 측면이 문제와 경제가 실시했던 지방분권적 정책 이념을 정당화했던 것일까?

학문을 하는 자는 날마다 더하고, 도를 하는 자는 날마다 덜어낸다. 덜고 덜어내어 마침내 무위에 이르게 된다. 무위无爲하면 하지 못할 것이 없다. 장차 천하를 취하려고 한다면 항상 무사无事로서 해야 한다. 만약

일이 있게 되면 천하를 취하기에 충분하지 않을 것이다.[120]

— 『백서노자』 11장

이것이 바로 노자가 표방했던 무위 정치의 이념이다. 물론 무위라고 해서 군주가 손을 놓고 있는 것은 아니다. 단지 최고 통치자는 관료나 제후들이 수행해야 할 일들을 직접 지시하지 않고 그들에게 자율권을 부여해서, 그들이 자율적으로 실시한 결과만을 점검하면 된다는 것이다. 이럴 때 제국의 정치는 저절로 이루어진다는 것이다. 지방분권적 정책을 실시하고 있던 문제나 경제 시기의 지성계에서 노자의 정치철학에 환호했던 것도 다 이유가 있었던 셈이다. 그렇지만 과연 문제나 경제의 속내도 무위 정치, 혹은 지방분권 정책에 있었던 것일까? 권력의 속성상 있을 수 없는 일이다. 단지 두 황제는 상황이 불가피해 지방분권 정책을 실시하고 있었을 뿐이다. 문경지치 동안 황로 사상에 입각해서 수행된 지방분권 정책, 즉 무위 정치는 조세 경감, 형벌 간소화, 옛 제도의 답습, 대역사의 자제 등으로 구체화된다. 어쨌든 이 40여 년간 지속되던 무위 정치를 통해서 한 제국은 피폐한 민간경제를 회복했고 호족들의 발호를 억제했으며, 아울러 흉노와 화친을 맺는 데도 성공했다. 물론 이것은 황제의 권력을 공신이나 제후들에게 일정 정도 이양했기 때문에 가능했던 것이다.

그렇지만 군주제도하에서 황제는 자신의 수중에 모든 권력을 회수하려고 시도할 수밖에 없는 법이다. 그러나 한번 주었던 권력을 회수하는 것은 만만한 작업이 아니다. 그것은 황제가 권력을 놓고 공신이나 제후들과 목숨을 건 투쟁을 하겠다고 각오해야 가능한 일이기 때문이다. 무제는 바로 이 힘든 투쟁, 즉 권력을 다시 황제의 수중에 회수하는 작업을 시작한 군주였다. 이때 동중서董仲舒(B.C.179?~B.C.104?)의 「천인삼책天人三策」이란 상소문이 무제의 손에 쥐어진다. 무엇보다도 먼저 자신이 추구하던 중앙집권 정책을 정당화할 수 있는 이데올로기가 필요했던 무제에게 유학자 동중서의 상소문은 그야말로 천군만마를 얻은 격이었을 것이다. 바로 이 순간에 지방분권 정책의 이데올로기였던 도가 사상이 가장 강력한 적수를 만난 것이다.

동중서는 「천인삼책」에서 문경지치로 표방되는 무위 정치 이념을 공격한다. 무위 정치 때문에 호족이나 외척들이 권력을 농단하는 현상이 나타났다는 것이다. 무제를 흥분시켰던 동중서의 상소문을 잠시 넘겨보도록 하자.

> 지금 한 제국이 진 제국을 이은 후, 썩은 나무와 더러운 담장 같은 상황이어서, 비록 잘 다스리려고 하여도 망하는 것은 어찌할 수 없는 것입니다. 법이 나오자 간사함이 생기고, 명령이 내려지자 거짓이 일어나는 것이 마치 끓는 물로 끓는 물을 막으려는 것 같고 목재를 지고 불을 끄러 들어가는 것 같아, 이런 경향이 심하면 심할수록 망하는 것은 심해집니다. 비유를 하자면 거문고나 비파가 조율이 맞지 않을 때, 심한 경우에는 그것을 풀어서 다시 매어야 켤 수 있는 것과 같습니다. 마땅히 다시 매야 할 것을 다시 매지 않을 경우, 비록 솜씨 좋은 공인이 있더라도 조율할 수 없고, 마땅히 변혁을 하여야 하는데도 하지 않는 경우, 비록 대단한 현인이 있다고 할지라도 잘 다스릴 수 없는 법입니다. 그러므로 한

> 제국이 천하를 소유한 이래, 항상 잘 다스리려고 하여도 지금까지 그렇게 되지 못한 것은 마땅히 변혁해야 하는데 그렇게 하지 못한 데에 있습니다.[121]
>
> ―『한서』「동중서전·천인삼책」

"마땅히 변혁해야 하는데 그렇게 하지 못하고 있다"는 동중서의 상소문은 무제의 중앙집권 정책에 분명히 힘을 실어주었다. 자신감을 얻은 무제는 노련한 정치력으로 공신과 제후들에게 나누어주었던 권력을 회수하는 중앙집권 정책을 관철하기 시작한다. 물론 개혁 정책에는 그것을 담당할 관료들이 불가피한 법이다. 무제는 유가들을 대거 중앙 정계에 등용하여, 그들을 황로 사상으로 무장한 공신 제후 세력들과의 투쟁에서 선봉으로 이용했다. 그렇지만 공신과 제후 세력들은 순순히 자신들의 기득권을 내놓지 않았다. 그들은 도가의 무위 정치 이념을 명분으로 극렬하게 저항했다. 그 대표적인 사례가 반란을 도모하다가 실패하여 자결을 선택할 수밖에 없었던 회남자 유안이라고 할 수 있을 것이다. 이제야 우리는 『사기』에 등장하는 다음 구절에서 피비린내를 맡을 수 있게 되었다.

> 세상에 노자를 배우는 사람은 유학을 배격하고, 유학(을 배우는 이들) 역시 노자를 배격한다. "도가 다르면 서로 모의할 수 없다"고 한 것은 이것을 두고 말한 것이 아니겠는가?[122]
>
> ―『사기』「노자한비열전」

방금 읽은 구절은 바로 무제와 공신 제후 세력 사이의 목숨을 건 정치적 투쟁, 그리고 무제에게 자신의 운명을 걸었던 유가와 공신 제후 세력의 비호를 받았던 도가 사이의 치열한 사상적 갈등 속에서 태어난 핏빛 기록이었던 셈이다. "도가 다르면 서로 모의할 수 없다"는 말은 공자의 『논어』「위령공衛靈公」편에 등장하는 구절이다. 타협이 불가능한 이런 식의 갈등은 어느 한 편의 완전한 승리로 마무리되기 마련이다. 물론 우리는 그 최종적 승리자가 무제로 대표되는 황제 권력과 당시 무제의 개혁 정책을 지지했던 유가였다는 사실을 알고 있다.[123] 이 과정에서 공신과 제후 세력들은 서서히 자신들이 누리던 권력을 무제에게 내어놓을 수밖에 없었다. 마침내 무제를 통해 한 제국은 중앙집권에 성공하게 되었고, 동시에 유학 사상은 전국시대부터 한 제국의 문경지치 때까지 지속되던 비천하고 열등했던 지위를 한 번에 극복하여 중국 역사의 중심부에 들어서게 된다.

여기서 잠시 한 제국 시절 중앙집권에 기여했던 유가들과 공자를 따르던 유가들을 구별할 필요가 있다. 공신과 제후들을 따르던 대부분의 유가들은 여전히 공자의 화和라는 정치 이념을 지지하고 있었고, 공신과 제후들로부터 등용되지 못하던 소수의 유가들이 무제 편에 붙어버린 것이다. 역설적인 것은 관료로 등용된 유가들에 의해서 공자의 사상이 보전될 수 있었다는 점이다. 만약 모든 유가들이 공자의 정치 이념에 따라 공신과 제후 등 분권 세력들에 붙어 있었다면, 공자의 사상은 무제에 의해 부정될 수도 있었을 것이다. 어쨌든 유가의 변신은 놀랍기만 하다. 물론 변신할 때마다 유가들은 자신의 변신을 정당화하기 위해 유학 경전들을 새롭게 해석해야만 했다. 동아시아 2000여 년 동안 그토록 다양한 주석서들이 씌어진 이유가 바로 여기에 있다.

한 제국의 복잡했던 정치적 상황을 들여다보면서, 우리는 제자백가에 대한 당시 지성계의 이해가 얼마나 정치적 조건에 의해 좌우지되었는지를 확인하게 된다. 당시 도가와 유가 사이의 선택의 문제는 단순히 철학적 경향을 정하는 문제를 넘어서 정치적 생명을 건 중차대한 문제였다고 할 수 있다. 『사기』나 『한서』에 등장하는 도가가 모두 군주의 통치술이나 무위 정치의 이념과 관련해 이해되었고, 유가는 자기 수양의 이념을 지향했던 공자와는 달리 철저하게 유위 정치의 이념과 결부해 이해되었던 것도 이런 이유에서다. 결국 한 제국 지성계가 이해하고 있던 제자백가는 당시의 정치적 분위기, 혹은 국가주의로부터 자유롭지 못했던 것이다. 그렇다면 제국의 정치 질서로부터 자유로웠던 춘추전국시대에 제자백가는 서로를 어떻게 이해하고 있었을까? 물론 그들은 상대 사상가를 폄하하고 자신의 사상을 옹호했을 것이다. 그렇지만 그들의 상호 이해가 한 제국 지성계가 이해하고 있던 모습보다 본래의 모습에 더 가깝지 않겠는가?

8
제자백가가 바라본 제자백가

공자와 묵자의 눈에 비친
춘추시대 지성계의 풍경

보통 중국철학은 공자로부터 시작되었다고 보는 것이 통설이다. 그렇지만 사실 이런 견해는 한 제국 이후부터 사상의 패권을 잡은 유학자들, 나아가 공자의 사상을 형이상학적으로 업데이트한 송 제국의 신유학新儒學이 만들어놓은 사후적 평가에 지나지 않는다. 춘추시대에 활약했던 공자 본인은 한 번도 자신만이 유일한 사상가라고 자부한 적이 없었다. 사실 공자는 과거의 전통을 전승하려고 했을 뿐 새로운 것을 만드는 데는 관심이 없었던 사람이다.[124] 물론 그가 전승하려고 했던 것은 주나라의 주공이 정비했다고 믿어지는 예禮라는 사회질서였다. 주례周禮는 왕, 공, 경대부, 사에 이르는 지배계급 내부에서 통용되던 일종의 예절이라고 할 수 있다. 공자는 바로 이 주례가 무시되었기 때문에 춘추시대의 혼란이 발생했다고 확신했다. 그래서 그는 주례만 다시 살려내면, 춘추시대가 과거 주나라 시절의 안정을 되찾게 될 것이라고 믿고 있었다.

이런 그의 눈에 당시 지성계는 어떤 모습으로 비쳤을까? 앞에서 이미 우리는 동同과 화和라는 두 가지 이념을 둘러싸고 전개되었던 춘추시대 정치상을 살펴본 적이 있다. 당연히 공자의 눈에는 과거에 예가 가진 화의 이념을 따르려는 지성인들과, 그렇지 않고 새로운 통치 질서로서 성문법을 중시하며 동의 이념을 따르려는 지성인들이 보였을 것이다. 전자를 대표하는 인물이 제나라 경공의 재상으로 있던 안영이었다면, 후자를 대변하는 인물이 바로 정나라의 재상 자산이었다. 안영이나 자산이 중요한 사상가로 비쳤다고 할지라도, 공자의 눈에 비친 가장 탁월한 사상가는 바로 제나라 환공을 춘추시대의 첫 번째 패자로 만든 관중이었다. 그렇지만 관중에 대한 공자의 평가는 매우 분열되어 있었다. 한편으로 그는 관중을 매우 높게 평가하기도 하지만, 동시에 다른 한편에서는 매몰차게 폄하하고 있기 때문이다. 우선 공자가 관중을 높게 평가했던 이유부터 살펴보도록 하자.

> 자공이 물었다. "관중은 인한 사람이 못 되는 듯합니다. 환공이 공자 규를 죽였는데도, 따라 죽지는 못하고 도리어 그의 재상이 되었습니다." 공자가 말했다. "관중이 환공의 재상이 되어 제후들의 패주霸主가 되게 하였으며, 온 천하를 바로잡아 민중은 지금에 이르기까지도 그의 혜택을 입고 있다. 관중이 아니었다면 나도 머리를 풀어헤치고 옷섶을 왼편으로 여미는 오랑캐가 되었을 것이다. 어찌 보통 남녀들이 작은 신의를 위하여 도랑이나 개천에서 스스로 목매어 죽어도 아무도 그를 알지 못

하는 경우와 같겠느냐?"[125]

── 『논어』, 「헌문」

환공이 제나라의 패권을 두고 공자 규와 다투었을 때, 관중은 규를 따르고 있었다. 그렇지만 불행히도 환공과의 정치투쟁에서 패배하면서 공자 규는 죽음을 맞게 되었다. 이때 관중은 자신의 주인을 따라 죽지 않고 오히려 환공의 재상이 되어, 그를 중원 대륙의 패자로 만드는 데 결정적인 역할을 담당한다. 공자의 제자 자공은 이런 과거사를 거론하면서 관중이 유학 이념에 맞지 않는 인물이라고 비판한 것이다. 당연히 그는 자신의 스승으로부터 동의와 칭찬을 기대했을 것이다. 그렇지만 공자의 대답은 그의 기대를 좌절시키기에 충분했다. 공자는 관중이 없었다면 중원 대륙이 변방 이민족들의 지배를 받았을 것이라고 대답하며 그를 두둔했던 것이다. 심지어 공자는 제자가 관중을 작은 신의에 연연하는 보통 남녀들에 비유하는 것마저도 거부했을 정도였다. 윤리적 원칙에 대해 확고했던 공자의 말이라고 보기에는 너무나 파격적인 발언이라고 할 수 있다. 그만큼 관중은 공자가 보기에 부정할 수 없는 아우라를 가지고 있는 사상가이자 정치가였던 것이다.

물론 대부분의 경우를 살펴보면, 공자는 관중에 대해 비판적인 태도를 견지하고 있다. 그는 사후적인 결과보다는 행위자의 동기나 평소의 태도를 강조하는 윤리주의자였기 때문이다. 중원 문명을 이민족의 침입으로부터 보호한 공이 있다고 할지라도, 관중은 그런 정치적 공적이 아니라 자신이 평소 보여주었던 행실로 평가되어야만 한다.

이것이 바로 공자의 일관된 생각이었다. 아쉽게도 공자의 눈에 관중이 보여주었던 행실은 예의 관점에서 보면 미흡하기 짝이 없었다.

> 어떤 사람이 물었다. "관중은 예를 알았다는 것일까요?" 공자가 대답했다. "군주여야만 새문塞門을 세울 수 있음에도 불구하고 관중도 새문을 세웠으며, 군주여야만 군주 간의 우호를 다지기 위해서 반점反坫을 설치할 수 있음에도 불구하고 관중도 역시 반점을 설치했으니, 관중이 예를 안다면 그 누가 예를 모른다고 하겠느냐?" [126)]
>
> —『논어』「팔일」

'새문'은 집의 안과 밖을 구분하는 임시 차단막이고, '반점'은 술잔을 올려놓을 수 있도록 흙으로 만든 식탁이다. 주례에 따르면 이 두 가지는 모두 군주만 사용할 수 있다. 그렇지만 군주가 아닌 관중이 새문과 반점을 설치하여 자신의 권위를 자랑했던 것이다. 관중은 자신이 섬기는 군주를 패자로 만든 공신이었다. 당연히 이 정도의 파격적인 예우는 어쩌면 눈감아줄 수 있는 일이었는지도 모른다. 그렇지만 공자는 관중의 행실에 침묵을 지킬 수 없었다. 그의 눈에는 관중이 예를 어긴 것이 상상 이상의 정치적 파급력을 가지고 있는 것으로 비쳤기 때문이다. 재상이 예절을 지키지 않는다면, 자신 밑에 있는 관료들에게 예절을 지키라고 강제할 수 없는 법이다. 비록 강제를 한다고 할지라도, 누가 그 명령을 듣겠는가? 결국 작은 예절을 어긴 것 같지만, 관중의 행실은 지배 계층 내부에서 지켜야만 하는 예禮 자체를 붕괴시킬 수도 있는 중대한 계기일 수도 있다. 이것이 바로 관중을 비판했을 때 공자가 품고 있었던 속내였다.

『회남자』「요략」편에서도 살펴본 것처럼 주례를 복원하려는 공자의 노력은 얼마 지나지 않아 심각한 도전에 직면한다. 춘추시대 말기에 묵적墨翟 즉 묵자라는 사상가가 등장하면서 공자의 유학 사상을 신랄하게 비판하기 시작했기 때문이다. 묵자와 그의 추종자들의 유학에 대한 비판은 지금 『묵자』라는 책에 고스란히 남아 전하고 있다.

> 유가들은 "군자는 옛것을 따르지 새로운 것을 만들지는 않는다"고 말한다. 이런 주장에 답하겠다. 옛날 예羿는 활을 만들었고 여伃는 갑옷을 만들었고 해중奚仲은 수레를 만들었으며 교수巧垂는 배를 만들었다. 그렇다면 지금 가죽 공인, 갑옷 공인, 수레와 배 공인은 모두 군자이고 예, 여, 해중, 교수는 모두 소인이라는 것인가? 게다가 유가들이 따르는 것은 사람들 중 누군가 반드시 만든 것일 것이다. 그렇다면 유가들이 따르는 것은 모두 소인의 도가 된다.[127)]
>
> ──『묵자』「비유·하」

지금 묵자는 공자가 표방했던 전통 묵수의 정신, 즉 '술이부작述而不作'이란 슬로건으로 정리되는 복고주의를 냉혹하게 조롱하고 있다. 묵자는 반문한다. 공자가 그렇게도 강조했던 예도 결국 누군가 만든 것 아닌가? '술이부작'의 정신을 지켜야만 군자라고 할 수 있다는 공자의 생각이 옳다면, 주례를 체계화했던 주공은 소인이 되는 아이러니가 발생하게 된다. 주공이라는 소인을 따라야만 대인이 된다는 것은 얼마나 우스운 논리인가? 공자를 대표로 하는 유가를 비판하면서 묵자가 자신의 은근한 속내를 드러내고 있는 부분이 흥미롭다. 그것은 묵자 본인은 낡은 질서를 따르기보다는 새로운 질서를 만드는 길을 걷겠다는 것을 암시하는 부분이다. 공자가 소인을 따르는 군자의 길을 간다면, 자신은 군자가 따를 소인의 길을 만들겠다는 당찬 의지다. 여기서 상나라 시절부터 군자는 지배계급을, 그리고 소인은 피지배계급을 의미했던 개념이라는 것을 기억해둘 필요가 있다. 공자가 군자라고 불리는 지배계급의 시선에서 과거의 전통을 묵수하려는 보수적인 사유를 전개하고 있다면, 반면 묵자는 필요에 따라 무엇인가를 새롭게 만드는 소인으로 불리던 피지배계급의 진보적인 태도를 반영하고 있었던 것이다.

이제 간단히 춘추시대 지성계를 정리해보자. 무엇보다도 중요한 것은 관중이나 자산으로 대표되는 현실적 정치철학자들이 존재했다는 점이다. 그들은 혼란을 현실로 긍정하고, 그것을 토대로 안정된 질서를 도모했던 사상가들이다. 이와는 달리 공자로 대표되는 유학자들은 이런 현실주의를 비판하고, 과거 주나라에서 통용되던 정치 질서를 복원하려고 노력했던 보수주의자들이라고 할 수 있다. 결국 『춘추』의 표현을 빌리자면, 동을 지향했던 현실주의적 사상가들과 화를 묵수했던 보수주의적 사상가들이 첨예하게 대립하고 있었던 셈이다.[128] 춘추시대의 혼란이 진정되기는커녕 가중되는 와중에 피지배계급의 정치적·사회적 위상은 높아져만 갔다. 물론 이것은 전쟁 양상이 거병전에서 보병전이나 기마전으로 옮겨갔던 상황과 밀접한 관련이 있다. 춘추시대 말기에 등장한 묵자가 중요한 이유도 바로 여기에 있다. 이제 새로운 질서를 모색하는 과정에서 지금까지 소외되었던 피지배계층의 생각도 반영되는 담론이 발생한 것이다. 이제는 그야말로 모든 사람들이 예외 없이 춘추시대의 혼란을 막는 방법을 모색하고 제안하는 데 동참하게 된 것이다.

전국시대 제나라 직하에서 바라본 사상의 파노라마

제나라의 수도 임치臨淄는 60만 인구를 자랑하던, 전국시대 중기에 가장 번성했던 도시였다. 임치라는 도성 서쪽에는 직문稷門이란 성문이 있었다고 한다. 선왕宣王은 이 직문 근처에 고급 주택을 짓고 각 제후국들에서 활약했던 사상가들을 초빙한다. 기록에 따르면 천여 명에 이른 사상가들이 임치에 모여들었으며, 그들 중 상대부上大夫의 고관 대우를 받았던 학자도 76인에 이르렀다고 한다. 예나 지금이나 경제적 후원이 없다면 사상가들은 자신의 사유를 가꾸기 힘든 법이다. 그래서 그런지 그들은 선왕이 마련한 학사로 몰려들었다. 바로 이곳이 그 유명한 직하학사稷下學舍다. 제나라는 직하학사에 모여든 사상가들의 사상의 자유를 철저하게 보장했다. 직하학사에 송견과 양주 같은 아나키스트들이 모여들 수 있었던 것도 다 이유가 있었던 셈이다. 제자백가를 이야기할 때마다 출현하는 '백가쟁명百家爭鳴', '백화제방百花齊放'이란 표어가 처음으로 등장한 것도 바로 이 직하학사에서였다. 자유로운 분위기에서 제자백가는 자신의 사상이 탁월하다는 것을 보여주기 위해 다른 사상가와 치열한 논쟁을 주고받았던 것이다.

『회남자』「요략」편이 암시하고 있는 것처럼 전국시대 사상계에서 유학은 이미 '죽은 개' 취급을 받고 있었다. '죽은 개' 취급을 받는 유학을 되살리기 위해 동분서주했던 한 명의 사상가가 바로 이곳 직하학사에 들어서게 된다. 그는 바로 공자의 사상을 업데이트하려고 평생 동안 노력했던 맹자다. 그렇다면 그의 눈에 들어왔던 사상가들은 어떤 사람들이었을까? 다음 두 구절을 연속해서 읽어보자.

> 성왕이 출현하지 않고 제후들은 방자해졌으며, 관직에 나아가지 않은 지식인들이 함부로 정치를 논의하였다. 마침내 양주와 묵적의 말이 천하에 가득 차게 되었다. 천하의 말은 양주에게 돌아가지 않으면 묵적에게로 돌아가고 있다. 양주는 '위아爲我'를 주장하는데, 이것은 군주를 부정하는 것이다. 묵적은 '겸애兼愛'를 주장하는데, 이것은 아버지를 부정하는 것이다. 아버지를 부정하고 군주를 부정하는 것은 금수와 다를 바가 없다.[129]

— 『맹자』「등문공·하」

양주는 '위아'를 주장한다. 자기 몸의 터럭 하나를 뽑아 천하를 이롭게 한다고 하더라도 하지 않는다. 반면 묵자는 '겸애兼愛'를 주장한다. 정수

리로부터 종아리에 이르기까지 자신이 닳는다고 하더라도 천하를 이롭게 한다면 그 일을 한다.[130]

——『맹자』「진심·상」

맹자는 전국시대 중기에, 구체적으로 말해 제나라 직하학사에서 가장 영향력이 있었던 사상이 두 학파로 수렴될 수 있다고 보았다. 바로 묵가 학파와 양주 학파다. 춘추시대 말에 화려하게 사상계에 등장한 묵가가 전국시대 중엽까지 사상적 영향력을 잃지 않고 있었다는 점은 주목할 만한 대목이다. 맹자는 묵자와 그의 추종자들이 '겸애', 다시 말해 "모두를 아울러 사랑해야 한다"고 역설했다고 규정한다. 모두를 사랑하느라고 부모에 대한 사랑은 그만큼 등한시할 수밖에 없었다고 비판하면서 말이다. 보편적인 사랑이라는 묵자의 정신은 맹자의 표현으로 잘 정리되어 있다. "정수리로부터 종아리에 이르기까지 자신이 닳는다고 하더라도 천하를 이롭게 한다면 그 일을 한다." 묵가의 사상적 영향력의 비밀은 바로 여기에 있었다. 묵가는 차별하지 않는 사랑을 약속하고, 그것을 초인적인 노력으로 몸소 실천했던 것이다. 갈등과 대립, 그리고 불신 속에서 상처받은 사람들에게 묵가의 사상이 글자 그대로 복음과 구원의 약속으로 받아들여진 것은 어쩌면 당연한 일인지도 모르겠다.

맹자의 지적이 아니더라도 묵가는 이미 『회남자』, 『사기』, 『한서』에서도 언급되고 있기에 낯선 학파는 아닐 것이다. 그렇지만 여기서 제자백가를 표면적으로 알고 있는 사람에게 너무나 생소한 철학자가 한 명 등장한다. 바로 양주다. 맹자의 지적이 옳다면, 양주의 사상은 전국시대 중엽 사상계를 묵가와 양분할 정도로 영향력이 있었던 것으로 보인다. 맹자는 양주가 '위아爲我', 즉 "자신을 목적으로 삼아야 한다"고 주장한 사상가였다고 규정한다. 양주는 "자기 몸의 터럭 하나를 뽑아 천하를 이롭게 한다고 하더라도 하지 않았다"고 한다. 지금 그는 인간의 삶과 천하, 혹은 개체와 공동체 중 어느 것이 목적이고 어느 것이 수단인지를 묻고 있다. 천하를 위해서 자신을 희생한다면, 그것은 천하가 목적이 되고 자신의 삶은 수단으로 생각하는 것이 된다. 반면 천하를 위해서 자신을 희생하지 않는다면, 이것은 자신의 삶이 무엇으로도 바꿀 수 없는 지고한 목적이라는 것을 선언하는 것이 된다. 묵가가 전자를 선택해서 자신의 삶을 천하를 위해 내던졌다면, 양주는 단호하게 후자를 선택해 자신의 삶을 긍정하려고 했던 것이다.

양주는 모든 사람들이 자신의 삶을 지고한 목적으로 생각할 때 모든 혼란과 갈등이 사라질 수 있다고 확신했으며, 그렇게 자신의 삶을 긍정하는 사람들이 모여서 자발적으로 이루어지는 공동체, 그러니까 '자유로운 연대'를 꿈꾸었던 아나키스트이기도 하였다. 그래서 맹자도 자신을 지고한 목적으로 삼아야 한다는 양주의 주장이 결국은 군주를 부정하는 아나키즘에 이르게 된다고 지적했던 것이다. 바로 이 대목이 제자백가 사상을 읽을 때 결코 잊어서는 안 되는 핵심이다. 유학이 살육으로 점철된 전국시대를 구제할 힘을 잃고 있을 때, 아나키즘이 그 대안 중 하나로 강력하게 대두하고 있었던 것이다. 양주는 한 제국 지성계에서는 주목받지 못했던 사상가다. 아니, 정확히 말하면 한 제국에서 애써 제자백가 분류에 포함시키고 싶지 않았던 사상가였다고 하는 것이 올바른 평가일 것이다. 제국의 질서를 부정했던 아나키스트를 긍정한다는 것은 제국의 역사가로서는 있을 수 없는 일이었기 때문이다.

직하학사에서 묵가와 양주에 맞서서 공자의 유학 사상을 되살리려고 노력했지만, 맹자의 노력은 허무하게 끝나고 만다. 제나라 선왕을 포함한 당시 제후들 중 누구도 그의 말을 귀담아듣지 않았기 때문이다. 그렇다면 공자의 사상은 이제 완전히 잊힐 운명에 빠진 것일까? 이때 공자로서는 다행스러운 일이 벌어진다. 순자라는 걸출한 유학 사상가가 등장했으니 말이다. 제나라 양왕襄王 때 나이 쉰에 직하학사에 합류한 순자는 학자로서는 맹자조차도 누리지 못했던 존경과 그에 걸맞은 지위를 얻는다. 천여 명에 달했던 직하학사의 제자백가를 총괄하는 좨주祭酒에 임명된 것이다. 신유학의 영향 때문인지 순자는 맹자보다 못한 사상가로 기억되고 있지만, 당시 전국시대에 순자의 학자적 위상은 맹자가 감히 넘보지 못할 정도로 높았다. 비유를 들자면, 맹자가 소도시의 학원 원장 정도였다면 순자는 국립대학교 총장 정도의 위상을 가지고 있었다고 할 수 있다.

직하학사의 총괄 책임자로서 순자는 당연히 공자와 맹자의 유학 사상뿐만 아니라 묵가, 양주 등 거의 모든 제자백가의 사상들을 포괄적으로 중재하고 정리할 수 있는 자리에 있었다. 그렇다면 이제 순자가 직하학사에서 활동하던 제자백가의 사상을 어떻게 이해하고 있었는지 궁금해진다. 다음 두 구절은 우리의 이런 궁금증을 말끔하게 풀어줄 수 있을 것이다.

묵자는 실용에 사로잡혀 문화의 가치를 몰랐고, 송견은 욕망에 사로잡혀서 욕망 충족의 중요성을 몰랐고, 신도는 법에 사로잡혀 사람의 능력[賢]이 가진 중요성을 몰랐고, 신불해는 권세[勢]에 사로잡혀서 사람의 지혜[知]를 몰랐고, 혜시는 문장[辭]에 사로잡혀서 사물의 실정을 몰랐고, 장자는 자연[天]에 사로잡혀 인위[人]를 알지 못했다.131)

— 『순자』「해폐」

신도는 사후적인 대응만을 보고 사전적인 예측을 보지 못했고 노자는 소극적인 태도만을 보았지 적극적인 태도는 보지 못했고 묵자는 평등만을 보았지 차등을 보지 못했고 송견은 욕망의 적음만을 보았지 욕망의 많음을 보지 못했다.132)

— 『순자』「천론」

『순자』라는 책은 순자 본인이 집필한 것이 아니다. 순자가 직하학사를 총괄할 때, 그의 밑에서 활동했던 최고급 학자들이 순자의 총괄적 지휘를 받아 완성한 것이다. 물론 총괄 편집자가 순자였기 때문에 『순자』는 유학 사상의 색채를 강하게 드러내고 있다. 방금 읽었던 「해폐解蔽」라는 글과 「천론天論」이라는 글을 집필했던 학자는 동일한 사람이 아닌 것 같다. 두 글에 언급되고 있는 제자백가의 이름이 작은 차이를 드러내고 있는 것도 그 때문일 것이다. 그러나 두 글에서 공통적으로 언급되는 제자백가는 그렇지 않은 제자백가에 비해 상당한 사상적 영향력을 발휘하고 있었다는 추론이 가능할 것이다. 묵자, 송견, 그리고 신도는 「해폐」편과 「천론」편에 공통적으로 등장하는 사상가들이다. 반면 두 편 중 어느 한 편에만 등장하는 사상가는 신불해, 혜시, 노자와 장자다.

맹자가 직하학사에 머문 지 한 세대가 지난 뒤에도 여전히 겸애를 주장했던 묵가의 사상적 영향력은 지속적이고 강력했던 것으로 보인다. 그렇지만 순자가 직하학사의 총괄자로 있을 때, 맹자 시대에는 주목받지 못했던 새로운 사상가들이 각광받게 되었다. 특히 송견과 신도라는 인물이 중요하게 부각되었던 것 같다. 순자에 따르면 송견은 인간의 욕망 문제를 사유했던 철학자였다. 그렇지만 그는 욕망의 해방을 주장했다기보다는 욕망을 줄여야 한다고 역설했던 것 같다. 반면 신도는 사회적 질서를 수립하는 데 있어 사람들의 능력보다는 객관적 법法을 중요하게 생각했던 정치철학으로 각광받았다. 순자의 비판처럼 그가 관심을 가지고 있었던 것은 제정된 법을 어겼는가 아니면 지켰는가 여부였을 정도로, 그는 인간보다는 법의 힘을 믿었던 것으로 보인다.

묵자, 송견, 신도 정도는 아니지만, 신불해, 혜시, 노자 그리고 장자도 당시 직하학사에서 나름대로 지분을 가지고 있던 사상가였다. 신불해는 객관적인 법이나 인간의 지혜보다는 민중을 압도할 수 있는 권세의 중요성을 숙고한 정치철학자였다. 이와 달리 혜시는 순자로부터 "실정을 모른다"고 비판받았을 정도로 순수하고 사변적인 논리를 추구했던 논리철학자였다. 다음으로 중요한 것이 바로 노자와 장자다. 잊지 말자. 『순자』에서 처음으로 노자와 장자가 등장하고 있다는 사실을 말이다. 물론 이것은 순자가 활약했던 시대에 노자나 장자가 살아 있었다는 것이 아니라, 단지 노자와 장자의 사유가 순자의 시대가 되어서야 비로소 지성계의 주목을 받게 되었다는 것만을 말해주는 것이다. 한 제국 이후의 관례대로라면 노장老莊으로 묶여서 동일한 학파에 속한 것으로 이해되는 노자와 장자가 전혀 별개의 사상을 피력하고 있는 것처럼 다루어지고 있는 부분도 이채롭다. 순자에 따르면 장자가 인위적인 노력보다는 자연적인 숙명이 가진 힘을 숙고한 철학자였다면, 반면 노자는 적극적으로 자신을 실현하기보다는 소극적이고 겸손한 태도로 삶을 영위하려는 인생 철학자로 이해되고 있다.

천하 통일 직전의 지성계 동향

맹자가 직하학사에서 주목받지 못했던 결정적인 이유는 그가 유학 이념을 거의 원리주의적인 관점에서 관철하려는 무리수를 썼기 때문이다. 반면 순자의 성공은 그가 유학의 이상주의를 현실적 요구와 타협하는 데 성공했다는 것을 말해준다. 그의 제자들의 면면만을 보아도 순자가 얼마나 현실적 융통성이 있었는지를 이해할 수 있다. 이사 李斯(B.C.280?~B.C.208)와 한비자는 바로 그의 제자였다. 불행히도 이들은 스승으로부터 현실주의적 사유만 물려받고 유학의 이상주의를 내던져버리고 만다. 진시황을 도와 천하 통일의 기초를 닦았던 현실정치가여서 그런지 이사에게는 별다른 저서가 없다. 그렇지만 친구 이사의 시기와 질투로 마침내 진시황에게 죽임을 당한 한비자의 저서를 통해 우리는 전국시대가 종언을 고하는 시점에서 마지막 불을 밝히고 있던 지성계의 동향을 엿볼 수 있다. 순자의 수제자답게 유려한 문체로 유명했던 그의 글을 직접 읽어보도록 하자.

> 세상에 유행하는 학파는 유가와 묵가다. 유가가 중시하는 사람은 공구이고, 묵가가 중시하는 사람은 묵적이다. 공자가 죽은 뒤 자장의 유가, 자사의 유가, 안연顏淵의 유가, 맹자의 유가, 칠조씨의 유가, 중랑씨의 유가, 순자의 유가, 악정씨의 유가가 있었다. 묵자가 죽은 뒤 상리씨의 묵가, 상부씨의 묵가, 등릉씨의 묵가가 있었다. 그러므로 공자와 묵자가 죽은 뒤 유가는 여덟 학파로 나뉘었고 묵가는 세 학파로 나뉜 것이다. 공자나 묵자에게서 취한 것과 버린 것이 서로 상반되어 같지 않지만 이들 분파들은 모두 자신만이 공자를 계승한 진정한 유가나 묵자를 계승한 진정한 묵가라고 주장하고 있다. (…) 송견의 논의에 따르면 그는 다투지 않아야 한다는 주장을 펴고 원수를 갚지 않는 태도를 취하며, 감옥에 갇히는 것을 부끄러워하지 않고 모욕을 당해도 치욕이라고 생각하지 않는데, 세상의 군주들은 송견을 관대한 사람이라고 여겨 예우하고 있다. (…) 지금 여기에 어떤 사람이 있어 위태로운 성에 들어가지 않고 군대에 참여하지 않는 것을 의롭게 여겨서 천하의 큰 이익 때문에 정강이에 난 털 하나라도 바꾸지 않으려고 한다. 그런데도 세상의 군주들은 그를 따르고 예우하며 그의 지혜를 귀하게 여기고 그의 행동을 높이면서, 외물을 가볍게 여기고 삶을 중시하는 지식인이라고 생각한다.[133]
> ─『한비자』「현학」

진秦나라가 천하를 통일하리라는 분위기가 무르익어갈 무렵, 한비자의 눈에는 유가와 묵가가 지성계의 지도를 양분하는 것으로 보였다. 유가는 공자가 죽은 뒤 한비자의 스승 순자의 유학을 포함해서 자그마치 여덟 개의 분파로 분열되어 서로의 정통성을 놓고 다투고 있었다. 묵가도 마찬가지였다. 스승 묵적이 죽은 뒤 묵가는 세 개의 분파로 세포분열을 해버렸다. 가장 많은 지식인들을 거느리고 있었으며 가장 강한 사상적 영향력을 발휘하고 있었기 때문에, 한비자는 유가와 묵가를 '두드러진 학문', 즉 현학顯學이라고 이야기했다. 이 대목에서 우리는 『맹자』, 『순자』, 『한비자』를 통틀어 당시에 학파 의식을 가지고 있었던 집단으로는 유가와 묵가, 두 가지 학파가 유일하다는 사실을 확인할 수 있다. 이 중 유가는 한 제국 이후 사상적 패권을 잡아 서양 문물이 들어올 때까지 사상적 영향력을 잃지 않았지만, 묵가는 천하가 통일되자마자 흔적도 없이 사라져버리고 만다. 물론 그들의 정신은 유협遊俠의 정신으로 민간에 스며들었지만 말이다.

유가와 묵가라는 양대 학파를 다룬 뒤, 한비자는 학파를 형성하지는 않았지만 당시 강한 영향력을 끼쳤던 사유 경향들을 일별하기 시작한다. 제일 먼저 다룬 것은 이미 자신의 스승 순자도 주목했던 송견의 사상이다. 여기서 천하가 통일되기 직전에도 송견의 사상이 아직도 지성계에서 각광을 받고 있었다는 점이 확인된다. 한비자는 송견의 사상을 두 가지 주장으로 요약하고 있다. 송견이 주장했던 첫 번째 논점은 "다투지 않아야 하며 원수를 갚지 않는 태도를 취해야 한다"는 것이다. 이것은 송견이 반전 평화주의를 지향했다는 것을 보여준다. 그가 주장했던 두 번째 논점은 "감옥에 갇히는 것을 부끄러워하지 않고 모욕을 당해도 치욕이라고 생각하지 않는다"는 삶의 태도와 관련된 것이다. 전국시대에 발생했던 전쟁이나 정치적 갈등은 대부분 제후들의 자존심과 수치심 때문에 발생했다는 것을 상기할 필요가 있다. 결국 송견은 자존심과 수치심 같은 쓸데없는 허영을 버린다면, 전쟁이나 복수 같은 상호 파괴적인 잔혹극을 끝낼 수 있다고 확신했던 것이다.

다음으로 한비자가 주목하고 있는 것은 "천하의 큰 이익 때문에 정강이에 난 털 하나라도 바꾸지 않으려는" 사유 경향이다. 이미 우리는 이런 사유 경향을 지향했던 철학자가 양주라는 사실을 알고 있다. 여기서 한 가지 궁금증이 생긴다. 왜 한비자는 양주라는 실명을 직접 언급하지 않았던 것일까? 맹자가 언급했던 양주의 주장을 글자 그대로 옮기면서, 양주라는 고유명을 언급하지 않은 것은 수수께끼라고 할 수 있다. 두 가지 가능성이 있다. 첫 번째 가능성은 양주의 사상이 이미 나름대로 지지자들을 확보해서 대중화했고, 심지어 군주들에게도 상당한 호소력을 가지고 있었던 상황을 반영한 것일 수도 있다. 그렇다면 구태여 양주의 실명을 거론할 필요가 없었을 것이다. 두 번째 가능성은 한비자가 그만큼 양주의 아나키즘이 함축하는 정치철학적 폭발력을 의식했다는 반증일 수도 있을 것이다. 그래서 그는 양주의 실명조차 거론하고 싶지 않았던 것 아닐까?

한비자는 강력한 전제군주정치만이 천하를 통일할 수 있다고 확신했던 철학자였다. 자신의 정치철학적 신념을 정당화하기 위해서, 한비자는 인간을 이해타산적인 존재라고 규정한 적이 있다.[134] 이익과 해로움을 계산하여 이익을 쫓을 때에만, 인간은 군주가 주는 상과 벌에 민감하게 반응할 수 있는 법이다. 당연히 사람들은 군주가 주는 상을 지향하고, 벌을 피하려고 할 것이다. 오직 이럴 때에만 군주가 꿈꾸는 부국강병이 가능해진다. 만약 양주가 권고하는 것처럼 군주가 내리는 상이나 벌을 외적인 것이라고 가볍게 여기는 사람들이 있다면, 그들은 목숨을 바쳐서 군주를 위해 죽으려고 하지 않을 것이다. 상과 벌보다 더 중요한 것은 자신의 삶이기 때문이다. 한비자의 안목은 놀랍다. 그는 양주의 사상이 자신의 정치철학인 전제군주정치에 치명적으로 위험한 것임을 통찰했다.

이제 마지막으로 천하 통일의 숙명을 물려받은 진秦나라의 재상 여불위의 눈을 통해 정리된 당시 지성계의 동향에 대해 살펴보도록 하자. 조趙나라의 수도 한단邯鄲의 상인이었던 여불위는 진나라가 천하를 통일하는 데 가장 큰 공헌을 한 사람이다. 후에 시황제로 등극할 어린 군주를 대신해서 통일의 기초를 닦을 때, 그가 제일 먼저 펼쳤던 정책은 천하의 지식인들을 진나라의 수도 함양咸陽으로 불러 모으는 일이었다. 함양으로 모여든 제자백가는 여불위의 후원하에 일종의 철학백과사전을 편찬하게 되는데, 그것이 바로 『여씨춘추』다. 이 책에는 통일이 임박했을 때 진나라에 모인 지성인들이 제자백가를 어떻게 이해하고 있었는지를 보여주는 귀중한 문건이 하나 실려 있다.

> 노자는 부드러움[柔]을 중시하고, 공자는 인仁을 중시하고, 묵적은 청렴함[廉]을 중시하고, 관윤關尹은 맑음[淸]을 중시하고, 열자列子는 빔[虛]을 중시하고, 진변陳騈은 가지런함[齊]을 중시하고, 양주楊朱는 삶[生]을 중시하고, 손빈孫臏은 형세[勢]를 중시하고, 왕료王廖는 사전적 계책[先]을

중시하고, 아량兒良은 사후적 변통[後]을 중시한다. 이 10명의 사상가들은 모두 천하의 뛰어난 지식인들이었다.[135]

― 『여씨춘추』 「불이」

『여씨춘추』는 10명의 사상가로 춘추전국시대 사상사를 정리하고 있다. 이것은 비록 생존해 있지는 않지만 이 10명의 사상가들의 사상적 영향력이 통일 직전 여불위에게 모인 식객들의 내면에 강하게 자리 잡고 있었다는 것을 말해준다. 먼저 주목해야 할 것은 『순자』에 처음으로 언급되었던 노자가 여기서는 10명의 사상가 중 첫 번째 지위에 올라 있다는 사실이다. 그리고 묵가와 양주의 사상적 영향력이 진나라에서도 여전히 유효했다는 사실도 눈에 들어온다. 문제는 여기에 처음으로 등장하는 사상가들인데, 바로 관윤, 열자, 진변, 손빈, 왕료, 아량이다. 이 중 가장 낯선 사상가가 왕료와 아량이다. 『여씨춘추』의 주석자들에 따르면[136] 왕료와 아량은 손빈과 마찬가지로 병법가들인 것으로 보인다. 제나라 출신 손빈이 전쟁에서 역동적으로 전개되는 형세를 중시했다면, 왕료는 전쟁이 시작되기 전의 사전 계책을, 그리고 아량은 그 반대로 전쟁이 시작되었을 때 변화되는 형세에 맞추는 사후적인 변통을 강조했다고 한다.

이제 나머지 사상가, 관윤·열자·진변에 대해 간단히 살펴보도록 하자. 관윤은 『사기』 「노자한비열전」에 따르면 노자가 주나라를 떠나려고 함곡관函谷關을 지날 때 이곳을 지키던 관료였다고 한다. 원래 이름은 윤희尹喜였는데, 관문을 지킨다고 해서 관윤關尹이라고 불리게 되었다는 것이다. 관윤의 간청으로 노자는 함곡관에 머물면서 그에게 5000여 자의 글을 남겨 주었다고 한다.[137] 전설에 따르면 이 5000여 자의 글이 바로 『도덕경』, 즉 『노자』라고 한다. 불행히도 우리는 관윤의 철학에 대해 아는 것이 없다. 『여씨춘추』에 등장하는 "관윤은 맑음[淸]을 중시했다"라는 구절이 그의 사상을 평가했던 유일한 구절이기 때문이다. 아마 관윤이 강조했던 맑음이란 마음의 맑음을 의미했을 것이다.

열자는 『장자』 「소요유逍遙遊」 편에 자유로운 사상가로 등장하는 인물이다.[138] 관윤의 경우와 마찬가지로 우리는 열자의 철학이 어떠했는지를 확인할 길이 없다. 단지 그가 강조했던 '비움[虛]'은 일체의 선입견이 배제된 마음의 상태를 가리키는 것이라고 추정할 수 있을 뿐이다. 마지막으로 진변은 보통 전병田駢이라고 불리기도 하는 사상가다. 『장자』 「천하」 편에 따르면 그는 "만물을 있는 그대로 긍정하는 것을 우선적인 임무로 생각했던"[139] 철학자로 묘사되어 있다. 그래서 『여씨춘추』도 "진변은 가지런함[齊]을 중시했다"고 이야기했던 것이다.

춘추전국시대 사상사의 문법

지금까지 제자백가가 실제로 서로를 어떻게 이해하고 평가하고 있었는지 개략적이나마 살펴보았다. 그 과정에서 우리는 적지 않은 수확을 얻게 되었다. 그중 가장 중요한 소득으로는 춘추전국시대에 활동했던 사상가들은 기존의 사상이 가진 한계를 집요하게 비판하면서 자신만의 새로운 사유를 일구어냈다는 사실을 알게 됐음을 들 수 있겠다. 이를 통해 우리는 제자백가에 사상사적으로 접근하기보다는 구조적으로 접근했던 『사기』나 『한서』의 한계를 명확하게 알게 되었다. 이 점에서 「요략」 편과 마찬가지로 제자백가를 사상사적으로 이해하려고 노력했던 『회남자』「범론훈汎論訓」 편의 중요성이 두드러진다고 하겠다.

돌아가며 인사하고 양보하는 것으로 예를 닦고, 두텁게 장례를 치르고 오랫동안 상례를 치름으로써 죽은 자를 보내야 한다는 것이 바로 공자가 정립했던 것인데, 묵자는 이것을 비판했다. 서로를 차별 없이 사랑하고 능력 있는 사람을 숭상하고, 귀신을 돕고 숙명론에 반대하는 것이 바로 묵자가 정립한 것인데, 양주는 이것을 비판했다. 생명을 온전하게 하고 참된 것을 보존하고, 외적인 것들로 자기 몸을 얽어매지 않는 것은 양주가 정립했던 것인데, 맹자는 이것을 비판했다.[140]

─『회남자』「범론훈」

방금 읽은 대목은 춘추전국시대 사상사의 내적 논리를 이해하는 데 너무나 많은 자극을 주는 구절이다. 이제 「범론훈」의 귀중한 논의를 조심스럽게 읽어보도록 하자. 산 사람이나 죽은 사람을 가리지 않고 공자는 타인과 '예'라는 원리에 따라 관계해야 한다고 역설했다. 이에 대해 묵자는 예라는 낡은 규칙을 묵수하기보다는 모든 사람을 차별 없이 사랑해야 한다는 '겸애'의 원리를 제안한다. 그는 겸애의 원리를 관철하기 위한 여러 이론적 장치를 만든다. 귀신은 겸애하는 사람에게 복을 내린다는 논의, 그리고 겸애라는 주체적인 노력을 강조하기 위해서 숙명론에 반대하는 논의가 나온 것도 이런 이유에서다. 그렇지만 보편적 사랑을 설파하며 몸소 그것을 헌신적으로 실천했던 묵자의 초인적 노력을 조롱하는 철학자가 등장한다. 그가 바로 양주다. 그는 자신을 사랑할 때 타인을 사랑할 수 있지, 타인을 사랑한다고 해서 자신을 사랑할 수 있는 것이 아니라고 역설한다. 그렇지만 얼마 지나지 않아 앞에서 살펴본 것처럼 맹자라는 사상가가 등장해 양주의 사상이 결국 아나키즘으로 귀결된다고 비판한다.

아쉬운 것은 「범론훈」이 공자 이전의 사상사에 대해, 그리고 맹자 이후의 사상사에 대해 침묵하고 있다는 점이다. 그렇지만 이런 아쉬움은 다음 작업을 통해 어렵지 않게 사라질 수 있다. 공자 이전에 그가 그렇게도 존중했으며 동시에 폄하했던 관중의 사상을, 그리고 맹자 이후에는 제나라 직하학사를 총괄했던 순자나 한비자의 시선에 들어온 다양한 철학자들을 복원하면 「범론훈」이 완성하지 못한 춘추전국시대 사상사의 희미한 윤곽을 구성할 수 있을 것이다. 편의상 제자백가 사상은 춘추시대의 사상사와 전국시대의 사상사로 양분하여 살펴볼 수 있다. 『논어』의 여러 편들과 『회남자』「요략」편에 따르면 춘추시대 사상사는 세 가지 특이점으로 구성된다. 패자를 지향했던 관중의 정치철학, 주례를 복원하려고 했던 공자의 유학 사상, 그리고 공자의 보수성을 공격하면서 등장했던 묵자의 실천 철학이 바로 그것이다.

전국시대의 사상사는 춘추시대의 사상사보다 훨씬 더 복잡한 양상을 띤다. 첫째, 유가와 묵가는 춘추시대를 넘어서 전국시대에까지 사상적 영향력을 지속적으로 유지했다. 심지어 두 학파의 영향력은 천하 통일 직전까지도 지속되었던 것 같다. 전국시대 말기에 활동했던 한비자가 유가와 묵가를 당시 중원 대륙의 현학, 즉 "가장 두드러진 학문"이라고 지목했던 것도 이런 이유에서일 것이다. 두 학파가 지속적인 세포분열을 통해 다양한 분파로 분열되었다는 것도 특기할 만한 사실이다. 이렇게 강력했던 두 학파 중 묵가는 전국시대가 끝나자마자 마치 증발이라도 한 것처럼 중국 사상계에서 사라진다. 이것은 묵가의 사상이 춘추전국시대라는 시대적 특이성을 가장 확실하게 함축하고 있었다는 것을 보여준다. 조금 과장하자면 묵가는 춘추전국시대를 대표하는 가장 중요한 학파였다고도 말할 수 있을 것이다.

둘째, 제나라의 직하학사가 갖는 사상사적 중요성이다. 직하학사는 거의 1000여 명의 사상가가 제나라의 경제적 후원을 등에 업고 자유로운 토론과 논쟁을 만끽했던 장소다. 제나라가 마련한 화려한 주택에 여장을 푼 사상가들은 사상적 헤게모니를 놓고 다른 사상가들과 치열한 논쟁을 펼치게 된다. 이런 논쟁 과정은 매우 중요하다. 이런 과정을 통해 그들은 자신이 주장하는 철학의 한계와 가능성을 자각하고, 반대로 상대방의 철학이 가진 장점과 단점을 이해하게 된다. 그들이 자신이 가진 철학적 통찰력을 더 세련되고 논리적인 형식으로 체계화하게 된 것도 바로 이 논쟁의 힘이었던 셈이다. 잊지 말아야 할 것은 이런 치열한 논쟁이 제자백가로 하여금 정당화의 논리나 설득의 수사학을 모색하도록 강제했다는 점이다. 혜시와 공손룡처럼 언어와 논리에 관심을 가졌던 철학자들이 등장했던 것도 다 이유가 있었던 셈이다. 직하학사에서는 사상의 자유가 철저하게 보장되었다. 그래서 그런지 양주와 송견처럼 반전 평화주의를 표방하는 아나키스트들도 직하학사에서는 속내를 거침없이 토로할 수 있었다.

셋째, 『사기』나 『한서』에서 도가로 분류되는 노자와 장자가 전국시대 중기 직하학사에 처음으로 모습을 보인다. 그것도 맹자보다 늦은 순자가 활동했던 직하학사에서 말이다. 앞에서 이야기했던 것처럼 전국시대 내내 학파 의식을 가지고 있었던 학파는 유가와 묵가뿐이었다. 그래서 『순자』를 읽을 때 우리는 노자와 장자가 도가라는 학파 의식을 공유하고 있지 않았다는 사실을 확인할 수 있었던 것이다.[141] 여기서 오해의 여지가 있는 문제를 하나 짚어보자. 노자와 장자가 전국시대 중기에 사상계에 등장했다고 해서, 그것이 곧 그들이 전국시대 중기에 살았다는 것을 함축하지는 않는다는 점이다. 노자를 추종했던 사상가들이나 장자를 추종했던 사상가들이 직하학사에 모여듦으로써 노자와 장자라는 이름이 사상계에 비로소 알려졌을 수도 있기 때문이다. 그렇지만 사상사적 측면에서 전국시대 중기가 되어서야 노자와 장자가 별개의 사상가로 화려하게 데뷔했다는 점은 매우 중요하다. 이때부터 두각을 나타낸 노자의 사상은 마침내 통일 직전 사상계의 동향을 반영했던 『여씨춘추』에서는 공자를 제치고 제1의 철학으로 등극하게 된다.

넷째, 전국시대 중기부터 천하 통일 직전까지 직하학사에서 정치철학자로 각광을 받았던 신도와 신불해의 사상이 한비자의 정치철학, 다시 말해 전제군주를 정점으로 하는 현실주의적 정치철학으로 종합된다. 신도, 신불해 그리고 한비자는 『회남자』 「요략」 편에 등장하는 전국시대의 중요한 정치사상가 상앙으로부터 지대한 영향을 받은 정치철학자들이었다. 『사기』나 『한서』에 따르면 상앙을 포함한 이들 네 사람 모두 법가로 분류되지만, 이들도 노자와 장자와 마찬가지로 법가라는 학파 의식을 공유한 적은 없었다. 사실 군주의 통치술에 주목했다는 특징을 제외하면 그들이 가지고 있던 문제의식과 사유 체계는 상당히 이질적이었다. 상앙은 객관적인 법法을, 신불해는 군주의 통치술로서의 술術을, 신도는 역동적 정치 형세로서 세勢를 주창했고, 한비자는 세를 토대로 법과 술이란 정치철학적 계기를 종합하려고 했기 때문이다.[142] 어쨌든 이 네 사람이 공유하고 있던 국가주의적 사유 경향이 송견과 양주가 표방했던 아나키즘과 가장 대립되는 경향이었던 것은 숨길 수 없는 사실이라고 하겠다.

철학의 시대 — 춘추전국시대와 제자백가
에필로그

I

욕쟁이 할머니가 운영하는 식당이 있다. 이곳에서 반말은 그나마 부드러운 말로 통한다. 할머니의 입에서는 식당 주인으로서는 내뱉기 어려운 육두문자가 수시로 튀어나온다. "멍청한 새끼야. 들어왔으면 물을 가져다 먹어야지. 늙은 내가 갖다주랴. 이런 병신 같은 놈을 보았나." 손님들은 대부분 할머니의 구성진 욕설에 오히려 즐거움을 느끼는 것 같다. 들리는 이야기로는 음식보다는 할머니의 욕을 듣기 위해서 단골이 되었다는 사람도 있다. 어느 날 곱게 차려입은 아가씨 한 명이 이 식당에 들어선다. 불행히도 그녀는 이 식당이 욕설 반 음식 반으로 범벅된 곳이라는 것을 전혀 모른다. 그저 허기를 느껴 가볍게 식사를 할 요량으로 들어온 것이다. 식당에 앉자마자 서비스는 커녕 할머니 특유의 욕설이 그녀의 귓가를 때리기 시작한다. 불쾌감과 당혹감으로 그녀는 도망치듯 식당을 빠져나와 버린다.

어쩌면 중국 고대의 상나라, 주나라, 그리고 춘추전국시대의 풍경들을 보고서 이 같은 당혹감을 느꼈을 사람들도 있을 것이다. 마치 욕쟁이 할머니의 식당에서 봉변을 당한 아가씨처럼 말이다. 하지만 무엇이든 한번 익숙해지면 당혹감은 곧 사라지기 마련이다. 처음의 낯섦이 사라지면서, 고대 중국과 우리 사이에 존재하는 보편적 구조가 눈에 들어올 것이다. 심지어 어떤 면에서 독자들은 고대 중국인들이 우리보다 더 자유로웠다는 인상을 받을 수도 있다. 예를 들어 『시경』에 등장하는 남녀 간의 사랑이 그렇다. 자본주의의 압박이 거세진 탓인지, 우리 시대의 사랑은 너무나 물질적으로 흐르고 있다. 반면 고대 중국의 남녀들은 사랑에 대해 우리보다 더 격정적이고 진솔하기까지 하다.

특히 당시 여성들의 적극적인 구애 행각을 보면, 우리는 당시 여성들이 자신의 사랑에 대해 얼마나 진솔하고 당당했는지 새삼 놀라지 않을 수 없다. 이런 열정과 애정은 매우 소중한 경험이다. 그렇기 때문에 고대 중국의 평범한 사내와 아낙네들은 빈번한 전쟁으로 헤어질 수밖에 없었던 자신의 처지를 그리도 구슬프게 노래했던 것이다. 이들은 정말 불행하기만 했던 것일까? 내 눈에는 자신들의 자존심 혹은 권력욕 때문에 영토 병합을 위한 끝없는 전쟁에 골몰한 당시 군주들이 더 비참해 보인다. 그들은 인간이 가진 소중한 행복이 무엇인지를 망각했다는 점에서 더 불행한 존재일 수밖에 없다.

사실 행복이 무엇인지 직감적으로 깨달았던 평범한 남녀가 존재했기에, 송견과 양주처럼 우리 삶을 긍정한 철학도 가능했던 것이 아닐까? 송견과 양주는 국가만이 모든 행복을 보장할 수 있는 유일한 도구라는 생각을 철저히 거부했다. 그것은 개인의 삶과 그 속에서 이루어지는 행복만이 절대적 목적이 될 수 있다는 평범한 남녀의 믿음을 반영한 것이다. 전쟁 포로를 불길에 내던지며 하늘에 제사를 지냈던 상나라, 시초점을 치면서 국가의 미래를 점치던 주나라, 그리고 마침내 신정정치에서 세속 정치로 이행했던 춘추시대. 역사는 점차 변화하는 듯했지만 지배계급 내부의 논리는 크게 달라지지 않았다. 다만 상나라 때도, 주나라 때도, 그리고 춘추전국시대에도, 어쩌면 지금까지도 소박한 대다수 사람들만이 삶의 즐거움이 무엇인지 잊지 않았을 뿐이다.

2

유가, 묵가, 도가, 법가 등의 학파 구분은 한 제국의 역사 관료들이 사후적으로 만든 범주에 지나지 않는다. 유일하게 학파 의식을 가지고 있던 것은 유가와 묵가뿐이었기 때문이다. 하지만 이들 내부에도 이미 분파가 있었다면, 학파 의식이란 것은 단지 명분에 지나지 않는다. 예를 들어 맹자나 순자는 모두 공자의 유학을 계승했다고 주장했다. 그러나 두 사람의 사상적 거리는 사실 하늘과 땅만큼이나 멀다. 맹자와 순자를 유가로 묶어서 다룬다고 해서, 우리가 맹자와 순자의 속내를 좀 더 잘 이해하리라는 보장은 전혀 없다. 그렇다면 제자백가를 이해하는 데 있어 우리가 선택할 수 있는 방법은 다음과 같은 한 가지 경우만이 남는다. 가급적 제자백가 모두를 고유명사에 입각해서 이해하려고 노력하는 것이다.

관중의 사상, 공자의 사상, 맹자의 사상, 순자의 사상, 노자의 사상, 장자의 사상, 묵자의 사상, 양주의 사상, 송견의 사상, 신도의 사상, 신불해의 사상, 한비자의 사상, 혜시의 사상, 공손룡의 사상 등으로 말이다. 제자백가 사이에도 물론 유사점이 있을 수 있다. 하지만 유사점보다는 가급적 차이점을 부각시키면서 제자백가의 이야기를 읽도록 하자. 이것은 제자백가 각각의 사상을 다른 사상으로 환원 불가능한 고유한 사유로 다루어야 한다는 것을 의미한다. 이런 전략은 문헌학적 난점을 생각해보아도 불가피하다. 제자백가의 텍스트들은 그들의 손에서 직접 나온 것이 아니라 제국의 역사가들이 정리하고 편집하는 과정을 거쳐 완성되었다. 유가, 도가, 묵가, 명가, 법가 등의 이름이 붙은 서가를 상상해보라. 제자백가의 사상이 담긴 텍스트들이 죽간의 형식으로 서가에 꽂힌다. 얼마 지나지 않아 죽간들을 묶고 있던 끈들이 낡아 해지면서 수많은 죽간들이 서로 뒤섞이게 된다. 착간錯簡은 불가피한 결과다.

이제 〈제자백가의 귀환〉의 첫 권이 마무리되었다. 이제부터는 제자백가의 이야기를 직접 엿볼 순서다. 제자백가가 바라본 춘추전국시대 지성계의 동향에 입각해, 둘째 권에서는 관중과 공자라는 두 명의 사상가를 살펴볼 계획이다. 부제로 '패자의 등장과 철학자의 탄생'이라는 문구를 붙여 보았다. 제자백가를 다룰 때, 대부분의 저자들은 공자를 다루는 것으로부터 춘추전국시대의 사상을 논하기 시작한다. 이것은 그들이 한 제국 이후 만들어진 공자의 아성에서 벗어나지 못했다는 것을 말해준다. 하지만 관중이란 인물은 인문주의적 정치철학, 혹은 세속적 정치철학의 가능성을 열어 보인 중요한 정치철학자였다. 사실 제자백가가 당시 군주들에게 환영받았던 것도 다른 이유 때문이 아니었다. 그들은 자신이 후원하는 제자백가 가운데 어느 한 사람이라도 과거의 관중과 같은 역할을 수행하리라 기대했던 것이다. 사실 이런 기대감이 있었기에 공자의 유세遊說 행각도 가능했다.

공자에게 있어 관중은 애증의 대상이었다. 공자는 관중의 비범한 성공을 부러워했으며, 동시에 자신의 철학적 신념도 포기할 수 없었다. 이것이 공자의 불행이라면 불행일까? 주례를 복원하려는 자신의 신념을 포기하고 현실의 정치 정세에 민감하게 대응했다면, 공자도 관중과 같은 성공을 거둘 수 있었을 것이다. 하지만 공자는 유학에 대한 신념과 현실에서의 성공을 저울질하다가 마침내는 결국 유학자의 길로 접어들게 된다. 그것은 바로 철학자의 길, 혹은 선생의 길이었다. 사실 관중의 정치철학은 우리의 기대 이상으로 매우 중요하다. 그것은 후에 상앙, 신도, 한비자로 이어지는 국가주의 철학의 원조에 해당하며, 동시에 동아시아 사상에 가장 방대한 영향력을 미쳤던 공자의 의중을 이해하는 데도 결정적인 배경이 되기 때문이다. 아마 이렇게도 말할 수 있을 것이다. 관중과 그에 대한 공자의 애증을 이해하지 못한다면, 공자의 어록을 모은 『논어』의 많은 부분을 제대로 음미할 수 없을 것이라고 말이다.

미주

1) 『사기』는 사마천이란 탁월한 역사가의 피와 땀으로 만들어진 역사서다. 친구인 이릉李陵이 B.C.99년 무제武帝의 명령을 받고 흉노와의 전쟁을 지휘하게 된다. 그러나 그는 병력의 열세로 전쟁에서 패하고, 흉노의 포로가 된다. 같이 참여했던 장수 소무蘇武가 자살을 기도했던 것과는 달리, 이릉은 명예로운 자살 대신 항복을 선택했다. 사마천은 자신의 친구 이릉의 행동을 황제 앞에서 변호하다가 가장 치욕적인 형벌이었던 궁형宮刑, 즉 성기가 제거되는 형벌을 받게 된다. 이런 모욕을 당하면서도 그가 자살을 선택하지 않았던 것은 자신이 집필하고 있던 역사서를 완성해야 한다는 소명 의식 때문이었다. 『사기』에는 삼황오제라는 과거의 전설적인 시대로부터 사마천이 살고 있던 한 제국 초에 이르는 중요한 사건들이 기록되었기 때문에, 춘추전국시대의 사회·정치·경제·사상을 알려주는 가장 기초적인 자료라고 할 수 있다.

2) 갑골문자는 중국 최초의 문자로서 고고학적 측정에 의하면 B.C.14~B.C.11세기, 즉 상나라(은나라의 다른 이름) 말기에 만들어진 것으로 보인다. 갑골문자는 거북의 배 껍질이나 소의 어깨뼈에 새겨놓은 상나라 왕실의 점복卜 기록이다. 사실 갑골은 이미 수나라·당나라 시대에 출토되었다. 그러나 아쉽게도 당시에 갑골문자는 사람들에게 별다른 관심을 받지 못했다. 그 후 갑골은 계속 약방에서 분쇄되어 약

재로 쓰였다고 한다. 100여 년 전, 정확히 1899년에 갑골문자가 발견된 사건에 대해 많은 설명이 있지만 그중 대표적인 것은 다음 두 가지다. 말라리아가 창궐했을 때 금석학자였던 왕의영王懿榮이 말라리아를 치료하기 위해 약을 샀다가 약초 중에 문자가 새겨진 쇄골碎骨이 섞여 있는 것을 보고 발견하게 되었다는 것이 첫 번째 설명이다. 다른 설명으로는 어떤 골동품상이 갑골을 가져다 왕의영에게 팔았는데, 그가 갑골에 새겨진 문자의 중요성을 알고 다른 갑골들도 고가로 매입하기 시작하면서 갑골문자가 세상에 알려지게 되었다는 것이다. 어쨌든 그 후 중국 정부는 체계적으로 갑골을 발굴하게 되었으며, 마침내 갑골문자를 연구하는 전문적인 학문 분과도 생기게 되었다.

3) 정인은 상나라 때 점복 행사를 주관했던 사람들을 말한다. 갑골문자에서 이름이 확인된 정인은 대략 120명에 이르는데, 이들의 이름은 갑골문자에 보이는 지명, 씨족명, 부족명과 대부분 일치하고 있다. 그것은 정인들이 상나라를 구성하고 있던 여러 부족의 대표자로서 중앙정부에 참여한 실권자들이었다는 것을 말해준다. 상나라 초기에 정인들의 우두머리 역할을 하였던 사람, 즉 정인들 중 최고의 정인은 아마도 상족商族의 부족장이었던 것으로 보인다. 상나라가 신정국가였다는 점을 감안하면, 정인들은 종교 의례의 집행자였을 뿐만 아니라, 상나라의 정치를 담당하는 일종의 귀족이라는 성격도 아울러 가지고 있었다고 할 수 있다.

4) 상나라의 제사 방식은 신이 있다고 생각되는 곳, 즉 하늘·땅·강물 등에 직접 희생물과 제물을 바치는 방식이었다. 예를 들면 하늘에 있는 신에게 제사 지낼 때는 사람이나 동물을 태워서 그 연기를 하늘로 날려 보내는 방식을 선택했고, 또 땅에 있는 신에게 제사 지낼 때는 땅 속에 사람이나 동물을 매장하거나 제물을 묻는 방식을 선택했다. 그리고 강에 있는 신에게 제사 지낼 때는 강 속에 사람이나 동물을 빠뜨리는 방식을 선택했다.

5) 정鼎은 상나라나 주나라 때 만들어 사용했던, 발이 세 개 달린 커다란 청동 솥을 말한다. 고대 중국인들은 정을 사용하여 음식을 직접 조리하거나 저장했다. 특히 제사 때는 현재 우리가 음식을 제기祭器에 담아 진열하듯이, 이 거대한 정들에 제물을 담아 진열하여 제사를 지냈던 것으로 보인다. 상나라에서 어떻게 정으로 제사를 지냈는지 알 수 없다. 그렇지만 주나라에서는 제사를 지낼 때 쓰이는 정의 수나 크기가 신분을 상징할 정도로 정은 정치적으로 중요한 의미를 띠었다. 예를 들면 주나라 왕이 화려한 무늬가 새겨진 거대한 정을 여덟 개 정도 사용했다면 제후들은 여섯 개, 경대부들은 다섯 개, 사들은 1~3개 정도를 사용했던 것으로 보인다.

6) 갑골문을 보면 벌伐이란 글자는 창[戈]으로 사람의 목을 베는 형상을 본뜨고 있다. 특히 상나라에서는 제사를 지낼 때 사람을 희생물로 바쳤다. 예를 들어 10명의 목을 베어서 제사에 바칠 때 이 희생물의 수를 10벌이라고 셌는데, 이때 벌은 희생물을 세는 단위로 쓰인 것이다. 상나라 시대의 묘나 건축물의 기단에는 흔히 시신의 머리나 혹은 머리가 잘린 시신이 수장되는 그림이 많이 그려져 있다. 이를 통해 우리는 상나라 사람들이 제사에 얼마나 많은 사람들을 희생물로 삼았는지 미루어 짐작할 수 있다.

7) 상나라 시절에 읍邑과 방方은 대립적인 의미를 갖는 개념이었다. 다시 말해 상나라가 지배하던 읍들과는 달리 방이라는 지역은 일종의 타자적 공간, 외부 공간을 의미했다. 여기서 다시 한 번 당시 상나라가 영토 국가가 아니라 읍제 국가였다는 점을 상기할 필요가 있다. 이것은 상나라가 지배하던 여러 읍들 사이에도 상나라의 지배가 미치지 못하는 외부 공간이 존재했다는 것을 말해준다. 읍과 읍 사이에는 비록 규모는 작지만, 상나라의 지배에 저항했던 많은 소수 부족들이 살고 있었고, 이들은 때때로 읍을 공격해서 많은 피해를 주기도 하였다. 여기서 중요한 것은 상나라 내부에 흩어져 살고 있던 소수 부족들의 존재가 상나라를 영토 국가가 아닌 읍제 국가로 규정하게 하는 데 결정적인 요인이었다는 점이다. 그런 저항 세력들이 동시에 산재해 있었다는 것은 상나라가 중앙집권적인 형태의 국가에 미치지 못했다는 것을 말해주고 있다.

8) 상나라 왕은 국가의 최고 통치자일 뿐만 아니라 종교적으로는 최고의 제사장이기도 하였다. 상왕商王 밑에는 왕실 귀족, 상왕이 직접 통제했던 '내복內服' 귀족, 그리고 '외복外服'에서 상왕으로부터 작위를 받은 지방 귀족이 있었다. 여기서 '내복'은 상읍商邑 지역을 가리키고, '외복'은 그 밖의 지역을 가리키는 용어다. 당시에는 귀족들만 성姓을 가지고 있었기 때문에, '백성百姓'이란 표현은 이들 왕실 귀족, 내복 귀족, 외복 귀족들을 가리키는 용어였다. 여기서 귀족들이 성姓을 가지고 있었다는 것은 그들이 조상에 대한 의식을 가지고 있었다는 것, 따라서 제사를 지낼 수 있었다는 것을 말한다. 당시 상족이 아닌 다른 부족의 귀족들이 모시던 조상신은 신의 세계에서도 상족의 조상신보다 하위에 있다고 생각되었다.

9) 상나라 사회는 귀족층, 평민층, 그리고 노예로 구성되어 있었다. 갑골문을 보면 당시 귀족들이 '백성百姓'이라고 불렸다면, 평민층은 '소인小人'이나 '왕인王人'으로 불렸다. '소인'은 귀족층으로부터 분화된 계층으로서 주로 농경에 종사하고 있었다. 따라서 이들은 노예들보다 사회적으로 신분이 높았지만, 지배 귀족층에게는

미주 285

통치 대상일 수밖에 없었다. 이들은 귀족들에게 공물을 납부해야 했고, 아울러 병역兵役과 요역徭役의 의무도 지고 있었다. 춘추시대 공자가 군자君子와 대비되어 농경에 종사하는 사람들을 소인小人이라고 부르는데, 이것은 그가 상나라 사회의 구조에 대해 나름대로 안목을 가지고 있었다는 것을 말해준다고 하겠다.

10) 『논어』는 춘추시대의 유학 사상가이자 흔히 중국철학의 시작이라고 평가받는 공자의 언행을 모아놓은 책이다. 이 책은 유학이 2000여 년 동안 사상적 패권을 차지하고 있던 중국을 포함한 동아시아에서 절대적 가치를 가진 경전으로 간주되었다. 『논어』를 누가 편찬했는지에 대해서는 역대에 많은 이론들이 있다. 다만 『논어』에서는 공자의 제자들 중 오직 유자有子와 증자曾子만이 공자와 더불어 '자子'라는 호칭으로 불리고 있기 때문에, 보통 유자나 증자를 따르던 제자들이 이 책을 편찬한 것으로 보는 견해가 지배적이다. 지금 우리가 보고 있는 『논어』 판본은 20편으로 되어 있는 것이다. 그러나 『한서漢書』 「예문지藝文志」를 살펴보면 한대漢代에는 세 종류의 『논어』 판본이 있었던 것으로 보인다. 『노론魯論』, 『제론齊論』, 그리고 『고론古論』이 그것이다. 『노론』은 '노나라의 논어'라는 뜻으로 모두 20편으로 구성되어 있으며 금문今文으로 씌어졌다. 『제론』은 '제나라의 논어'라는 뜻으로 모두 22편으로 구성되어 있고, 『노론』에 비해 「문왕問王」편과 「지도知道」편이 더 있었다. 마지막으로 『고론』은 '옛날의 논어'라는 뜻으로 모두 21편으로 구성되어 있었다. 공자의 옛날 집의 벽에서 출토되었던 것이다. 『고론』에는 「문왕問王」편과 「지도知道」편이 없는 대신, 『노론』 마지막 20번째 편인 「요왈堯曰」편이 두 부분으로 나뉘어 있어서 21편이 된 것이다. 현재 우리가 주로 보고 있는 판본은 바로 금문으로 씌어진 20편으로 구성된 『노론』이다.

11) 우리는 주족의 유래에 대해 정확히 알지는 못한다. 주족이 상족과는 다른 부족이었다는 것은 확실하다. B.C.1045년 상나라를 붕괴시킨 후 주족은 상족의 문화와 언어를 적극적으로 수용하게 되면서, 현재 한족漢族의 조상으로 자리를 잡는다. 그러나 주족은 그 이전부터 상족의 문명을 적극적으로 받아들였던 것 같다. 상나라 초기의 것으로 보이는 갑골문자에는 주족에 대한 언급이 빈번하게 나오는데, 이것은 상나라 초기에 주족이 상족과 첨예하게 대립하고 있었음을 말해준다. 그러나 상나라 후기로 갈수록 주족에 대한 언급이 갑골문에서 사라졌다. 이것은 상나라 말기에 들어 주족이 상족에 거의 투항에 가깝게 복속했음을 말해준다. 주족이 상나라를 '큰 나라[大邦]'로, 스스로를 '작은 나라[小邦]'로 부를 정도였다. 이때부터 주족은 상족의 문화를 적극 수용해서 최소한 문화적으로나 언어적으로나 이미

상족화되었던 것이다. 그래서 상족과 전쟁을 하지 않았기 때문에 주족이 갑골문자에 등장하지 않았던 것이다. 역설적인 것은 이미 상족에 동화된 주족이 다른 부족들과 연맹을 맺고 결국 상족을 붕괴시킨다는 점이다. 그러나 지금으로서는 그 자세한 내막을 알 길이 없어 아쉽기만 하다. 어쨌든 패권을 잡은 주족은 분봉分封제도를 통해서 한족이 아닌 다른 많은 부족들을 계속 흡수하게 되는데, 이것이 바로 중국 역사의 커다란 흐름으로서 아직도 진행 중인 사건이라고 할 수 있다.

12) 현재 강족은 중국 전역에 살고 있는데, 대부분은 중국 서쪽 쓰촨 성四川省 서북쪽의 고산지대에 살고 있다. 현재 강족 인구는 대략 20만 명 정도라고 한다. 그들은 한족漢族과는 달리 티베트-버마 어군에 속하는 언어를 사용하고 있다. 대대로 강족들은 흰 돌, 즉 백석白石을 숭배하며, 아울러 장례도 화장火葬이란 방식으로 치르고 있다. 흥미로운 것은 한족들의 가부장제와는 달리 그들은 아직도 모계제적 관습을 가지고 있다는 점이다. 상족과 처절한 갈등상태에 있었을 때 강족들은 현재의 간쑤 성甘肅省과 산시 성陝西省 지역에 살고 있었다고 한다. 상나라를 몰락시킨 후 정치의 패권을 잡은 주족은 강족을 여러 지역에 분봉함으로써 그들의 힘을 약화시키려고 했던 것 같다. 물론 이런 이주 조치를 추진했던 주족은 그 명분으로 강족이 세운 혁혁한 전공을 내세웠지만 말이다. 강족이 제후로 분봉된 대표적인 국가가 바로 지금의 산둥 성山東省 지역에 있었던 제齊나라다. 그 외에 강족이 이주해서 분봉되었던 나라로는 허許나라, 신申나라, 여呂나라, 기紀나라, 향向나라, 주州나라 등이 있었다고 한다.

13) 이처럼 상나라를 대신해서 주나라를 출범시킨 주족은 각 지역에 제후국을 만들었다. 제후국의 군주인 제후들은 크게 희씨姬氏 성을 쓰는 동성同姓 제후들과 제나라처럼 상나라를 붕괴시킬 때 동맹에 참여했던 다른 부족들의 수장들로 이루어진 이성異姓 제후들로 구성되어 있었다. 주나라의 분봉은 크게 두 차례에 걸쳐 이루어졌다. 1차 분봉은 주나라가 막 건립되었을 때 이루어졌고, 2차 분봉은 성왕成王과 강왕康王 때 이루어졌다. 무왕이 상나라를 멸망시킨 후 2년 만에 세상을 떠났을 때 그의 아들 성왕은 너무 어려서 무왕의 동생 주공周公이 섭정을 맡는다. 이때 상나라의 잔여 세력들은 자신들을 감독하던 일부 주족들을 선동하여 주공에 대한 반란에 참여하도록 만든다. 주공은 이를 평정하고 다시 대대적으로 제후국을 건립하는데, 이때 세워진 제후국이 제齊나라를 포함해 노魯나라, 연燕나라, 진晉나라 등이었다. 이 점에서 주나라의 봉건제도는 2차 분봉 때 주공에 의해 실질적으로 이루어졌다고 할 수 있다.

14) 太公望呂尙者, 東海上人. 其先祖 (…) 虞夏之際封於呂, 或封於申, 姓姜氏. 夏商之時, 申·呂惑封枝庶子孫, 或爲庶人, 尙其後苗裔也. 本姓姜氏, 從其封姓, 故曰呂尙. 呂尙蓋嘗窮困, 年老矣, 以漁釣奸周西伯. 西伯將出獵, 卜之, 曰所獲非龍非彲, 非虎非羆, 所獲霸王之輔. 於是周西伯獵, 果遇太公於渭之陽, 與語大說, 曰自吾先君太公曰當有聖人適周, 周以興. 子眞是邪? 吾太公望子久矣. 故號之曰太公望. 載與俱歸, 立爲師. 『史記』「齊太公世家」.

15) 상제라는 말은 마치 하늘 높은 곳, 혹은 인간 세상이 아닌 하늘 위의 신비한 세계 속에 거주하고 있는 절대자를 가리키는 것처럼 보인다. 상제上帝라는 말을 구성하고 있는 '위'라는 뜻의 상上이란 글자가 이런 느낌을 더욱 강화한다. 그러나 갑골문자의 제帝라는 글자 자체는 '높은 하늘'과는 전혀 다른 이미지였다. 갑골문자의 제는 꽃받침과 꽃대가 서로 이어진 꽃의 모양을 본뜬 글자였다. 어떤 학자들은 나무 시렁 위에다 여자의 생식기를 올려놓고 숭배하는 모습이라고 해석하기도 한다. 꽃의 모양으로 이해하든 여자의 생식기 모양으로 이해하든 제란 글자는 대지에서의 번식과 생장을 상징하고 있다. 번식과 생장은 동식물의 생명을 이어주는 근본적인 방법이었기 때문에, 상족들은 꽃이나 여자 생식기를 일종의 토템으로 숭배하였던 것 같다. 시간이 지남에 따라 상족들은 꽃이나 여자 생식기 토템을 절대화하면서 그것들을 마치 자신들 위에서 군림하고 있는 절대자로 표상하게 되었던 것으로 보인다. 여기서 한 가지 기억해야 할 것이 있다. 그것은 상족과 주족의 차이가 바로 그들 각자가 최고의 신으로 여기던 제帝와 천天의 이미지의 차이에 의해 분명히 드러난다는 점이다. 전자가 대지의 풍요로움에 바탕을 두고 있다면, 후자는 산악이나 고원지대라는 척박한 땅 위에 차갑게 펼쳐져 있는 하늘에 바탕을 두고 있기 때문이다.

16) 周公曰, 拜手稽首, 旅王若公, 誥告庶殷越自乃御事, 嗚呼! 皇天上帝改厥元子茲大國殷之命! 惟王受命, 無疆惟休, 亦無疆惟恤. 嗚呼! 曷其奈何弗敬! 天旣遐終大邦殷之命, 茲殷多先哲王在天. 越厥後王後民, 茲服厥命厥終, 智藏瘝在. 夫知保抱攜持厥婦子以哀籲天, 徂厥亡出執. 嗚呼! 天亦哀于四方民, 其眷命用懋. 王其疾敬德! 相古先民有夏, 天迪從子保. 面稽天若, 今時旣墜厥命. 今相有殷, 天迪格保. 面稽天若, 今時旣墜厥命. 今沖子嗣, 則無遺壽耈 (…) 我不可不監于有夏, 亦不可不監于有殷. (…) 惟不敬厥德, 乃早墜厥命. (…) 今王嗣受厥命, 我亦惟茲二國命, 嗣若功. 『尙書』「周書·召誥」.

17) 상제나 천의 후원을 받았던 상나라를 공격한다는 것은 기본적으로 상제를 거역

하는 행위일 수밖에 없었다. 더군다나 신정국가였던 상나라를 붕괴시켰다고 해도, 상나라의 통치 이데올로기는 당시 모든 사람들의 뇌리에 강하게 각인되어 남아 있었다. 이것은 주나라가 떠맡아야만 하는 정치적 부담으로 남았다. "어떻게 하면 상나라 잔존 세력들뿐만 아니라 상나라의 영향하에 있었던 모든 부족들의 통념을 무마할 수 있을까?" 주나라 통치권의 고뇌에서 출현한 것이 바로 천명 이론이었다. 상제의 명령에 의해 지상의 안녕을 지켜야 할 상나라 주왕이 악정을 행했기 때문에 천명은 상나라를 떠나 주나라로 왔고, 주나라 왕에게 사회질서를 회복할 것을 명령했다는 것이다. 『상서尙書』란 책이 상나라 마지막 왕인 주왕을 폭군으로 묘사하는 데 많은 지면을 할애했던 것도 바로 이런 이유에서다. 『상서』나 『사기』도 이런 이데올로기 작업에 동참해서 그 유명한 주지육림酒池肉林의 전설을 날조하는 데 참여했던 것이다. 그러나 상나라의 주왕은 상나라가 통제하던 여러 부족들의 반란을 진압하기 위해서 동분서주했고, 그 결과 대부분의 반란을 진압한 능력 있는 제왕이었다. 다만 이런 반란 진압 과정에서 상나라의 경제력과 군사력은 극히 약화되었고, 바로 이 틈을 타서 주족과 그 연합 세력들이 상나라를 무력으로 붕괴시켰던 것이다. 어쨌든 폭군의 상징으로 기억되는 주왕의 이미지는 승리한 자들이 자신들의 승리를 정당화하는 방식으로 아무런 거리낌 없이 날조되어 아직도 인구에 회자되고 있다. 흔히 말하듯이 역사는 승자의 전유물이라는 법칙이 여기에도 적용된 셈이다.

18) 『주역』은 원래 주나라에서 복서卜筮점을 치는 데 사용되었던 점서다. 그 체계는 아마도 상나라 말기와 주나라 초기 사이에 형성되었던 것으로 보인다. 『주역』으로 점을 치는 방법은 괘의 모양[卦象]을 가지고 길흉화복을 점치는 것이었다. 괘는 음효陰爻(--)와 양효陽爻(—)로 구성되는데, 이 음양의 부호가 3중으로 중첩되면서 8괘卦(☰☱☲☳☴☵☶☷)가 만들어지고, 이 8괘가 2중으로 겹쳐져 모두 64괘, 즉 384효를 구성한다. 이 64괘 각각을 설명하고 있는 괘사卦辭, 그리고 384효 각각을 설명하고 있는 효사爻辭로 이루어진 부분을 『역경易經』이라 부른다. 이 괘, 괘사, 효사에 대해 후대 사람들이 주석과 설명을 붙였는데, 그 종류가 10개여서 보통 '십익十翼'이라고 부른다. 십익은 글자 그대로 '역을 이해하는 데 도움을 주는 10가지 주석'을 의미하는데, 「단彖」상·하, 「상象」상·하, 「계사繫辭」상·하, 「문언文言」, 「설괘說卦」, 「서괘序卦」, 「잡괘雜卦」가 바로 그것이다. 이 십익 부분을 보통 『역경』과 구별하여 『역전易傳』이라고 부른다.

19) 전투력을 갖추고 있는 포로를 잡았을 때 가장 중요한 작업은 그의 전투력이나

반항 정신을 감소시키는 것이다. 고대 중국에서는 포로를 잡으면 한쪽 눈을 찔러 애꾸눈을 만드는 방법을 자주 사용했다. 애꾸눈은 거리 감각이 없어서 전투 능력이 극도로 떨어지지만, 생산노동에 종사하는 데는 별다른 어려움이 없었기 때문이다. 갑골문자를 보면 민民자는 한 눈이 침에 찔려 애꾸눈이 되는 모양을 본뜨고 있다. 민은 본래 죄를 범한 사람이었지만, 뒤에 오면 일반 평민들을 가리키는 용어로 변한다. 무슨 이유에서인지는 모르지만, 주나라 이후 한쪽 눈을 찔러 애꾸눈을 만드는 형벌은 더 이상 사용되지 않는다. 아마 포로를 애꾸눈으로 만들어 노동 현장에 투입시킬 필요가 이제는 사라졌기 때문일 것이다.

20) 동한東漢의 학자 정현鄭玄이 『의례儀禮』, 『주례周禮』, 『예기』를 각각 구별하여 이것에 주석을 붙인 다음부터, 이 세 권의 책은 합쳐서 '삼례三禮'라고 불리게 된다. 『의례』는 관혼상제 등 구체적인 의식을 기록하고 있고, 『주례』는 300여 종에 달하는 관직의 임무를 기록하고 있으며, 『예기』는 예의 작용과 그 의의를 밝히고 있다. 따라서 철학적으로 가장 중요한 것은 바로 이 마지막 『예기』라고 할 수 있다.

21) 禮不下庶人, 刑不上大夫. 『禮記』 「曲禮·上」.

22) "공자가 말했다. '주나라는 하나라와 은나라를 본떠서, 문물제도가 더욱 찬란하다! 나는 주나라를 따르겠다.'"(子曰, 周監於二代, 郁郁乎文哉! 吾從周. 『論語』 「八佾」.)

23) 주나라는 최상층의 주나라 왕에서부터 최하층의 평민과 노예에 이르기까지 종법 제도로 특징지어지는 피라미드식 사회구조로 유지되었던 국가다. 특히 종법 제도란 귀족의 혈연적 계승법을 말하며, 분봉제의 이론적 기초로도 작용했다. 기본적으로 이 제도는 혈연관계에 따라 '적자와 서자'를 구별하고 '나이 든 사람과 어린 사람'을 구분한다. 이 제도에 따르면 적장자嫡長子라고 부르는 정실부인 소생의 맏아들은 전체 종족의 대종大宗이 되고, 그렇지 않은 서자들은 소종小宗이 된다. 제사를 지낼 때 살아 있는 일족들의 대표 역할은 바로 대종, 즉 적장자가 수행한다. 주나라는 적장자를 우선시하는 가족 관계 논리를 정치 논리로 확장해서 적용한다. 다시 말해 주나라 왕은 천하의 대종이 되어 전체 국가의 대표자라는 역할을 수행해야 한다는 것이다. 그래서 주나라 왕은 규칙적으로 종묘에서 제사를 주관하면서, 자신이 전체 사회의 적장자라는 인식을 전체 사회 성원들에게 지속적으로 각인시켰던 것이다.

24) 사마천이 지은 위대한 역사서 『사기』 외에도 춘추전국시대를 알려주는 세 가지 중요한 역사서가 있다. 춘추시대의 정치와 사상에 대해서는 『춘추좌전春秋左傳』과 『국어國語』가 자세한 내막을 알려주고, 전국시대에 대해서는 『전국책戰國策』이

그 역할을 담당한다. 이 중 『국어』는 『춘추좌전』에 비해 상대적으로 경시되는 역사서다. 이렇게 경시되는 이유는 후대 중국 문화의 주류로 기능했던 유학자들이 『춘추좌전』을 경전화하면서 중시했기 때문이다. 『춘추좌전』이 공자의 활동 무대였던 노나라를 중심으로 주례周禮의 가치를 긍정하는 관점에서 기록되어 있다면, 『국어』는 진晉나라에 관한 내용이 전체 분량의 3분의 1에 달할 정도로 기본적으로 제나라와 함께 춘추시대에 가장 영향력이 컸던 진晉나라를 중심으로 기록되어 있다. 『국어』는 총 21권, 7만여 자로 구성되어 있는데, 주나라·노나라·제나라·진나라·정나라·초나라·오나라·월나라 등 춘추시대에 영향력을 행사했던 8개국을 다뤘다.

25) 춘추시대가 마감되고 전국시대가 열린 시기에 대해 학자들 사이에 의견이 분분한데, 대략 세 가지 의견으로 좁힐 수 있다. 첫째, 사마천의 『사기』를 따라서 전국칠웅, 즉 진秦·제齊·초楚·연燕·한韓·조趙·위魏라는 일곱 강대국의 시대가 열린 시기인 B.C.476년을 전국시대의 시작으로 보는 견해가 있다. 둘째, 진晉의 귀족이었던 세 가문, 즉 한韓·조趙·위魏가 진의 군주 지백知伯을 죽이고 진나라를 삼분해버린 사건이 일어난 시기인 B.C.456년을 전국시대의 시작으로 보는 견해가 있다. 마지막 셋째는 주나라 종법 제도하에서는 일어날 수 없는 반역 행위를 저질렀던 한韓·조趙·위魏 세 가문을 주나라 위열왕(威烈王, 재위 기간 B.C.425~401)이 정식으로 제후로 임명한 시기인 B.C.403년을 전국시대의 시작으로 보는 견해다.

26) 『춘추』는 B.C.722~B.C.481, 그러니까 242년간의 노나라 역사를 편년체로 기술한 역사서다. 정확히 말해 이 책은 노나라 은공隱公 원년부터 애공哀公 14년까지 노나라 군주 12명의 시대를 다루고 있다. 춘추시대라는 말도 다름 아닌 이 책의 이름으로부터 유래한 것이다. 흔히 유학자들은 공자가 이 책을 지었다고 하지만 공자의 언행을 모은 『논어』에는 이런 사실이 전혀 기록되어 있지 않다. 『춘추』에 대한 현존하는 주석서에는 세 종류가 있는데, 『춘추좌전春秋左傳』, 『춘추공양전春秋公羊傳』, 『춘추곡량전春秋穀梁傳』이 바로 그것이다. 오징(吳澄, 1249~1333)에 따르면 『춘추좌전』이 역사 사건을 기술하는 데 탁월했다면, 『춘추공양전』과 『춘추곡량전』은 『춘추』의 원문을 해석하는 데 장점이 있다고 할 수 있다. 『춘추좌전』은 공자와 동시대 사람으로 알려진 좌구명左丘明이 썼다고 하는 주석서인데, 『춘추』 자체가 너무 간단하고 소략하기 때문에 춘추시대를 역사적으로 연구하려면 반드시 읽어야 할 고전이라고 할 수 있다.

27) 冬, 十一月, 襄公與楚成王戰于泓. 楚人未濟, 目夷曰, 彼衆我寡, 及其未濟擊之. 公不聽. 已濟未陳. 又曰. 可擊. 公曰. 待其已陳. 陳成. 宋人擊之. 宋師大敗. 襄公傷股. 國人皆怨公. 公曰, 君子不困人於阨. 不鼓不成列. 子魚曰, 兵以勝爲功, 何常言與! 必如公言, 卽奴事之耳, 又何戰爲?「史記」「宋微子世家」.

28) 召樓緩謀曰, (…) 今中山在我腹心, 北有燕, 東有胡, 西有林胡・樓煩・秦・韓之邊, 而無彊兵之救, 是亡社稷, 柰何? 夫有高世之名, 必有遺俗之累. 吾欲胡服. 樓緩曰, 善. 群臣皆不欲. 於是肥義侍, 王曰, (…) 爲敵弱, 用力少而功多. 可以毋盡百姓之勞, 而序往古之勳. 夫有高世之功者, 負遺俗之累, 有獨智之慮者, 任驁民之怨. 今吾將胡服騎射以敎百姓, 而世必議寡人, 柰何? 肥義曰, 臣聞疑事無功, 疑行無名. 王旣定負遺俗之慮, 殆無顧天下之議矣. (…) 愚者闇成事, 智者覩未形, 則王何疑焉. 王曰, 吾不疑胡服也, 吾恐天下笑我也. (…) 世有順我者, 胡服之功未可知也. 雖驅世以笑我, 胡地中山吾必有之. 於是遂胡服矣.「史記」「趙世家」.

29) 참고로, 중국에 기마술과 기마전이 도입된 시기가 무령왕이 호복을 입었던 B.C.307년은 아닌 것으로 보인다. 고고학의 발굴 자료에 따르면 기마술과 기마전이 도입된 정확한 시기는 늦어도 B.C.4세기 중엽이라고 확인되었기 때문이다. 사실 B.C.4세기 이전에도 북방 이민족들이 한족 제후국들을 압박했다는 기록이 많이 남아 있다. 당연히 이런 충돌과 대결을 통해서 북방 이민족들의 보병전과 기마전에 대한 기술은 상당 부분 중원 국가들에도 알려져 있었을 것이다.

30) 及曹, 曹共公聞其騈脅, 欲觀其裸. 浴, 薄而觀之. 僖負羈之妻曰, 吾觀晉公子之從者, 皆足以相國. 若以相, 夫子必反其國. 反其國, 必得志於諸侯. 得志於諸侯, 而誅無禮, 曹其首也. 子盍蚤自貳焉! 乃饋盤飧, 寘璧焉. 公子受飧反璧. (…) 及鄭, 鄭文公亦不禮焉. 叔詹諫曰, 臣聞天之所啓, 人弗及也. 晉公子有三焉, 天其或者將建諸, 君其禮焉. 男女同姓, 其生不蕃, 晉公子, 姬出也, 而至於今, 一也. 離外之患, 而天不靖晉國, 殆將啓之, 二也. 有三士, 足以上人, 而從之, 三也.「春秋左傳」「僖公23」.

31) 보통 같은 씨족 내부에서 재상을 정하는 관례를 어기고, 씨족과 무관한 외부 사람에게 재상의 자리를 주는 경우가 있었다. 이것이 바로 객경客卿 제도인데, 각 제후들이 부국강병에 목숨을 걸었던 춘추전국시대에 더욱 활성화된다. 객경으로 발탁된 사람은 자신이 데리고 있던 지식인들을 관직 요소요소에 배치할 권한도 아울러 부여받는다. 객경으로 부국강병을 이룰 수 있었던 것은 그가 혈혈단신이 아니라 일종의 내각 수반처럼 많은 지식인들을 거느리고 있었기 때문이다.

32) 子曰, 有敎無類.「論語」「衛靈公」.

33) 易大傳, 天下一致而百慮, 同歸而殊. 夫陰陽・儒・墨・名・法・道德, 此務爲治者也. 直所從言之異路, 有省不省耳.『史記』「太史公自序」.

34) 『사기』「사마양저열전司馬穰苴列傳」에 소개된 사마양저,「손자오기열전孫子吳起列傳」에 소개된 손무孫武, 오기, 그리고 손빈孫臏, 이렇게 네 사람의 사인이 춘추전국시대를 대표하는 병가였다고 할 수 있다.

35) 上古之時, 醫有兪跗, 治病不以湯液醴灑, 鑱石撟引, 案扤毒熨. 一撥見病之應, 因五藏之輸, 乃割皮解肌, 訣脈結筋, 搦髓腦, 揲荒爪幕, 湔浣腸胃, 漱滌五藏, 練精易形.『史記』「扁鵲倉公列傳」.

36) 越人之爲方也, 不待切脈望色聽聲寫形, 言病之所在. 聞病之陽, 論得其陰, 聞病之陰, 論得其陽. 病應見於大表, 不出千里, 決者至衆, 不可曲止也.『史記』「扁鵲倉公列傳」.

37) 氣之不得無行也, 如水之流, 如日月之行不休, 故陰脈榮其藏, 陽脈榮其府, 如環之無端, 莫知其紀, 終而復始. 其流溢之氣, 內漑藏府, 外濡腠理.『黃帝內經·靈樞』「脈度」.

38) 한 제국 초기에 완성된『회남자淮南子』에서도 자연과 인간이 구조적으로 같다는 견해가 명확히 피력되어 있다. "하늘에는 춘하추동春夏秋冬이란 사시四時, 금·목·수·화·토의 오행五行, 여덟 방위와 중앙을 의미하는 구해九解, 그리고 366일日이 있다. 그래서 사람에게는 [두 손과 두 발인] 사지四肢, [다섯 가지 장기인] 오장五臟, [눈, 코, 귀 각각에 있는 두 구멍과 입, 항문, 요도를 의미하는] 아홉 가지 구멍인 구규九竅, 366가지의 마디[節]가 있다. 하늘에는 바람, 비, 추위 그리고 더위가 있으므로 사람에게도 받음, 줌, 기쁨 그리고 노여움이 있는 것이다. 그러므로 쓸개[膽]는 구름과 같고 허파[肺]는 기와 같고, 간肝은 바람과 같고 신장[腎]은 비와 같고, 지라[脾]는 우레와 같아서 천지와 서로 부합하는데, 심장[心]이 이것들을 주관한다. 이목耳目은 해와 달과 같고, 혈기血氣는 바람과 비와 같은 것이다."(天有四時五行九解三百六十六日. 人亦有四支五藏九竅三百六十節. 天有風雨寒暑, 人亦有取與喜怒. 故膽爲雲, 肺爲氣, 肝爲風, 腎爲雨, 脾爲雷, 以與天地相參也, 而心爲之主. 是故耳目者日月也, 血氣者風雨也.『淮南子』「精神訓」.)

39) 人受氣于穀, 穀入于胃, 以傳與肺, 五藏六府, 皆以受氣, 其淸者爲營, 濁者爲衛, 營在脈中, 衛在脈外, 營周不休, 五十而復大會, 陰陽相貫, 如環無端.『黃帝內經·靈樞』「營衛生會」.

40) 心者, 君主之官也, 神明出焉. 廬肺者, 相傳之官, 治節出焉. 肝者, 將軍之官, 謀慮出焉. (…) 脾胃者, 倉廩之官, 五味出焉.『黃帝內經·素問』「靈蘭秘典論」.

41) 天地設而民生之. 當此之時也, 民知其母而不知其父, 其道親親而愛私. 親親則別, 愛私險. 民衆, 而以別·險爲務, 則民亂. 當此時也, 民務勝而力征. 務勝則爭, 力征則訟. 訟而無正, 則莫得其性也. 故賢者立中正, 設無私, 而民說仁. 當此時也, 親親廢, 上賢立矣. 凡仁者以愛爲務, 而賢者以相出爲道. 民衆而無制, 久而相出爲道, 則有亂. 故聖人承之, 作爲土地·貨財·男女之分. 分定而無制, 不可, 故立禁, 禁立而莫之司, 不可, 故立官, 官設而莫之一, 不可, 故立君.『商君書』「開塞」.

42) 殷契, 母曰簡狄, 有娀氏之女, 爲帝嚳次妃. 三人行浴, 見玄鳥墮其卵, 簡狄取呑之, 因孕生契.『史記』「殷本紀」.

43) 周后稷, 名棄. 其母有邰氏女, 曰姜原. 姜原爲帝嚳元妃. 姜原出野, 見巨人迹, 心忻然說, 欲踐之. 踐之而身動如孕者. 居期而生子.『史記』「周本紀」.

44)『사기』「오제본기五帝本紀」에 따르면 오제五帝는 황제黃帝라고 불리는 공손헌원公孫軒轅, 전욱顓頊이라고 불리는 고양高陽, 제곡帝嚳이라고 불리는 고신高辛, 요堯라고 불리는 방훈放勛, 마지막으로 순舜이라고 불리는 우순虞舜 등 다섯 사람이다.

45) 古者禽獸多而人少, 於是民皆巢居以避之. 晝拾橡栗, 暮栖木上, 故命之曰 有巢氏之民. 古者民不知衣服, 夏多積薪, 冬則煬之, 故命之曰 知生之民. 神農之世, 臥則居居, 起則于于. 民知其母, 不知其父, 與麋鹿共處, 耕而食, 織而衣, 無有相害之心. 此至德之隆也. 然而黃帝不能致德, 與蚩尤戰於涿鹿之野, 流血百里. 堯舜作, 立群臣, 湯放其主, 武王殺紂. 自是以後, 以强陵弱, 以衆暴寡. 湯武以來, 皆亂人之徒也.『莊子』「盜跖」.

46) 이 점에서 순자의 다음 이야기는 가부장제와 국가로 귀결되고 있는 춘추전국시대의 흐름을 웅변적으로 보여준다고 하겠다. "군주는 국가의 최고 권위이고 아버지는 가족의 최고 권위다. 최고 권위자가 한 사람일 때 국가 질서와 가족 질서는 유지되지만, 그렇지 않고 최고 권위자가 두 사람일 경우에는 혼란스러워진다. 예로부터 지금까지 두 명의 최고 권위자가 서로 다투는데도 국가와 가족이 장구하게 유지된 적은 없었다."(君者, 國之隆也, 父者, 家之隆也. 隆一而治, 二而亂. 自古及今, 未有二隆爭重而能長久者.『荀子』「致士」.)

47) 子曰, 詩三百, 一言以蔽之, 曰思無邪.『論語』「爲政」.

48) 鄭衛之音, 使人之心淫.『荀子』「樂論」.

49) 唯女子與小人爲難養也, 近之則不孫, 遠之則怨.『論語』「陽貨」.

50) 龍乾☰, 元亨. 利貞. 初九, 潛龍勿用. 九二, 見龍在田, 利見大人. 九三, 君子終日乾乾, 夕惕若, 厲无咎. 九四, 或躍在淵, 无咎. 九五, 飛龍在天, 利見大人. 上九, 亢龍有悔.『易經』「乾」.

51) 孔子晚而喜易, 序彖·繫·象·說卦·文言, 讀易, 韋編三絶.『史記』「孔子世家」.

52) "공자는 말했다. '내게 몇 년만 주어져서 나이 쉰에 『역』을 공부할 수 있다면 커다란 허물은 없을 수 있을 것이다.'"(子曰, 加我數年, 五十以學易, 可以無大過矣. 『論語』「述而」.) 노魯나라 판본의 『논어』에는 역易이 역亦으로 되어 있는데, 이것은 공자의 말에 등장하는 역易이 『주역』을 가리키지 않을 수도 있다는 것을 말해준다. 더군다나 『논어』에서 『주역』이 이 구절을 제외하고 한 차례도 언급된 적이 없고, 동시에 공자 이후의 사상가 맹자와 순자의 사상을 담고 있는 『맹자』와 『순자』에서도 『주역』이 인용되지 않았다는 점도 상기할 필요가 있다. 결국 『주역』이 있었다고 해도 공자는 이 경전을 중시하지 않았다는 것만은 확실하다. 당연히 그가 『역전』을 집필했을 리 만무하다.

53) "『역전』은 공자가 지은 것이 아니며, 동시에 어느 한 사람의 손에서 나온 것도 아니다."(易傳非孔子之作, 亦不出於一人之手. 『易童子問』.)

54) 易與天地準, 故能彌綸天地之道. 仰以觀於天文, 俯以察於地理, 是故知幽明之故, 原始反終, 故知死生之說, 精氣爲物, 遊魂爲變, 是故知鬼神之情狀. 『易傳』「繫辭·上」.

55) 子貢曰, 夫子之文章, 可得而聞也, 夫子之言性與天道, 不可得而聞也. 『論語』「公冶長」.

56) 季路問事鬼神. 子曰, 未能事人, 焉能事鬼? 曰, 敢問死. 曰, 未知生, 焉知死? 『論語』「先進」.

57) "옛날 포희씨가 천하를 다스릴 때, 그는 하늘을 우러러 상象을, 땅을 굽어보고 법法을, 그리고 조수鳥獸의 모양과 땅의 토양을 관찰하였다. 가까이에서는 자신에게서 취하고 멀리서는 사물에게서 취하여 그는 마침내 팔괘를 처음으로 만들어 신명神明의 덕德을 통달하여 만물의 실정을 분류하였던 것이다."(古者包犧氏之王天下也, 仰則觀象於天, 俯則觀法於地, 觀鳥獸之文與地之宜, 近取諸身, 遠取諸物, 於是始作八卦, 以通神明之德, 以類萬物之情. 『易傳』「卦辭·下」.)

58) 乾, 健也, 坤, 順也, 震, 動也, 巽, 入也, 坎, 陷也, 離, 麗也, 艮, 止也, 兌, 說也. 乾爲馬, 坤爲牛, 震爲龍, 巽爲雞, 坎爲豕, 離爲雉, 艮爲狗, 兌爲羊. 乾爲首, 坤爲腹, 震爲足, 巽爲股, 坎爲耳, 離爲目, 艮爲手, 兌爲口. 『易傳』「說卦」.

59) 崇侯虎譖西伯於殷紂曰, 西伯積善累德, 諸侯皆嚮之, 將不利於帝. 帝紂乃囚西伯於羑里. 閎夭之徒患之. 乃求有莘氏美女, 驪戎之文馬, 有熊九駟, 他奇怪物, 因殷嬖臣費仲而獻之紂. 紂大說, 曰, 此一物足以釋西伯, 況其多乎! 乃赦西伯, 賜之弓矢斧鉞, 使西伯得征伐. (…) 西伯蓋卽位五十年. 其囚羑里, 蓋益易之八卦爲六十四卦. 詩人道西伯, 蓋受命之年稱王而斷虞芮之訟. 後十年而崩, 謚爲文王. 改法度, 制正朔矣. 『史記』「周本紀」.

60) 易之興也, 其於中古乎? 作易者, 其有憂患乎?(…) 易之興也, 其當殷之末世, 周之盛德邪? 當文王與紂之事邪?『易傳』「繫辭·下」.

61) 未濟䷿, 亨, 小狐汔濟, 濡其尾, 无攸利. (…) 六三, 未濟, 征凶. 利涉大川. 九四, 貞吉, 悔亡. 震用伐鬼方, 三年有賞于大國.『易經』「未濟」.

62) 泰䷊, 小往大來, 吉, 亨. (…) 六五, 帝乙歸妹以祉, 元吉. 上六, 城復于隍, 勿用師, 自邑告命, 貞吝.『易經』「泰」.

63) "문왕이 처음으로 일을 할 때 하늘이 그에게 배필을 마련하였네. 흡수의 북쪽, 위수의 강가가 있었네. 그곳에 문왕이 아름답다고 여긴 큰 나라의 따님이 있었네. 큰 나라의 따님은 마치 하늘의 소녀 같으셨네."(文王初載, 天作之合. 在洽之陽, 在渭之涘. 文王嘉止, 大邦有子. 大邦有子, 俔天之妹.『詩經』「文王之什·大明」.)

64)『상서尙書』는『서書』라고 부르기도 하며, 전통적으로 유학자들이『서경書經』이라고 부르면서 경전화한 책이다. 원래는『우서虞書』,『하서夏書』,『상서商書』,『주서周書』라고 불리던 것들을 한 제국 초의 복생伏生이 정리하고 묶어서 하나의 책으로 확정하고『상서』라고 명명하였다. 후에 공자의 11대 후손인 공안국孔安國이 공자가 살았던 집의 벽을 허물고 다른 판본의『상서』를 발견하였는데, 이 판본은 고문古文으로 씌어져 있었기 때문에『고문상서古文尙書』라고 부른다. 이로부터 복생이 정리했던『상서』는『금문상서今文尙書』라고 불리게 되었다.『상서』는 요임금, 순임금, 하나라, 상나라, 주나라 등 5대의 정치와 사상에 대해 많은 것을 알려주지만, 기본적으로 주나라 정권의 정통성을 정당화하려는 색채를 강하게 띠고 있어 독자들의 주의를 요한다.

65) 稽疑, 擇建立卜筮人, 乃命卜筮. 曰雨, 曰霽, 曰蒙, 曰驛, 曰克, 曰貞, 曰悔. 凡七, 卜五, 占用二, 衍忒.『尙書』「周書·洪範」.

66) 기자가 무왕에게 말한 홍범구주는 다음과 같다. "첫째는 오행五行입니다. 둘째는 오사五事를 엄숙하게 운용하는 것입니다. 셋째는 팔정八政에 힘쓰는 것입니다. 넷째는 오기五紀에 의지해서 천시를 조화하는 것입니다. 다섯째는 황극皇極을 세우는 것입니다. 여섯째는 삼덕三德으로 다스리는 것입니다. 일곱째는 계의稽疑하여 명확히 하는 것입니다. 여덟째는 서징庶徵을 생각하는 것입니다. 아홉째는 오복五福으로 백성을 고무시키며, 육극六極으로 백성을 훈계하는 것입니다."(初一曰五行. 次二曰敬用五事. 次三曰農用八政. 次四曰協用五紀. 次五曰建用皇極. 次六曰乂用三德. 次七曰明用稽疑. 次八曰念用庶徵. 次九曰嚮用五福, 威用六極.『尙書』「周書·洪範」.)

67) 晉饑, 秦輸之粟, 秦饑, 晉閉之糴, 故秦伯伐晉. 卜徒父筮之, 吉. 涉河, 侯車敗, 詰之. 對曰, 乃大吉也. 三敗, 必獲晉君. 其卦遇蠱䷑曰, 千乘三去, 三去之餘, 獲其雄狐. 夫狐蠱, 必其君也. 蠱之貞, 風也, 其悔, 山也. 歲云秋矣, 我落其實, 而取其材, 所以克也. 實落材亡, 不敗, 何待?『春秋左傳』「僖公15」.

68) 南蒯之將叛也, 其鄉人或知之, 過之而歎, 且言曰, 恤恤乎, 湫乎攸乎! 深思而淺謀, 邇身而遠志, 家臣而君圖, 有人矣哉! 南蒯枚筮之, 遇坤䷁之比䷇. 曰, 黃裳元吉, 以爲大吉也. 示子服惠伯, 曰, 卽欲有事, 何如? 惠伯曰, 吾嘗學此矣. 忠信之事則可, 不然, 必敗. 外彊內溫, 忠也, 和以率貞, 信也, 故曰黃裳元吉. 黃, 中之色也, 裳, 下之飾也, 元, 善之長也. 中不忠, 不得其色, 下不共, 不得其飾, 事不善, 不得其極. 外內倡和爲忠, 率事以信爲共, 供養三德爲善. 非此三者弗當. 且夫易, 不可以占險, 將何事也?『春秋左傳』「昭公12」.

69) 凡卜筮旣事則繫幣以比其命. 歲終則計其占之中否.『周禮』「春官·宗伯」.

70) 蠱䷑, 元亨, 利涉大川, 先甲三日, 後甲三日.『易經』「蠱」.

71) 一陰一陽之謂道. 繼之者善也. (…) 百姓日用而不知, 故君子之道鮮矣.『易傳』「繫辭·上」.

72) 一陰一陽之謂道, 陰陽是氣, 不是道. 所以爲陰陽者, 乃道也.『朱子語類』74:109.

73) A. C. Graham, *Yin-Yang and the Nature of Correlative Thinking*, the Institute of East Asian Philosophies, 1986.

74) Karl R. Popper, *Conjectures and Refutations*, RKP, 1972, p. 33~34.

75) 十六年春, 隕石于宋五, 隕星也. 六鷁退飛, 過宋都, 風也. 周內史叔興聘于宋, 宋襄公問焉, 曰, 是何祥也? 吉凶焉在? 對曰, 今玆魯多大喪, 明年齊有亂. 君將得諸侯而不終. 退而告人曰, 君失問. 是陰陽之事, 非吉凶所生也. 吉凶由人. 吾不敢逆君故也.『春秋左傳』「僖公16」.

76) 人主之情, 上通于天. 故誅暴, 則多飄風, 枉法令, 則多蟲螟, 殺不辜, 則國赤地, 令不收, 則多淫雨. 四時者天之吏也, 日月者天之使也, 星辰者天之期也, 虹蜺彗星者天之忌也.『淮南子』「天文訓」.

77) "여름 제나라는 여나라를 공격했지만 이기지 못하고 서나라만을 구제한 채 돌아갔다."(夏, 齊伐厲, 不克, 救徐而還.『春秋左傳』「僖公16」.)

78) 邾文公卜遷于繹. 史曰, 利於民而不利於君. 邾子曰, 苟利於民, 孤之利也. 天生民而樹之君, 以利之也. 民旣利矣, 孤必與焉. 左右曰, 命可長也, 君何弗爲? 邾子曰, 命在養民. 死之短長, 時也. 民苟利矣, 遷也, 吉莫如之! 遂遷于繹. 五月, 邾文公卒.『春秋左傳」「文公13」.

79) "제나라 환공, 진나라 문공, 초나라 장왕, 오나라 합려, 월나라 구천은 모두 중원에서 멀리 떨어진 후미진 지역의 국가를 다스리던 제후였지만, 위세로는 천하를 요동시켰고 강함으로는 중원 국가들을 위태롭게 했다."(齊桓晉文楚莊吳闔閭越句踐, 是皆僻陋之國也, 威動天下, 彊殆中國.「荀子」「王霸」.)

80) 潘黨曰, 君盍築武軍而收晉尸以爲京觀? 臣聞克敵必示子孫, 以無忘武功. 楚子曰, 非爾所知也. 夫文, 止戈爲武. 武王克商, 作頌曰, 載戢干戈, 載櫜弓矢. 我求懿德, 肆于時夏, 允王保之. 又作武, 其卒章曰, 耆定爾功. 其三曰, 鋪時繹思, 我徂惟求定. 其六曰, 綏萬邦, 屢豐年. 夫武, 禁暴·戢兵·保大·定功·安民·和衆, 豐財者也, 故使子孫無忘其章. 今我使二國暴骨, 暴矣, 觀兵以威諸侯, 兵不戢矣, 暴而不戢, 安能保大? 猶有晉在, 焉得定功? 所違民欲猶多, 民何安焉? 無德而強爭諸侯, 何以和衆? 利人之幾, 而安人之亂, 以爲己榮, 何以豐財? 武有七德, 我無一焉, 何以示子孫? 其爲先君宮, 告成事而已. 武非吾功也. 古者明王伐不敬, 取其鯨鯢而封之, 以爲大戮. 於是乎有京觀以懲淫慝. 今罪無所, 而民皆盡忠以死君命, 又可以爲京觀乎? 祀于河, 作先君宮, 告成事而還.『春秋左傳』「宣公12」.

81) 莊王卽位三年, 不出號令. 日夜爲樂, 令國中曰, 有敢諫者死無赦! 伍擧入諫. 莊王左抱鄭姬, 右抱越女, 坐鍾鼓之間. 伍擧曰, 願有進隱曰, 有鳥在於阜, 三年不蜚不鳴, 是何鳥也? 莊王曰, 三年不蜚, 蜚將沖天, 三年不鳴, 鳴將驚人. 擧退矣. 吾知之矣. 居數月, 淫益甚. 大夫蘇從乃入諫. 王曰, 若不聞令乎? 對曰, 殺身以明君, 臣之願也. 於是乃罷淫樂, 聽政. 所誅者數百人, 所進者數百人, 任伍擧·蘇從以政, 國人大說.『史記』「楚世家」.

82) 趙簡子問於史墨曰, 季氏出其君, 而民服焉, 諸侯與之. 君死於外而莫之或罪, 何也? 對曰, 物生有兩·有三·有五·有陪貳. 故天有三辰, 地有五行, 體有左右, 各有妃耦, 王有公, 諸侯有卿, 皆其貳也. 天生季氏, 以貳魯侯, 爲日久矣. 民之服焉, 不亦宜乎! 魯君世從其失, 季氏世修其勤, 民忘君矣. 雖死於外, 其誰矜之? 社稷無常奉, 君臣無常位, 自古以然. 故詩曰, 高岸爲谷, 深谷爲陵. 三后之姓於今爲庶, 主所知也. 在易卦, 雷乘乾曰大壯䷡, 天之道也.『春秋左傳』「昭公32」.

83) B.C.517년 중원을 충격으로 내몰았던 제후와 경대부 사이의 권력투쟁은 닭싸움이란 작은 사건으로 시작된다. 사건의 전모는『사기』「노주공세가魯周公世家」에 다음과 같이 잘 기록되어 있다. "계평자와 후소백이 닭싸움을 하였을 때, 계평자는 닭 날개에 겨자가루를 뿌려 놓았고 후소백은 발톱에 날카로운 쇠갈고리를 끼워

넣었다. 계평자는 분노하여 후소백을 공격했고 후소백도 또한 계평자에게 분노했다. 이때 장소백의 동생인 회(會)라는 사람이 장소백을 무고하고 계평자의 집에 숨어들자 장소백도 계평자의 가신을 연금해버렸다. 계평자는 분노하여 장소백의 늙은 가신을 가두어버렸다. 장소백과 후소백은 계평자와의 분란을 소공에게 보고했다. 9월 무술일에 소공은 계씨를 토벌하려고 계씨의 거점으로 진군해 들어갔다. (…) 이때 숙손씨의 가신이었던 여(戾)라는 사람이 자신을 따르던 무리들에게 물어보았다. '계손씨가 없는 것과 있는 것 중 어느 경우가 유리한가?' 무리들은 이구동성으로 말했다. '계손씨가 없어지면 숙손씨도 없어질 것입니다.' 그러자 여는 '그렇다, 계손씨를 구하자!'라고 말하며 소공의 군대를 물리쳐버렸다. 숙손씨가 승리했다는 소식을 듣고 맹의자도 후소백을 살해했다. 이미 맹의자는 소공의 사신으로 맹손씨에게 파견되었던 후소백을 감금하고 때를 보고 있었던 것이다. 계손씨, 숙손씨, 그리고 맹손씨가 소공을 협공하자, 소공은 달아날 수밖에 없었다. 기해일에 소공은 마침내 제나라에 이르게 된다."(季氏與郈氏鬪雞, 季氏芥羽, 郈氏金距. 季平子怒而侵郈氏, 郈昭伯亦怒平子. 臧昭伯之弟會僞讒臧氏, 匿季氏, 臧昭伯囚季氏人. 季平子怒, 囚臧氏老. 臧·郈氏以難告昭公. 昭公九月戊戌伐季氏, 遂入. (…) 叔孫氏之臣戾謂其衆曰, 無季氏與有, 孰利? 皆曰, 無季氏是無叔孫氏. 戾曰, 然, 救季氏! 遂敗公師. 孟懿子聞叔孫氏勝, 亦殺郈昭伯. 郈昭伯爲公使, 故孟氏得之. 三家共伐公, 公遂奔. 己亥, 公至于齊. 『史記』「魯周公世家」.)

84) 公曰, 和與同異乎? 對曰, 異. 和如羹焉, 水·火·醯·醢·鹽·梅, 以烹魚肉, 燀之以薪, 宰夫和之, 齊之以味. 濟其不及, 以洩其過. 君子食之, 以平其心. 君臣亦然. 君所謂可而有否焉, 臣獻其否以成其可, 君所謂否而有可焉, 臣獻其可以去其否. 是以政平而不干, 民無爭心. (…) 若以水濟水, 誰能食之? 若琴瑟之專壹, 誰能聽之? 同之不可也如是. 『春秋左傳』「昭公20」.

85) "공자가 말했다. '군자는 화를 지향하지 동을 지향하지 않지만, 소인은 동을 지향하지 화를 지향하지는 않는다.'"(子曰, 君子和而不同, 小人同而不和. 『論語』「子路」.)

86) "제나라 정국은 끝내 전씨에게 돌아갈 것입니다. 전씨에게 비록 커다란 덕은 없습니다. 그렇지만 그는 공실의 권력을 사사롭게 사용하여 민중에게 덕을 베풀고 있어서, 민중이 그를 매우 아끼고 있습니다."(齊政卒歸田氏. 田氏雖無大德, 以公權私, 有德於民, 民愛之. 『史記』「齊太公世家」.)

87) 이 점에서 묵자가 자신의 정치적 이념을 '상동(尙同)'으로 규정하고 있다는 것은 매우 의미심장하다. 상동은 글자 그대로 '군주와 뜻이 같음[同]을 숭상한다[尙]'는 정치 이념을 표방하는 것이기 때문이다.

88) 三月, 鄭人鑄刑書. 叔向使詒子産書, 曰, 始吾有虞於子, 今則已矣. 昔先王議事以制, 不爲刑辟, 懼民之有爭心也. 猶不可禁禦, 是故閑之以義, 糾之以政, 行之以禮, 守之以信, 奉之以仁, 制爲祿位, 以勸其從, 嚴斷刑罰, 以威其淫. 懼其未也, 故誨之以忠, 聳之以行, 敎之以務, 使之以和, 臨之以敬, 涖之以彊, 斷之以剛, 猶求聖哲之上·明察之官·忠信之長·慈惠之師. 民於是乎可任使也, 而不生禍亂. 民知有辟, 則不忌於上. 並有爭心, 以徵於書, 而徼幸以成之, 弗可爲矣. 夏有亂政, 而作禹刑, 商有亂政, 而作湯刑, 周有亂政, 而作九刑. 三辟之興, 皆叔世也. (…) 今民知爭端矣, 將棄禮而徵於書. 錐刀之末, 將盡爭之. 『春秋左傳』「昭公6」.

89) 冬, 晉趙鞅·荀寅帥師城汝濱, 遂賦晉國一鼓鐵, 以鑄刑鼎, 著范宣子所爲刑書焉. 仲尼曰, 晉其亡乎! 失其度矣. 夫晉國將守唐叔之所受法度, 以經緯其民, 卿大夫以序守之. 民是以能尊其貴, 貴是以能守其業. 貴賤不愆, 所謂度也. 文公是以作執秩之官, 爲被廬之法, 以爲盟主. 今棄是度也, 而爲刑鼎, 民在鼎矣, 何以尊貴? 貴何業之守? 貴賤無序, 何以爲國? 且夫宣子之刑, 夷之蒐也, 晉國之亂制也, 若之何以爲法? 『春秋左傳』「昭公29」.

90) "군자의 덕은 바람과 같고 소인의 덕은 풀과 같다. 바람이 불면 풀은 반드시 쓰러지기 마련이다."(君子之德風, 小人之德草. 草上之風, 必偃. 『論語』「顏淵」.)

91) 예의 제정자라고 알려진 주공에 대한 공자의 흠모에서 우리는 그가 얼마나 예와 그것이 함축하는 화의 정치 이념에 몰입했는지를 어렵지 않게 확인하게 된다. "심하구나, 나의 노쇠함이여! 오랫동안 나는 주공을 다시 꿈에서 만나뵙지 못하였다."(甚矣吾衰也! 久矣吾不復夢見周公! 『論語』「述而」.)

92) 『시詩』 혹은 『시경詩經』은 상나라 말기부터 춘추시대까지 중국의 다양한 지역에서 불리던 민간 가요들을 집대성한 책이다. 공자가 예禮와 함께 제자들을 가르칠 때 필수 교재로 사용했기 때문에, 유학자들은 이 책을 경전화했다. 춘추전국시대 대부분 저서들은 군주나 귀족층, 혹은 사인士人들의 관점에서 씌어진 것들이다. 그래서 당시 일반 사람들, 즉 민중民의 삶과 사유를 확인하기가 쉽지 않다. 그러나 다행스럽게도 『시경』이란 책이 민중의 삶과 애환, 그리고 그들의 진솔한 사랑을 노래하고 있어서 우리의 궁금증을 조금이나마 채워주고 있다. 공자를 신처럼 받들었던 후대 유학자들의 도덕적 해석 방식을 극복할 수만 있다면, 『시경』은 고대 중국인들의 삶과 사랑을 보여주는 보고가 될 수 있을 것이다.

93) 楚楚者茨, 言抽其棘. 自昔何爲, 我蓺黍稷. 我黍與與, 我稷翼翼. 我倉旣盈, 我庾維億. 以爲酒食, 以享以祀, 以妥以侑, 以介景福. 濟濟蹌蹌, 絜爾牛羊, 以往烝嘗. 或剝或亨,或肆或將. 祝祭于祊. 祀事孔明. 先祖是皇. 神保是饗. 孝孫有慶. 報以介福. 萬壽無疆.
執爨踖踖. 爲俎孔碩. 或燔或炙. 君婦莫莫. 爲豆孔庶. 爲賓爲客. 獻酬交錯. 禮儀卒度.
笑語卒獲. 神保是格. 報以介福. 萬壽攸酢. 我孔熯矣. 式禮莫愆. 工祝致告. 徂賚孝孫.
苾芬孝祀. 神嗜飮食. 卜爾百福. 如幾如式. 旣齊旣稷. 旣匡旣勑. 永錫爾極. 時萬時億.
禮儀旣備. 鍾鼓旣戒. 孝孫徂位. 工祝致告. 神具醉止. 皇尸載起. 鼓鍾送尸. 神保聿歸.
諸宰君婦. 廢徹不遲. 諸父兄弟. 備言燕私. 樂具入奏. 以綏後祿. 爾殽旣將. 莫怨具慶.
旣醉旣飽. 小大稽首. 神嗜飮食. 使君壽考. 孔惠孔時. 維其盡之. 子子孫孫. 勿替引之.
『詩經』,「谷風之什·楚茨」.

94) 고대 중국에서는 신의 세계와 인간 세계를 매개하는 제사를 주관했던 일종의 제사장들을 무巫나 축祝이라고 불렀다. 『설문해자說文解字』라는 불후의 언어학 저서를 지은 허신許愼(50?~121?)은 이 책에서 무는 여성 무당이고 축은 남성 무당이라고 정의하고 있다. 그러나 실제로 상나라와 주나라의 문헌을 보면 무와 축은 남성과 여성의 구분과는 별다른 상관이 없었던 것으로 보인다. 오히려 양자의 차이는 그들이 섬기는 신이 어떤 종류의 신인지에 따라 결정되었다. 무가 자연계의 신들을 섬겼다면, 축은 주로 조상신들을 섬겼다. 그래서 상나라 때에는 무가 축보다 신분이 높았다. 상나라 사람들은 자연계의 신들이 조상신들보다 우위에 있다고 여겼기 때문이다. 그러나 전국시대에 와서 무와 축의 신분은 역전된다. 이것은 아마 자연계, 즉 강이나 산에 신들이 살고 있다는 생각이 미신으로 치부되었던 당시 시대 분위기를 반영하고 있는 것으로 보인다.

95) 夫繁飾禮樂以淫人, 久喪僞哀以謾親. 立命緩貧而高浩居, 倍本棄事而安怠傲. 貪於飮食, 惰於作務. 陷於飢寒, 危於凍餒, 無以違之. 是若乞人, 鼸鼠藏, 而羝羊視, 賁彘起, 君子笑之, 怒曰, 散人, 焉知良儒! 夫夏乞麥禾, 五穀旣收, 大喪是隨, 子姓皆從, 得厭飮食, 畢治數喪. 足以至矣. 因人之家以爲翠, 恃人之野以爲尊. 富人有喪, 乃大說喜, 曰此衣食之端也. 『墨子』「非儒·下」.

96) 子謂子夏曰, 女爲君子儒! 無爲小人儒! 『論語』「雍也」.

97) 상나라와 주나라 시대에 소와 양은 경대부까지의 귀족들에게만 허용된 제물이었다. 그래서 그런지 그들은 소와 양을 뇌牢라고 불리는 별도의 공간에 격리하여 사육하였다. 반면 사 계층의 하급 귀족들이나 일반 평민들은 주로 돼지나 개로 제사를 지냈는데, 이런 제물들은 너무나 흔해 별도로 격리해서 사육하지는 않았던 것으로 보인다. 소는 격리되어 우리에서 길러졌을 뿐만 아니라, 최대한 신들을 기쁘게 하기 위해서 귀족들은 소의 성별과 나이까지도 점검했던 것으로 보인

다. 갑골문자를 보면 소뿔 위에 한 획을 그어서 한 살, 네 획을 그어서 네 살로 표기하는 글자들이 많이 나오는 것도 바로 이런 이유에서다.

98) 七月流火, 九月授衣. 一之日觱發, 二之日栗烈. 無衣無褐, 何以卒歲. 三之日于耜, 四之日擧趾. 同我婦子, 饁彼南畝. 田畯至喜. 七月流火, 九月授衣. 春日載陽, 有鳴倉庚. 女執懿筐, 遵彼微行. 爰求柔桑. 春日遲遲, 采蘩祁祁. 女心傷悲, 殆及公子同歸. 七月流火, 八月萑葦. 蠶月條桑, 取彼斧斨, 以伐遠揚, 猗彼女桑. 七月鳴鵙, 八月載績. 載玄載黃, 我朱孔陽, 爲公子裳. 四月秀葽, 五月鳴蜩. 八月其穫, 十月隕蘀. 一之日于貉, 取彼狐貍, 爲公子裘. 二之日其同, 載纘武功, 言私其豵, 獻豜于公. 五月斯螽動股, 六月莎雞振羽. 七月在野, 八月在宇, 九月在戶, 十月蟋蟀入我牀下. 穹窒熏鼠, 塞向墐戶. 嗟我婦子, 曰爲改歲, 入此室處. 六月食鬱及薁, 七月亨葵及菽. 八月剝棗, 十月穫稻. 爲此春酒, 以介眉壽. 七月食瓜, 八月斷壺, 九月叔苴. 采荼薪樗, 食我農夫. 九月築場圃, 十月納禾稼. 黍稷重穋, 禾麻菽麥. 嗟我農夫, 我稼旣同, 上入執宮功. 晝爾于茅, 宵爾索綯. 亟其乘屋, 其始播百穀. 二之日鑿冰沖沖, 三之日納于凌陰. 四之日其蚤, 獻羔祭韭. 九月肅霜, 十月滌場. 朋酒斯饗, 曰殺羔羊. 躋彼公堂, 稱彼兕觥, 萬壽無疆.『詩經』「豳風‧七月」.

99) 坎坎伐輪兮, 寘之河之漘兮, 河水淸且淪猗. 不稼不穡, 胡取禾三百囷兮. 不狩不獵, 胡瞻爾庭有縣鶉兮. 彼君子兮, 不素飧兮.『詩經』「魏風‧伐檀」.

100) 君子于役, 不日不月, 曷其有佸. 雞棲于桀, 日之夕矣, 羊牛下括. 君子于役, 苟無飢渴.『詩經』「王風‧君子于役」.

101) 擊鼓其鏜, 踊躍用兵. 土國城漕, 我獨南行.(…) 爰居爰處, 爰喪其馬. 于以求之, 于林之下. 死生契闊, 與子成說. 執子之手, 與子偕老. 于嗟闊兮, 不我活兮. 于嗟洵兮, 不我信兮.『詩經』「邶‧擊鼓」.

102) 碩鼠碩鼠, 無食我黍. 三歲貫女, 莫我肯顧. 逝將去女, 適彼樂土. 樂土樂土, 爰得我所.『詩經』「魏風‧碩鼠」.

103) 將仲子兮, 無踰我里, 無折我樹杞. 豈敢愛之, 畏我父母. 仲可懷也, 父母之言, 亦可畏也. 將仲子兮, 無踰我牆, 無折我樹桑. 豈敢愛之, 畏我諸兄. 仲可懷也, 諸兄之言, 亦可畏也. 將仲子兮, 無踰我園, 無折我樹檀. 豈敢愛之, 畏人之多言. 仲可懷也, 人之多言, 亦可畏也.『詩經』「鄭風‧將仲子」.

104) 溱與洧, 方渙渙兮. 士與女, 方秉蕑兮. 女曰觀乎, 士曰旣且. 且往觀乎, 洧之外, 洵訏且樂. 維士與女, 伊其相謔, 贈之以勺藥.『詩經』「鄭風‧溱洧」.

105) 中春之月令會男女. 於是時也奔者不禁.『周禮』「地官‧媒氏」.

106) 丘中有麥, 彼留子國. 彼留子國, 將其來食. 丘中有李, 彼留之子. 彼留之子, 貽我佩玖.『詩經』「王風・丘中有麻」.

107) 儒家者流, 蓋出於司徒之官, 助人君, 順陰陽, 明教化者也. 游文於六經之中, 留意於仁義之際, 祖述堯舜, 憲章文武, 宗師仲尼, 以重其言. 於道最爲高. (…) 道家者流, 蓋出於史官, 歷記成敗・存亡・禍福・古今之道, 然後知秉要執本. 清虛以自守, 卑弱以自持, 此君人南面之術也. (…) 陰陽家者流, 蓋出於羲和之官. 敬順昊天, 歷象日月星辰, 敬授民時. (…) 法家者流, 蓋出於理官. 信賞必罰, 以輔禮制. (…) 名家者流, 蓋出於禮官. 古者名位不同, 禮亦異數. (…) 墨家者流, 蓋出於淸廟之守. 茅屋采椽, 是以貴儉, 養三老五更, 是以兼愛, 選士大射, 是以上賢, 宗祀嚴父, 是以右鬼, 順四時而行, 是以非命, 以孝視天下, 是以上同. (…) 從橫家者流, 蓋出於行人之官. (…) 雜家者流, 蓋出於議官. 兼儒墨, 合名法, 知國體之有此, 見王治之無不貫. (…) 農家者流, 蓋出於農稷之官. 播百穀, 勸耕桑, 以足衣食. (…) 小說家者流, 蓋出於稗官. 街談巷語, 道聽塗說者之所造也.『漢書』「藝文志・諸子略」.

108) "옛날에 배우는 자들은 자신을 위해 배웠지만, 지금 배우는 자들은 남을 위해서 배운다."(古之學者爲己, 今之學者爲人.『論語』「憲問」.)

109) "초나라 위왕이 장주가 능력이 있다는 말을 듣고, 재상으로 삼기 위해 사자를 보내 귀한 선물들로 그를 맞이하도록 했다. 장주는 웃으면서 초나라 사자에게 말했다. '천금은 큰 이익이고 귀족과 재상이란 지위는 존귀한 자리다. 그렇지만 당신은 도시 밖의 예식에서 희생으로 쓰인 소를 본 적이 없는가? 수년 동안 배불리 먹인 후에, 그 소에게 무늬가 있는 옷을 입히고 조상의 묘로 끌고 간다. 그 순간에 그 소가 자신이 단지 버려진 송아지이기를 바란다고 할지라도 그것이 가능하겠는가? 즉시 나가라. 나를 더럽히지 마라. 나는 국가를 가진 자의 포로가 되느니 차라리 더러운 도랑 속에서 즐겁게 헤엄치면서 놀겠다. 평생토록 나는 벼슬살이를 하지 않고 나의 뜻을 유쾌하게 할 것이다.'"(楚威王聞莊周賢, 使使厚幣迎之, 許以爲相. 莊周笑謂楚使者曰, 千金, 重利, 卿相, 尊位也. 子獨不見郊祭之犧牛乎? 養食之數歲, 衣以文繡, 以入大廟. 當是之時, 雖欲爲孤豚, 豈可得乎? 子亟去, 無汚我. 我寧游戲汚瀆之中自快, 無爲有國者所羈. 終身不仕, 以快吾志焉.『史記』「老子韓非列傳」.)

110) 『사기』「맹자순경열전孟子荀卿列傳」을 보면 당시 제후들이 얼마나 추연의 예언을 두려워했는지 추정할 수 있는 이야기가 등장한다. "제후들과 대인들은 추연의 학술을 듣고서 두려워 바로 그에게 감화되었다."(王公大人初見其術, 懼然顧化.『史記』「孟子荀卿列傳」.)

111) "창과 방패를 파는 사람이 있었는데 자신이 파는 방패의 견고함을 자랑하기를 '무슨 물건이라도 이 방패를 뚫을 수 없다'고 했다가 조금 있다 자신이 파는 창의 날카로움을 자랑하기를 '내 창의 날카로움은 무슨 물건이라도 뚫지 못하는 경우가 없다'고 말했다. 어떤 사람이 물었다. '당신의 창으로 당신의 방패를 뚫어본다면 어떻게 될까요?' 그 사람은 대답을 하지 못했다. 뚫을 수 없는 방패와 뚫지 못할 것이 없는 창은 논리적으로 양립할 수 없는 것이다. 현인 정치는 금지를 받아서는 안 되는 것이고 힘의 정치는 금지하지 못하는 것이 없어야 하는 것이다. 금지해선 안 되는 현인 정치와 금지하지 못하는 것이 없어야 하는 힘의 정치는 바로 이처럼 모순적인 이론이다. 그러므로 현인 정치와 힘의 정치는 서로 용납될 수 없다는 것이 또한 분명해진다."(人有鬻矛與楯者, 譽其楯之堅, 物莫能陷也, 俄而又譽其矛曰, 吾矛之利, 物無不陷也. 人應之曰, 以子之矛, 陷子之楯, 何如? 其人弗能應也. 以爲不可陷之楯, 與無不陷之矛, 爲名不可兩立也. 夫賢之爲勢不可禁, 而勢之爲道也無不禁, 以不可禁之賢與無不禁之勢, 此矛楯之說也. 夫賢勢之不相容亦明矣.『韓非子』「難勢」.)

112) 夫陰陽‧儒‧墨‧名‧法‧道德, 此務爲治者也, 直所從言之異路, 有省不省耳. 嘗竊觀陰陽之術, 大祥而衆忌諱, 使人拘而多所畏. 然其序四時之大順, 不可失也. 儒者博而寡要, 勞而少功. 是以其事難盡從. 然其序君臣父子之禮, 列夫婦長幼之別, 不可易也. 墨者儉而難遵. 是以其事不可遍循. 然其彊本節用, 不可廢也. 法家嚴而少恩. 然其正君臣上下之分, 不可改矣. 名家使人儉而善失眞, 然其正名實, 不可不察也. 道家使人精神專一, 動合無形, 贍足萬物. 其爲術也, 因陰陽之大順, 采儒墨之善, 撮名法之要, 與時遷移, 應物變化, 立俗施事, 無所不宜. 指約而易操, 事少而功多.『史記』「太史公自序‧論六家要旨」.

113) 儒者則不然. 以爲人主天下之儀表也. 主倡而臣和, 主先而臣隨. 如此則主勞而臣逸. 至於大道之要, 去健羨, 絀聰明. 釋此而任術. 夫神大用則竭, 形大勞則敝. 形神騷動, 欲與天地長久, 非所聞也.『史記』「太史公自序‧論六家要旨」.

114) 自天子王侯, 中國言六藝者折中於夫子, 可謂至聖矣!『史記』「孔子世家」.

115) 文王之時, 紂爲天子, 賦斂無度, 殺戮無止, 康梁沈湎, 宮中成市. (…) 文王欲以卑弱制强暴, 以爲天下去殘除賊而成王道, 故太公之謀生焉. 文王業之而不卒, 武王繼文王之業, 用太公之謀. (…) 武王立三年而崩, 成王褓襁之中, 未能用事, 蔡叔‧管叔輔公子祿父, 而欲爲亂. 周公繼文王之業, 持天子之政, 以股肱周室, 輔翼成王. (…) 孔子脩成康之道, 述周公之訓, 以敎七十子, 使服其衣冠, 脩其篇籍, 故儒者之學生焉. 墨子學儒者之業, 受孔子之術, 以爲其禮煩擾而不悅, 厚葬靡財而貧民, 久服傷生而

116) 晚世之時, 六國諸侯, 谿異谷別, 水絕山隔, 各自治其境內, 守其分地, 握其權柄, 擅其政令. 下無方伯, 上無天子, 力征爭權, 勝者爲右. 恃連與國, 約重致, 剖信符, 結遠援, 以守其國家, 持其社稷. 故縱橫修短生焉. 申子者, 韓昭釐之佐. 韓, 晉別國也. (…) 晉國之故禮未滅, 韓國之新法重出, 先君之令未收, 後君之令又下. 新故相反, 前後相繆, 百官背亂, 不知所用. 故刑名之書生焉. 秦國之俗, 貪狼強力, 寡義而趨利, 可威以刑而不可化而善, 可勸以賞而不可厲以名. (…) 孝公欲以虎狼之勢而吞諸侯, 故商鞅之法生焉.『淮南子』「要略」.

117) 若劉氏之書, 觀天地之象, 通古今之事, 權事而立制, 度形而施宜. 原道之心, 合三王之風, 以儲與扈冶, 玄眇之中, 精搖靡覽. 棄其畛挈, 斟其淑靜, 以統天下, 理萬物, 應變化, 通殊類. 非循一跡之路, 守一隅之指, 拘擊牽連於物而不與世推移也.『淮南子』「要略」.

118) 『논어』를 보면 공자는 빈번히 자신이 문왕과 주공의 정신, 즉 주나라의 문명을 계승했다는 강한 자부심을 피력하곤 한다. "문왕이 돌아가신 뒤로, 문화가 나에게 있지 않은가? 하늘이 이 문화를 없애려 하셨다면, 뒤에 죽 내가 이 문화에 참여할 수가 없었을 것이다. 하늘이 이 문화를 없애려 하지 않는다면, 광 지역 사람들이 나를 어찌할 수 있겠는가?"(文王旣沒, 文不在玆乎? 天之將喪斯文也, 後死者不得與於斯文也, 天之未喪斯文也, 匡人其如予何?『論語』「子罕」.); "심하구나, 나의 노쇠함이여! 오랫동안 나는 주공을 다시 꿈에서 만나뵙지 못하였다."(甚矣吾衰也! 久矣吾不復夢見周公!『論語』「述而」.)

119) "탕임금이 천자라는 존귀한 몸으로 천하의 부를 차지하고 있지만, 자신이 희생하는 것을 꺼리지 않고 상제와 귀신에게 기도드렸다. 곧 이것이 탕임금의 겸애다. 우리 선생 묵자가 말한 겸애는 탕임금에게서 법도를 취한 것이다."(湯貴爲天子, 富有天下, 然且不憚以身爲犧牲, 以詞說於上帝鬼神, 卽此湯兼也. 雖子墨子之所謂兼者, 於湯取法焉.『墨子』「兼愛·下」.)

120) 爲學者日益, 爲道者日損. 損之又損, 以至於无爲也. 无爲而无不爲, 將欲取天下也, 恒无事. 及其有事也, 又不足以取天下.『帛書老子』11.

121) 今漢繼秦之後, 如朽木糞牆矣, 雖欲善治之, 亡可柰何. 法出而姦生, 令下而詐起, 如以湯止沸, 抱薪救火, 愈甚亡益也. 竊譬之琴瑟不調, 甚者必解而更張之, 乃可鼓也. 爲政而不行, 甚者必變而更化之, 乃可理也. 當更張而不更張, 雖有良工不能善調也. 當更化而不更化, 雖有大賢不能善治也. 故漢得天下以來, 常欲善治而至今不善治者, 失之於當更化而不更化也.『漢書』「董仲舒傳・天人三策」.

122) 世之學老子者則黜儒學, 儒學亦黜老子. 道不同不相爲謀, 豈謂是耶?『史記』「老子韓非列傳」.

123) 다음 기록은 유학이 어떤 식으로 중국의 지배적 담론이 되었는지를 구체적으로 보여주는 흥미로운 자료라고 할 수 있다. "문제는 본래 형명의 언설을 좋아했고 경제에 이르러서도 유가들을 임용하지 않았다. 두태후도 또한 황로의 언설을 좋아했기에, 유가 박사들이 관직을 갖고 하문을 기다려도 등용되는 자는 아직 없었다. (…) 무제가 즉위하고, (…) 두태후가 죽자 무안후 전분이 승상이 되고 황로의 형명지술 등 백가의 언설들은 배척되고 유가들이 등용되었는데, 그 인원이 수백 명에 이르렀다. 그중 공손홍은『춘추』로써 평민의 신분에서 천자의 삼공에 이르렀고 (마침내) 평준후에 봉해졌다. 천하의 지식인들은 이에 이런 기풍에 모두 기울어졌다."(然孝文帝本好刑名之言, 及至孝景, 不任儒者, 而竇太后又好黃老之言. 故諸博士具官待問, 未有進者. (…) 及今上卽位, (…) 及竇太后崩, 武安侯田蚡爲丞相, 絀黃老刑名百家之言, 延文學儒者數百人, 而公孫弘以春秋白衣爲天子三公, 封以平準侯. 天下之學士, 靡然鄕風矣.『史記』「儒林列傳」.)

124) 공자는 말했다. "옛것을 배워 전하지만 창작하지는 않으며 옛것을 믿고 좋아하니, 속으로 나를 우리 노팽에게 견주어본다."(子曰, 述而不作, 信而好古, 竊比於我老彭.『論語』「述而」.)

125) 子貢曰, 管仲非仁者與? 桓公殺公子糾, 不能死, 又相之. 子曰, 管仲相桓公, 霸諸侯, 一匡天下, 民到于今受其賜. 微管仲, 吾其被髮左衽矣. 豈若匹夫匹婦之爲諒也, 自經於溝瀆而莫之知也?『論語』「憲問」.

126) 管仲知禮乎? 曰, 邦君樹塞門, 管氏亦樹塞門, 邦君爲兩君之好, 有反坫, 管氏亦有反坫. 管氏而知禮, 孰不知禮?『論語』「八佾」.

127) 曰, 君子循而不作. 應之曰, 古者羿作弓, 仔作甲, 奚仲作車, 巧垂作舟. 然則今之鮑・函・車匠皆君子也, 而羿・仔奚仲・巧垂皆小人邪? 且其所循, 人必或作之. 然則其所循皆小人道也.『墨子』「非儒・下」.

128) 동同이 아니라 화和를 지향했던 유학의 보수적인 태도는 공자의 선언으로 분명해진다고 하겠다. "공자가 말했다. '군자는 화를 지향하지 동을 지향하지 않지

만, 소인은 동을 지향하지 화를 지향하지는 않는다.'"(子曰, 君子和而不同, 小人同而不和.『論語』「子路」.)

129) 聖王不作, 諸侯放恣, 處士橫議. 楊朱·墨翟之言盈天下. 天下之言不歸楊, 則歸墨. 楊氏爲我, 是無君也, 墨氏兼愛, 是無父也. 無父無君, 是禽獸也.『孟子』「滕文公·下」.

130) 楊子取爲我, 拔一毛而利天下, 不爲也. 墨子兼愛, 摩頂放踵利天下, 爲之.『孟子』「盡心·上」.

131) 墨子蔽於用而不知文, 宋子蔽於欲而不知得, 愼子蔽於法而不知賢, 申子蔽於勢而不知知, 惠子蔽於辭而不知實, 莊子蔽於天而不知人.『荀子』「解蔽」.

132) 愼子有見於後, 無見於先, 老子有見於絀, 無見於信, 墨子有見於齊, 無見於畸, 宋子有見於少, 無見於多有.『荀子』「天論」.

133) 世之顯學, 儒·墨也. 儒之所至, 孔丘也. 墨之所至, 墨翟也. 自孔子之死也, 有子張之儒, 有子思之儒, 有顔氏之儒, 有孟氏之儒, 有漆雕氏之儒, 有仲良氏之儒, 有孫氏之儒, 有樂正氏之儒. 自墨子之死也, 有相里氏之墨, 有相夫氏之墨, 有鄧陵氏之墨. 故孔墨之後, 儒分爲八, 墨離爲三. 取舍相反不同, 而皆自謂眞孔·墨. (…) 宋榮子之議, 設不鬪爭, 取不隨讎, 不羞囹圄, 見侮不辱, 世主以爲寬而禮之. (…) 今有人於此, 義不入危城, 不處軍旅, 不以天下大利易其脛一毛, 世主必從而禮之, 貴其智而高其行, 以爲輕物重生之士也.『韓非子』「顯學」.

134) "현명한 군주가 신하를 통제하는 수단은 두 자루의 권력뿐이다. 이 두 자루는 형刑과 덕德이다. 무엇이 '형'과 '덕'인가? 죽이고 벌주는 것이 '형'이고 상주는 것이 '덕'이다. 신하는 벌을 두려워하고 상을 이롭게 여긴다. 따라서 군주가 주체적으로 형과 덕을 베풀면 신하들은 군주의 위엄을 두려워하고 군주가 던져놓은 이익에 몰려들 것이다."(明主之所導制其臣者, 二柄而已矣. 二柄者, 刑德也. 何謂刑德? 曰, 殺戮之謂刑, 慶賞之謂德. 爲人臣者畏誅罰而利慶賞, 故人主自用其刑德, 則群臣畏其威而歸其利矣.『韓非子』「二柄」.)

135) 老耽貴柔, 孔子貴仁, 墨翟貴廉, 關尹貴清, 子列子貴虛, 陳騈貴齊, 陽生貴己, 孫貴勢, 王廖貴先, 兒良貴後. 此十人者, 皆天下之豪士也.『呂氏春秋』「不二」.

136) 楠山春樹,『呂氏春秋』(中), 明治書院, 1997, p. 589 ; 陳奇猷,『呂氏春秋新校釋』, 上海古籍出版社, 2002, p. 1140~1141.

137) "노자는 도와 덕을 닦았는데, 그 가르침은 스스로 숨어 이름을 드러내지 않도록 애써야 한다는 것을 강조한다. 그는 주나라에 오래 살다가 주나라가 쇠태해지

는 것을 보고서는 이 나라를 떠나고 말았다. 그가 주나라 국경의 관문에 이르자 관문을 지키는 책임자 윤희는 다음과 같이 요청했다. '선생님께서는 지금 은둔하려고 하십니다. 저를 위해 책을 저술해주시기 바랍니다.' 노자는 상·하 두 편으로 책을 저술하여 도와 덕의 의미를 5000여 자로 해설한 뒤에 떠났는데, 아무도 그가 어디서 죽었는지 모른다."(老子脩道德, 其學以自隱無名爲務. 居周久之, 見周之衰, 迺遂去. 至關, 關令尹喜曰, 子將隱矣, 彊爲我著書. 於是老子迺著書上下篇, 言道德之意五千餘言而去, 莫知其所終.『史記』「老子韓非列傳」.)

138) "저 열자는 바람을 몰고 다녔는데, 그 모습이 경쾌하고 좋았다."(夫列子御風而行, 泠然善也.『莊子』「逍遙遊」.)

139) 齊萬物以爲首.『莊子』「天下」.

140) 夫弦歌鼓舞以爲樂, 盤旋揖讓以修禮, 厚葬久喪以送死, 孔子之所立也, 而墨子非之. 兼愛上賢, 右鬼非命, 墨子之所立也, 而陽子非之. 全性保眞, 不以物累形, 楊子之所立也, 而孟子非之.『淮南子』「氾論訓」.

141)『장자』「천하」편에서도 노자와 장자는 전혀 별개의 사유 전통에 속한 것으로 기록되어 있다. "만물의 근본을 정미한 것으로 보고 만물을 거친 것으로 보았으며, 부가 쌓인 것을 부족한 것으로 보고 담담하게 홀로 신명과 더불어 생활하였다. 옛 도술들 중 여기에 마음을 두고 있었던 것이 있었는데, 관윤과 노담은 그 학풍을 듣고서 기뻐했다. (…) 고요하고 조용함은 드러나지 않고, 변화에는 항상됨이 없다! 삶인가 아니면 죽음인가? 천지와 나란한 것인가? 아니면 신명이 가는 것인가? 흐릿하구나! 어디로 가는 것일까? 아찔하구나! 어디에 이르는 것일까? 만물이 모두 내 앞에 펼쳐져 있는데, 그 어떤 것도 내가 돌아갈 만한 가치를 가진 것이 없구나! 옛 도술들 중 여기에 마음을 두고 있는 것이 있었는데, 장자는 그 학풍을 듣고서 기뻐했다."(以本爲精, 以物爲粗, 以有積爲不足, 澹然獨與神明居. 古之道術有在於是者, 關尹·老聃聞其風而悅之. (…) 寂漠无形, 變化无常! 死與? 生與? 天地竝與? 神明往與? 芒乎! 何之? 忽乎! 何適? 萬物畢羅, 莫足以歸. 古之道術有在於是者, 莊周聞其風而悅之.『莊子』「天下」.) 노자와 장자의 사상이 어떻게 다른지 구체적으로 논의하는 것은 다음으로 미루기로 하고, 여기서 주목해야 할 것은 오직 한 가지 사실이다. 그것은 노담, 즉 노자가 들었던 학풍과 장자가 들었던 학풍이 완전히 별개의 것이라는 「천하」편 저자의 논지 전개 방식이다.

142) "술이란 군주가 장악해야 하는 것이고 법이란 관리가 집행해야 하는 것이다." (凡術也者, 主之所以執也. 法也者, 官之所以師也.『韓非子』「說疑」.)

참고문헌

1. 원전 주석서

楠山春樹, 『呂氏春秋』(中), 明治書院, 1997.
司馬遷, 『史記』(全10冊), 中華書局, 1982.
上海師範大學古籍整理研究所(校點), 『國語』, 上海古籍出版社, 1998.
徐元誥, 『國語集解』, 中華書局, 2002.
楊伯峻, 『論語譯注』, 中華書局, 1980.
楊伯峻, 『春秋左傳注』(全4冊), 中華書局, 1990.
余培林, 『詩經正詁』(上·下), 三民書局, 1993.
黎翔鳳(注), 『管子校注』, 中華書局, 2004.
姚孝遂·肖丁, 『殷墟甲骨刻辭類纂』, 中華書局, 1989.
遠藤哲夫, 『管子』(上·中·下), 明治書院, 1989.
劉柯·李克和(譯注), 『管子譯注』, 黑龍江人民出版社, 2003.
劉寶楠, 古流水(校點), 『論語正義』, 中華書局, 1992.
程俊英·蔣見元, 『詩經注析』, 中華書局, 1991.
陳奇猷, 『呂氏春秋新校釋』, 上海古籍出版社, 2002.

2. 국내 원전 번역서

김필수 외 옮김, 『관자』, 소나무, 2006.
김학주 역주, 『논어』, 서울대학교출판부, 2003.
김학주 엮어 옮김, 『시경』, 명문당, 1993.
동양고전연구회 지음, 『논어』, 지식산업사, 2003.
사마천 지음, 정범진 외 옮김, 『사기본기』, 까치, 1994.
사마천 지음, 정범진 외 옮김, 『사기세가』(상·하), 까치, 1994.
사마천 지음, 정범진 외 옮김, 『사기열전』(상·중·하), 까치, 1995.
좌구명 지음, 신동준 역주, 『국어』, 인간사랑, 2005.
좌구명 지음, 신동준 옮김, 『춘추좌전』(1·2·3), 한길사, 2006.

3. 국내서

서울대학교 동양사연구실(편), 『강좌 중국사 I : 고대문명과 제국의 성립』, 지식산업
    사, 1989.
송영배, 『제자백가의 사상』, 현음사, 1994.
송영배, 『중국사회사상사』, 한길사, 1986.
신정근, 『사람다움의 발견』, 이학사, 2005.
윤내현, 『상주사』, 민음사, 1984.
이돈주, 『중국고대문화』, 태학사, 2006.
이성규, 『중국고대제국성립사연구』, 일조각, 1984.
이숙인, 『동아시아 고대의 여성사상』, 여이연, 2005.
이춘식, 『춘추전국시대의 법치사상과 세勢·술術』, 아카넷, 2002.

4. 중국서

궈모뤄 지음, 조성을 옮김, 『중국고대사상사』, 까치, 1991.
러쩌허우 지음, 정병석 옮김, 『중국고대사상사론』, 한길사, 2005.
류웨이화·먀오룬티엔 지음, 곽신환 옮김, 『직하철학』, 철학과현실사, 1995.
쉬진시웅 지음, 홍희 옮김, 『중국고대사회』, 동문선, 1991.
우하오권·판유 지음, 양동숙 옮김, 『중국갑골학사』, 동문선, 2002.

자오지빈 지음, 조남호·신정근 옮김, 『반논어』, 예문서원, 1996.
장광지 지음, 윤내현 옮김, 『상문명』, 민음사, 1989.
顧德融·朱順龍, 『春秋史』, 上海人民出版社, 2001.
楊寬, 『戰國史』, 上海人民出版社, 1980.
李新泰(編), 『齊文化大觀』, 中共中央黨校出版社, 1992.
錢穆, 『先秦諸子繫年』, 香港大學, 1956.
趙世超, 『周代國野關係研究』, 文津出版社, 1993.
蔡鋒, 『春秋時期貴族社會生活研究』, 中國社會科學出版社, 2004.

5. 일본서

도미야 이타루 지음, 임병덕·임대희 옮김, 『유골의 증언: 고대중국의 형벌』, 서경문화사, 1999.
江連隆, 『諸子百家の事典』, 大修館書店, 2000.
見塚茂樹, 『孔子』, 岩波書店, 1951.
吉本道雅, 『中國先秦史の研究』, 京都大學學術出版會, 2005.
木村英一, 『孔子と論語』, 創文社, 1981.
白川靜, 『甲骨文の世界: 古代殷王朝の構造』, 平凡社, 1994.
白川靜, 『金文の世界: 殷周社會史』, 平凡社, 1985.
白川靜, 『詩經研究: 通論篇』, 朋友書店, 1981.
西嶋定生, 『中國古代國家と東アジア世界』, 東京大學出版會, 1983.
緖形暢夫, 『春秋時代各地における思想的傾向』, 汲古書院, 1987.
松川健二, 『論語の思想史』, 汲古書院, 1994.
伊藤道治, 『中國古代國家の支配構造』, 中央公論社, 1987.
伊藤道治, 『中國古代王朝の形成』, 創文社, 1975.
林巳奈夫, 『殷周時代靑銅器の綜合的硏究』, 吉川弘文館, 1984.
林巳奈夫, 『春秋戰國時代靑銅器の硏究』, 吉川弘文館, 1989.
增淵龍夫, 『新版中國古代の社會と國家』, 岩波書店, 1996.
湯淺邦弘, 『諸子百家』, 中公新書, 2009.

6. 서양서

B. 루빈 지음, 임철규 옮김, 『중국에서의 개인과 국가』, 현상과인식, 1985.

C. 링크비스트 지음, 김하림·하영상 옮김, 『한자왕국』, 청년사, 2002.

H. 마스페로 지음, 김선민 옮김, 『고대중국』, 까치, 1995.

H. 핑가레트 지음, 송영배 옮김, 『공자의 철학: 서양에서 바라본 예에 대한 새로운 이해』, 서광사, 1991.

V. 한센 지음, 신성곤 옮김, 『열린 제국: 고대~1600』, 까치, 2005.

A. C. Graham, *Disputers of Tao*, Open Court, 1989.

A. C. Graham, *Yin~Yang and the Nature of Correlative Thinking*, The Institute of East Asian Philosophies, 1986.

B. Schwartz, *The World of Thought in the Ancient China*, Belknap Press, 1985.

Chad Hansen, *A Daoist Theory of Chinese Thought*, Oxford Univ. Press, 1992.

Chang Guang-Chih, *The Archaeology of Ancient China*, Yale Univ. Press, 1978.

David L. Hall and Roger T. Ames, *Thinking Through Confucius*, State Univ. of New York Press, 1987.

David N. Keightley, *Sources of Shang History: The Oracle~Bone Inscriptions of Bronze Age China*, Univ. of California Press, 1985.

E. Bruce Brooks and A. Taeko Brooks, *The Original Analects*, Columbia Univ. Press, 1998.

Michael Loewe and Edward Shaughnessy(editors), *The Cambridge History of Ancient China: From the Origins of Civilization to 221 BC*, Cambridge University Press, 1999.

Roger T. Ames and Henry Rosemont Jr, *The Analects of Confucius: A Philosophical Translation*, Ballantine Books, 1998.

Victor H. Mair, *The Columbia Anthology of Traditional Chinese Literature*, Columbia Univ. Press, 1996.

W. Allyn Rickett, *Guanzi*, Princeton Univ. Press, 1998.

Wm. Theodore de Bary and Irene Bloom, *Sources of Chinese Tradition: From Earliest Times to 1600*, Columbia Univ. Press, 1999.

찾아보기

ㄱ

가부장제 24, 99, 101, 103~106
『가족·사유재산 및 국가의 기원』 99
간적 102~103
갑골문자 17, 23, 28~30, 32~35, 37, 40, 45, 55, 130, 141~142, 154, 184
강방 35, 130
강상 43~44, 46, 234
강원 43, 102~103
강족 35, 40, 43~47, 234
강태공 43, 233~234, 239 → 강상
객경 83
거병전 74, 255
거북점 134~135, 141~142
〈격고〉 201~202, 204, 209
견융 22, 68

겸애 258~259, 263, 273
경공(제나라) 172~175, 234~235, 251
경관 163
경제 242~244
계로 123
「계사」 120~122, 128, 146~148
계손씨 137~139, 170~171
계찰 176
『고대사회, 또는 야만에서 미개를 거쳐 문명에 이르는 인류의 진보 과정에 대한 연구』 99
고진, 가라타니 15
공공 79~81
공손룡 214, 223, 275, 281
공자 15, 17, 24~25, 37, 58, 68, 72, 80, 83~84, 98, 111~112, 121~124, 132,

145, 173, 179~181, 189~191, 207,
214, 219~220, 222, 229~230, 233~
234, 239~240, 243, 247~248, 250~
255, 258, 261, 266~267, 269, 273~
274, 276, 280~282
과정 철학 90
관숙 233
관윤 269~271
『관자』 15, 83, 223, 234
관중 24~25, 82, 223, 234~235, 251~
253, 255, 274, 281~282
괘사 119~120, 125, 138, 142~143, 148,
151, 169
구양수 121, 123
구천 160
『국가에 대항하는 사회』 104
『국어』 63, 184
군자유 191
귀방 35, 129~130
그레이엄, A. C. Graham, A. C. 146~148
금문 23, 55, 184
기계론적 자연관 89~91, 94
기자 134

ㄴ

나가르주나 14
난혼 99, 106
남괴 137~140, 145
노魯나라 44, 69, 155, 157, 168~171,
173~174, 176
노자 98, 229, 232, 239, 243~244, 246,

262~264, 269~270, 275~276
『노자』 15, 223, 271 → 『도덕경』
녹보 233
『논어』 15, 37, 110~111, 121~123,
191, 219, 247, 252~253, 274, 282
〈논육가요지〉 225, 227~228, 233, 239
농가 86~87, 219, 221~222
누번 72
누완 72, 75, 82
니덤, J. Needham, J. 90

ㄷ

대종大宗 59
『대학』 97~98
도가 19, 85~88, 214~216, 219~220,
222~223, 226~230, 238~241, 243,
245~248, 275, 280~281
『도덕경』 271
동同 172, 173, 251, 255
동중서 245~246

ㄹ

라이프니츠, 고트프리트 빌헬름 폰 Leibniz, Gottfried Wilhelm von 116~117
리바이어던 104

ㅁ

맹손씨 170~171
맹자 214, 222, 258~261, 263, 265~
266, 268, 273~275, 280
『맹자』 15, 97, 110, 223, 258~259, 267

명가 19, 85~87, 214, 219~223, 226~
227, 239, 281
모건, 루이스 H.Morgan, Lewis H. 99~100,
106
모계제 99, 101~106
목왕 165
무령왕 72~75, 82
무령왕의 호복 69, 72~73
무왕 43, 50, 105, 134, 163, 220, 233~235
무위 정치 232, 244~246, 248
무제 88, 218, 231~232, 245~247
묵가 19, 85~87, 191, 214, 219, 221~223,
226~227, 239, 243, 259~261, 263,
266~267, 270, 274~275, 280~281
묵자 189, 191, 214, 233~234, 239, 243,
254~255, 258~259, 262~263, 266,
273~274
『묵자』 15, 190, 223, 254
묵적 254, 258, 266~267, 269 → 묵가
문경지치 242, 244~245, 247
문공(정나라) 80~81
문공(주나라) 158, 159
문공(진나라) 79, 160, 162, 180
문왕 43, 45~46, 126~129, 131~132,
134, 145~146, 220, 233~235, 238,
243
문제 242~244
『물리학의 도』 90
민民 55~57, 64, 76, 168, 180

ㅂ

반당 162~163, 165
반소 218~219, 225
반증 가능성 150
반초 218
반표 218~219, 225
〈방기략〉 219
백성百姓 36, 55~57, 64
〈벌단〉 198~199
벌伐 33
「범론훈」 272~274
법가 19, 85~88, 214~215, 219~223, 226
~227, 239, 270, 276, 280~281
병가 85~87
〈병서략〉 219
복卜 133~134
복사卜事 141
『복사통찬』 30
복희 22, 124, 126, 128, 170
부베, 요아힘 Bouvet, Joachim 117
불비불명 163, 168
비의 73, 75, 82
비트겐슈타인, 루트비히 요제프 요한 Wit-
tgenstein, Ludwig Josef Johann 110

ㅅ

사마담 85~86, 225, 227~230, 239, 241
사마천 22, 45~47, 64, 85~86, 103, 121,
123, 126, 128~129, 132, 145~146,
184, 215, 218, 225~226, 228~230,
241~242

사묵 168~171
사이비 과학 148~150
삼황三皇 22, 170
상관적 사유 147
『상군서』 15, 101, 223
상나라 17~18, 29~40, 42~47, 49~55, 61, 64~65, 102, 130~133, 135, 141~142, 154, 163, 177, 185, 189, 207, 234, 238, 255, 279~280 → 은나라
상앙 82, 100~107, 214, 223, 236~237, 239~240, 276, 282
상제 29~32, 35, 38, 49~50, 52, 141, 154, 189
『서경』 110, 134
서筮 133~134
서백 45~46, 127~128, 131 → 문왕
〈석서〉 203
선왕 257, 261
성문법 176, 178~179, 181, 251
성왕 52, 69, 233
소공(주족) 50
소공(노나라) 169~171, 174, 176
소설가 86~87, 219, 221~223
소인小人 36~37, 64, 112, 173, 179, 190~191, 254~255
소인유 191
소종小宗 59
소종蘇從 164~165
소진 223, 236
손빈 269~270
송나라 69~71, 155, 157

송나라(960~1279) 121 → 송 제국
송 제국 250
수리학 94~95, 97
수양론 97~98
숙손씨 170~171
숙첨 80~82
숙향 174, 176~179
숙흥 155~158
순자 112, 214, 261~267, 274~275, 280
『순자』 15, 160, 223, 262~263, 267, 270, 275
〈술수략〉 219
스피노자, 바루흐 드 Spinoza, Baruch de 116
『시경』 18, 25, 110~113, 131, 169, 184~185, 187, 195, 199~201, 203, 205, 207, 209~210, 279
〈시부략〉 219
시초점 18, 134~136, 138~139, 142~143, 280
시황제 269 → 진시황
신과학 운동 90
신도 214, 223, 262~263, 276, 282
신불해 82, 214, 235~237, 240, 262~263, 276
신유학 250, 261
신정국가 17, 30, 37, 49
신정정치 18, 43, 111, 280

ㅇ
아감벤, 조르조 Agamben Giorgio 15
아나키즘 8, 19, 104~106, 211, 215, 224,

257, 260~261, 268, 274~275, 277
아량 270
악정씨 266
안영 173~176, 178, 235, 251 → 안자
안자 172~173, 234~235
양공 69~72, 75, 155~157
양공의 인仁 69
양왕 261
양주 19, 211, 224, 257~261, 268~270, 273~275, 277, 279~280
엥겔스, 프리드리히Engels, Friedrich 99~100, 106
여나라 157~158
여불위 14, 269~270
여상 45 → 강상
『여씨춘추』 14~15, 223, 269~271, 276
『역경』 54, 117~120, 122~124, 126, 128~137, 139, 142~148, 150~151, 154, 170
역수가 86~87
『역전』 85, 118, 120~126, 128~129, 132, 145
연나라 72
열자 269~271
영토 국가 33, 77
『예기』 57~58, 110
「예문지」 86~87, 215, 219, 221~223, 230, 232, 242
오거 164~165
오나라 176
오래된 미래 104, 106

오행가 86~87
왕료 269~270
왕망 218
왕필 146
우왕 238
월나라 164
위나라 44, 82, 111~112
위아 258, 260
위징 86
유儒 189~190
유가 19, 85~88, 189, 191, 214~216, 219~223, 226~230, 238~239, 241~242, 246~248, 254, 266~267, 274~275, 280~281
유기체 철학 90
유기체적 자연관 90
유방 218, 231
유부 91~93
유안 216, 231~232, 237~239, 242, 246
육예 78, 86, 229
〈육예략〉 219
은공(노나라) 69
은나라 22, 24, 29, 47, 49, 102, 127~130
『은허서계』 30
음양가 85~87, 219~220, 222~223, 226~227
읍제 국가 33, 61
『의례』 110
의방가 86~87
이사 265
『이아』 110

찾아보기   317

인人 56, 64, 76, 180
임호 72

ㅈ

자공 82, 122, 251~252
자산 176~179, 181, 251, 255
자어 70~72
자연신 30
잡가 86~87, 219, 221~223
장왕 160, 162~166, 168, 171, 176
장의 236
장자 14, 211, 214, 222, 239, 262~264, 275~276
『장자』 15, 97, 104~105, 223, 271
〈장중자〉 205~206, 209
전거 18, 70, 74~79
『전국책』 69
전국칠웅 82
전체론적 사유 147
정나라 80~81, 111~112, 164, 176~177, 179, 251
정인貞人 29, 32, 141, 189
정鼎 제사 32
제곡 22, 102~103
제나라 40, 44, 46~47, 79, 82, 155, 157~158, 160, 162, 165, 170, 172~176, 234~235, 251~252, 257, 259, 261, 270, 274~275
〈제자략〉 219~221
조간자 168
조나라 74~75, 79~82, 169~170

조상신 29~32, 56, 187~189
존왕양이 167
종법 사회 59
종횡가 86~87, 219, 221~223, 236
주공 50, 52~53, 233, 234, 240, 243, 250, 254
『주례』 110, 142, 207~208
『주역』 18, 25, 54, 110~111, 117~118, 145, 150, 156, 169, 184
주왕 42, 50, 105
주임금 128, 131
『주자어류』 14~15
주족 35, 40, 43~47, 50, 52, 55, 64~65, 130~133, 142~143, 145
주희 14~15, 146~148
『중국의 과학과 문명』 90
『중국인의 자연신학론』 116
『중론』 14~15
중산국 72, 74
중이 79~82 → 문공(진나라)
직하학사 257~259, 261~263, 265, 274~276
진晉나라 79, 135~137, 162~163, 166, 174, 176, 179~180, 235
진秦나라 22, 47, 68, 82, 100, 135~137, 236~237, 266~269
진변 269~271
진시황 69, 265
〈진유〉 207~208

ㅊ

채숙 233
천天 52, 154, 156
천명天命 52~53, 55, 127, 163, 165
천문가 86~87
「천인삼책」 245~246
초나라 69~71, 82, 162, 165~166, 171, 176
〈초자〉 187, 192
축祝 185, 188
「춘추」 18, 25, 68~69, 255
「춘추곡량전」 110
「춘추공양전」 110
「춘추좌전」 79, 81, 110~111, 135~137, 139, 155, 159, 163, 172, 178, 180, 184
〈칠월〉 192~196, 198~200, 202

ㅋ

카프라, 프리초프Capra, Fritjof 90
클라스트르, 피에르Clastres, Pierre 104

ㅌ

탕왕(상나라) 105, 238
탕임금(하나라) 243
태공망 45~46 → 강상
토방 35, 130

ㅍ

편작 91~94
평왕 68
포퍼, 카를 R.Popper, Karl R. 148~150

포희씨 124 → 복희
푸코, 미셸Foucault, Michel 215
플라톤Platon 15

ㅎ

하나라 22, 51, 177, 234, 238, 243
하늘신 52
한나라 72, 82, 235~237
한비자 15, 166, 223, 266~269, 274, 276, 282
「한비자」 15, 166, 223, 266~267
한漢 제국 14, 19, 88, 95, 110, 145, 156, 214~216, 218, 230~232, 239~243, 244~245, 247~248, 250, 260, 264, 267, 280~281
합려 160
허행 211
헌공 79
현학顯學 267, 274
형정 179~181
혜백 138~140, 145
혜시 214, 262~263, 275
호나라 72
호복 69, 72~75
홉스, 토머스Hobbes, Thomas 104
홍범구주 134
화이트헤드, A. N.Whitehead, A. N. 90
화타 92
화和 172~173, 175~176, 178, 181, 247, 251, 255
환공 47, 79, 82, 160, 162, 165, 234~235,

251~252
황로 사상 88, 243~244, 246
황제黃帝 22, 105~106, 243
『황제내경』 94~96, 98
『회남자』 15, 156, 216, 230, 232, 234~
　　243, 254, 258~259, 272~274, 276
『효경』 110
효공 236
후직 43, 102~103, 221
희부기 80, 82